投资大师
经典译丛

股市晴雨表

威廉·彼得·汉密尔顿（William Peter Hamilton）◎著
沈国华◎译

上海财经大学出版社

图书在版编目(CIP)数据

股市晴雨表/(美)汉密尔顿(Hamilton,W.P.)著;沈国华译.
—上海:上海财经大学出版社,2016.1
(投资大师·经典译丛)
书名原文:The Stock Market Barometer
ISBN 978-7-5642-2287-1/F·2287

Ⅰ.①股… Ⅱ.①汉… ②沈… Ⅲ.①股票市场-研究
Ⅳ.①F830.91

中国版本图书馆 CIP 数据核字(2015)第 257930 号

□ 责任编辑 李成军
□ 封面设计 张克瑶

GUSHI QINGYUBIAO
股 市 晴 雨 表

威廉·彼得·汉密尔顿 著
(William Peter Hamilton)

沈国华 译

上海财经大学出版社出版发行
(上海市武东路 321 号乙 邮编 200434)
网　　址:http://www.sufep.com
电子邮箱:webmaster @ sufep.com
全国新华书店经销
上海华教印务有限公司印刷装订
2016 年 1 月第 1 版　2016 年 1 月第 1 次印刷

710mm×960mm　1/16　19.75 印张(插页:1)　327 千字
印数:0 001—4 000　定价:39.00 元

此书谨献给我的老朋友和同事休·班克罗夫(Hugh Bancroft),没有他的建议和鼓励,本书就不可能与读者见面。

序　言

　　作者通常会在书的序中安排一些表达歉意的内容，或者最多是说明书中要充分阐明的问题。本书的作者不需要表达任何歉意；如果本书有什么没有解释清楚的地方，那么，责任就应该由本书的作者承担。不过，本书的作者要在这个序言中衷心感谢道－琼斯公司总裁克拉伦斯·W. 巴伦(Clarence W. Barron)以及该公司伟大的金融新闻社经理约瑟夫·卡什曼(Joseph Cashman)，感谢他们俩允许作者使用研究股市不可或缺的道－琼斯股票价格平均指数数据，还要感谢在华尔街从事新闻工作的老同事查尔斯·F. 伦肯(Charles F. Renken)允许笔者在书中引用他编制的图表和数据。

威廉·彼特·汉密尔顿

目 录
―――― CONTENTS ――――

序言

第一章

周期与股市数据记录

周期与诗人/3

周期性/4

对晴雨表的需要/4

道氏理论/5

道氏理论的蕴涵/6

道－琼斯平均指数——行业标准/7

第二章

电影里的华尔街

电影与情节剧/11

小说中的金融家/12

缎子大礼帽与尴尬的面部表情/13

昔日困境回顾/13

孤儿和寡妇/14

股票市场都适用的道氏理论/14

没有事实支持的论据是错误的/15

邪不压正/16

罗兹与摩根/16

并非难以描绘/17

不可改变/17

三一教堂的钟声/18

第三章

查尔斯·道和他的理论

不只是一个办报人/21

查尔斯·道的谨慎与他的理论/22

查尔斯·道错在哪里?/22

杰文斯记录的恐慌年份/23

查尔斯·道对美国危机的评论/24

一次失误的预测/25

纳尔逊出书论投机/26

第四章

道氏理论及其在投机中的应用

投机背后的真相/31

一个有用的定义/32

成功的预测/32

"撤销"预言者/33

股价运动趋势同步/33

必要的知识/34

一篇颇具教益的评论文章/34

目录

根据平均指数交易/35

第五章

股票市场的主要趋势

平均指数本身就够用了/41

比任何操纵都要强大/42

写在牛市/42

基本趋势/43

惊人的预测/44

市场总是正确/44

不用感谢/45

华尔街,农场主的朋友/45

第六章

独一无二的预测功能

基本趋势不可操纵/49

一件从融资规模上看不可能的事/49

什么情况下有可能做成操纵/50

罗杰·W.巴布森的理论/51

巴布森图表/51

股市预测/52

真正的晴雨表/52

被高估的周期/53

秩序是天国第一法则/54

第七章

股市操纵与专业性交易

有待证实/59

当前的实例/60

亨利·H. 罗杰斯及其批评者/61

投机者的推理/62

查尔斯·道下的明确定义/62

输得起的人/63

输不起的交易者/63

拒绝与杰伊·古尔德合伙/64

聪明的交易者/64

锅炉仪表上的刻度盘/65

第八章

股票市场结构

交易者与冒险者/69

人言可畏/70

场内交易员与市场价差/71

"对敲"/71

得到满足的老客户/72

无需或者不必道歉/72

职业交易员的有限影响/73

卖空既必需又有用/74

上市规定条件的保护作用/74

联邦政府的介入/75

真正的内部改革/76

目录

第九章
晴雨表中的"水分"

掺水劳动 /79

如何挤掉水分 /80

股票收益与所得税 /80

高度分散的股权 /81

"价值评估"和市场价格 /81

股票掺水迷信 /82

根据价值买进 /84

拉塞尔·塞奇的故事 /84

股票价值与平均指数 /85

谨慎、正确的预测 /85

牛市得到了证实 /86

理论证明 /87

第十章
"海面上浮现出一朵小小的云彩,就如手掌般大":1906年

旧金山地震 /91

还是称火灾为好 /91

对股票市场的影响 /92

困难条件下做出的合理预测 /93

灾难的严重性 /93

牛市中的下跌反弹 /94

基于平均指数的推断始终正确 /95

熊市初露端倪 /95

繁荣时期与晴雨表"失灵" /96

熊市的影响因素 /96

反常的货币市场/97

并不比手掌大/98

致命的政治干预/99

第十一章

无可挑剔的周期

我们自己的适中周期/103

周期理论的基础/103

年份不相匹配/104

途中丢失/105

作用力与反作用力相等吗?/106

我们需要的商业病理学/106

联邦储备体系的保障作用/107

教会老师/107

这条物理定律适用吗?/108

无法估计的波动幅度和持续时间/108

虚假的神秘/109

信息贩子与内部人/109

值得信赖的指南/110

第十二章

预测牛市:以1908～1909年的牛市为例

不代表个人观点的社论/113

如何发现熊市的底部/113

自动调整的晴雨表/114

预言太快成真/115

目 录

令人鼓舞的预测/116

崩盘回顾/116

一轮得到确认的牛市/117

拒不接受"无聊"的复苏/117

成交量的相关性/118

不偏不倚/118

一次非常失败的预测/119

平均指数必须相互验证/119

言归正传/120

第十三章
次级趋势的性质和用途

如何识别转折点/125

流星多于恒星/126

行家里手的优势/126

专业人士有高低之分/127

华尔街通常看多/127

詹姆斯·R. 基恩/128

爱迪生·柯马克/129

大宗商品卖空/129

股市晴雨表如何自我调整/130

并非好得不像真的/131

第十四章
1909年与一些历史性缺陷

不平衡的等式/135

不充分的前提/136

再聪明的人也知道不了多少/136

不必要的精确度/137

1909年出现的双顶/138

被充分预警的牛市/138

对批评者的批评/139

太过简单的历史数据记录/139

历史怎么记错了历史/140

商业记录在哪里/140

谁为薛西斯一世融资?/141

中世纪的银行业/142

信用有多新?/143

合理而又保守的预测/143

晴雨表不断增长的效能/144

第十五章

"曲线"与实例:1914年

定义/147

预测战争/147

"曲线"的定义/148

到底发生了什么?/150

与成交量的关系/150

如何识别牛市/151

晴雨表的局限性/151

投机的必要性和功能/152

困难但并非不公正/152

谁造就了股市/153

目录

投机行为的合理依据/153

情绪/154

第十六章

可反证规律的例外

一些有必要了解的历史知识/157

功能受损的晴雨表/158

重要区别/158

为外行人下的定义/160

政府担保的影响/160

两个平均指数如何分道扬镳/161

《埃斯克—康明斯法案》/161

"管制解除"的卖点/162

"本质上的区别"/162

"分寸感"和幽默感/163

我们大多采用全新的素材/163

第十七章

最有力的证明：1917年

战局不明/167

如果德国赢得战争/168

英国国债/169

我们自己的负债/169

劳动掺水的后果/170

粗制滥造的代价/171

二次通货膨胀及其后的岁月/171

股市晴雨表不为人知的特点/172
如何预测战争/172

第十八章
管制对铁路公司的影响
具有预测功能的图表/177
一波比主要趋势更大的行情/178
罗斯福与铁路公司/178
发展受阻/179
人类犯傻周期/180
考克西失业请愿大军/180
繁荣年份/181
"耶书仑养胖了就翻脸不认人"/181
深思熟虑后表达的民意/182
罢免林肯/182
政府干预的代价/183
通过立法使每个人变穷/183

第十九章
操纵行为研究：1900～1901年
负有"胎罪"/187
联合铜业公司/188
基恩在联合铜业公司股票发售中扮演的角色/188
美国钢铁公司与联合铜业公司之间的区别/189
最初的操纵活动/189
基恩第一次登台亮相/190

股价因何大涨/191

基恩第二次登台亮相/191

基恩的最后行动/192

公众自己的繁荣/193

股票操纵者们的"金砖"/193

石油与趾高气扬的人/194

从这件事中吸取的教训/194

不良报道手段/195

找到原因才有新闻/195

真新闻有保护公众的作用/196

第二十章

若干结论：1910～1914 年

投机的预测价值/199

知道何时止步的预言家/200

如何预测小行情和大行情/200

周期理论的用途/201

成交量收缩及其意义/202

铁路发展受抑/203

工业领域的政治/203

塔夫脱先生继承的政策/204

自我束缚/204

真实的心理状态/205

是改革还是革命/205

障碍及其后果/206

第二十一章

一如既往：1922～1925年

插图中的曲线/209

几次成功的预测/210

次级回调/211

短熊行情/211

税收的影响/212

一轮新牛市/213

技术规定已经改变/214

晴雨表显示的指证/215

第二十二章

关于投机的若干想法

不是赌博/219

晴雨表提供的实际保护/220

投机与赌博/220

如何挑选股票/221

保证金问题/222

小交易者和大交易商/222

查尔斯·道说/223

回避交易不活跃的股票/224

联合证券交易所/224

简单说说卖空/225

回调时买进/225

一种赔钱方式/226

另一种赔钱方式/227

"外邦人从哪里弄来这么多钱？"/227

目 录

最后一点想法/228

附录

　　道—琼斯平均指数数据记录(截至 1925 年 8 月 31 日)说明/231
　　1897~1925 年道—琼斯工业股和铁路股收盘价平均值(平均指数)一览表/239

—— 第一章 ——

周期与股市数据记录

第一章　周期与股市数据记录

已故的英国经济学家威廉·斯坦利·杰文斯(William Stanley Jevons)生前提出了市场恐慌与太阳黑子相关的理论。杰文斯生性率真，文如其人，著述通俗易懂。他列举了最早从17世纪初开始的一系列年份里，通过相关数据分析证明了市场恐慌与太阳黑子这两种现象之间存在的明显耦合性。由于当时缺少太阳黑子活动的可靠数据，因此杰文斯低估了2个世纪前相当严重的经济紧缩，这完全是受人力所限，情有可原。1905年初，笔者在《纽约时报》上撰文评论杰文斯的理论时指出，虽然华尔街由衷地相信股票市场存在恐慌和繁荣交替出现的周期，但它并不关心太阳黑子是否多到足以连成同花顺子。那时，笔者还年轻，真是鲁莽无礼。也许，当时我应该比较委婉地说"偶然的周期性相关并不能说明任何问题，就像总统选举与闰年之间完全巧合一样"。

周期与诗人

很多经济学教师和朴实的商界人士，甚至还有一些头衔不大的学者，都不无道理地深信世上诸事皆有兴衰轮回。我们不需要懂得爱因斯坦的相对论也能明白，世界在其可能的发展进程中不会呈现直线形发展。周期性波动至少更可能像我们居住的星球围绕太阳运行，而太阳与伴随它的行星则朝向织女星系靠拢。诗人们当然相信周期理论，在拜伦(Byron)的《查尔德·哈罗德》(Childe Harold)中有一段精彩绝伦的诗文。想要正确领会这段诗文，应该从前面的省略号一直诵吟到"梅塔拉之塔"(Metella's Tower)为止。拜伦心目中的周期是这样的：

"这就是人类全部传说的真相，
一切只不过是往事的重复再现；
先是自由后是荣耀，

过后便是财富、邪恶、堕落,最后就是野蛮。

历史的长河浩瀚如烟,

但内容却千篇一律。"

恐惧和繁荣的交替似乎也会形成周期。任何一个实际了解近代史的人都可能会为是否应该加上1920年这个通货紧缩年份拿不定主意,但都能熟记近代历史上发生恐慌的年份——1837年、1857年、1866年[奥佛伦·格尼公司(Overend Gurney & Co.)破产案导致的恐慌]、1873年、1884年、1893年和1907年。综观历史不难发现,这些恐慌至少显示出互不相同的时间间隔,从10年到14年不等,而且相隔时间明显趋向于延长。在下一章中,我们将分析这种周期理论,以检验它的可能用途。

周期性

其实,周期理论注重实效的依据至少是一个可行的假设,它根植于人性本身。繁荣会驱使人们走向无度,而人们又会对无度造成的后果后悔不已,随后会导致萧条。在经历了极度恐慌的黑暗岁月以后,劳工们会因又能挣到钱而心存感激。虽然工资有所减少,但他们仍会慢慢地积蓄攒钱,而资方则会满足于低利润快回报。随后就会出现一个调整时期,就像1893年恐慌之后美国铁路公司大多经历的重组那样。调整期过后,我们慢慢会发现收入开始超过支出,利率下降,冒险精神重新抬头。我们告别萧条或沉寂的商业时期,并且开始迎来真正的活跃时期。商业活跃又逐渐发展成为投机成风,结果导致利率高企、工资普涨以及我们熟悉的其他症状。在经历了若干年的景气之后,商业链条的负荷落在了其最脆弱的环节上,于是就会发生像1907年那样的崩盘:股票和大宗商品价格双双下跌,随后失业加剧,常常还伴随着储蓄和银行存款的增加,但就是创业可用的资金奇缺。

对晴雨表的需要

让我们重温一下拜伦的诗句,看看是否还会产生类似的联想。如果我们缺乏诗人最起码的想象力,那么讨论商业周期问题还有什么意义呢?但遗憾的是,经济危机正是想象力太过丰富导致的。我们需要的是没有情感的晴雨表、价格指数和平均值,好让我们明白我们将走向何方以及我们可以抱有什么样的期望。最好的晴雨表就是证券交易所记录的价格平均指数数据,因为股市晴雨表最冷酷无情,也最客观公正。虽然股市价格平均指数的成分股不断变更,早年的成分股数量较少,但道—琼斯公司新闻社30多年来坚持记录成分股价格并编制平均指数,其间从未有过间断。

虽然阅读这些平均指数数据有时会让乐观者和悲观者都感到不舒服,但却是一种卓有成效的方法。晴雨表能在天空万里无云的时候预测到恶劣的天气。这时,我们就是与晴雨表较劲也无济于事,因为一场瓢泼大雨将冲毁可怜的布朗夫人在后院种的卷心菜。在过去的很多年里,命运注定我与这些公布于众的股票价格平均指数打交道,我一直在用已故的《华尔街日报》创始人查尔斯·H.道(Charles H.Dow)创建、已经得到验证的理论在报纸杂志上讨论关于这些平均指数的问题。现在说分析这些得到验证的价格运动趋势最终会带来多大的好处,也许为时尚早。但是,如果有人敢冒险进行这种讨论,并且解读这种晴雨表,那么就会为布朗夫人的卷心菜地被大雨冲毁而感到自责,并且会把这种教训铭记在心。

道氏理论

道氏理论的原理十分简单。它告诉我们,股票市场在自己的演化过程中同时存在三种不同的价格运动趋势,其中最重要的是基本(或者主要)运动趋势。譬如说,1900年的牛市行情随着麦金莱(McKinley)再度当选总统而确立了自己的地位,并且于1902年9月达到最高点。这轮牛市行情(基本趋势)虽然在1901年曾因北太平洋铁路公司(Northern Pacific)股票逼空战引发的著名股市恐慌而受到了打压,但并没有因此而止步不前;又如,1919年10月左右形成的熊市行情,到了1921年6~8月跌到了谷底。

在下文,我们还将说明,这种基本(运动)趋势常常至少要持续1年,甚至能够持续更长的时间。道氏理论所说的次级(运动)趋势会与基本趋势同时发生,或者在基本趋势发展过程中出现,它的表现形式就是熊市行情中出现的大幅反弹,或者牛市行情中出现的大幅回调。1901年5月9日股票价格大跌,就是后一种情况的一个显著例子。在同样的次级趋势中,工业板块(与铁路板块分开考察)股票在回调后可能恢复得比铁路板块快许多,或者由铁路板块股票引领股市的运行趋势。即使20只表现活跃的铁路股和20只工业股的价格在基本趋势中发生同向波动,也很难说它们会一点不差地上涨或者下跌。在1919年10月熊市开始形成前的长期趋势中,铁路股持续走低,相比之下交易并不活跃,甚至受到了冷落,这显然是因为当时铁路公司归国家所有并由国家担保,几乎失去投机价值,所以无法对投机交易晴雨表施加正常的影响。铁路公司一旦恢复私有制,它们的股票势必会重新恢复其很多价值。

道氏理论的蕴涵

正如道氏理论所指出的那样,在股票市场上,除了基本趋势和次级趋势外,显然还存在一种跟以上两种趋势同时发生并贯穿它们于始终的基本日常波动。在这里要说明的是,对于个股投机交易来说,平均指数具有一定的欺骗性。譬如说,如果一名投机者根据平均指数预测判断1901年5月将出现一波次级趋势的回调行情,并且根据这一判断在所有的股票中选择北太平洋铁路公司的股票进行卖空,那么,这名投机者会遭遇什么结果呢?有些交易者就是这么做了,如果他们能在65点上回购止损,那也算是幸运的了。

在实际应用中,道氏理论在经历了发展以后引申出了很多蕴涵。其中一个得到最好验证的蕴涵就是,两个平均指数可以相互验证;只要两者走势不一,就绝不可能出现基本趋势,也很少会出现次级趋势。仔细观察平均指数的运动形态就能发现一些股价连续几周窄幅波动的盘整期,例如,工业板块股票在不低于70点或者不高于74点的价位交易,而铁路板块的股票则在不高于77点或者不低于73点的价位上成交。这种现象用行话说叫"做线",而且经验表明,这种现象预示着一个股票筹码分散或者集中时期的出现。如果两个板块股票的平均指数双双涨破其所做曲线的高点,就预示股市将强劲走高,也可能意味着熊市中将出现次级反弹趋势。例如,这种现象在1921年就意味着一波一直延续到1922年的基本牛市行情的开始。

但是,如果两种股票价格平均指数双双跌破其所做曲线的低点,那么显然就说明股市已经达到气象学家们所说的"饱和点"。股市随即会出现大跌——如果此前股市处在牛市,那么就会迎来一波次级下跌行情;或者,如果股市处在熊市,那么就意味着像1919年10月发展成的基本下跌趋势的开始。1914年纽约证券交易所闭市停止交易后,被选中用于比较的工业股票从原先的12只增加到了20只,工业板块股票价格平均指数似乎出现了混乱,尤其是像通用电气公司这样的股票价格大幅波动,导致工业板块平均指数成分股发生了比铁路板块平均指数成分股更加令人印象深刻的震荡。于是,这两种股票价格平均指数的研究者们对这20只工业股票价格平均指数成分股的走势进行了追溯性分析后发现,这20只股票前几年的价格走势与原先12只成分股记录在案的价格走势完全一致,几乎一天不差。

道-琼斯平均指数——行业标准

道-琼斯平均指数虽然被大量模仿,但迄今仍然是行业标准。我们已经发明多种不同的方法来解读道-琼斯平均指数,但没有一种方法能像道氏理论的方法那样经得起检验。这些方法的缺点就是由于过分追求相关性而太关注不相关的因素。有人一直试图在解读道-琼斯平均指数时结合成交量参考大宗商品价格指数,其实完全没有这个必要。有必要的倒是应该明确道-琼斯平均指数已经把这些因素考虑在内,就像晴雨表会考虑全部影响天气的因素一样。股价走势代表着华尔街的集体认知,但首先是华尔街对未来事件的集体认知。

在华尔街上没有哪个人无所不知。据我所知,在亨利·H. 罗杰斯(Henry H. Rogers)那个时代有过一个被称为"标准石油集团"(Standard Oil Crowd)的组织。那些年,它对股市的分析和预测屡屡出错。要知道,掌握"内幕消息"是一回事,而看透股价会根据内幕消息如何变动则又是一回事。市场代表着每个人知道、希望、相信和预期的每一件事,而这一切在经过认知的筛选以后,用参议员多利弗(Dolliver)曾经在美国参议院援引的《华尔街日报》一篇社论的话来说,"就会成为市场冷酷无情的判决"。

第二章

电影里的华尔街

第二章　电影里的华尔街

在这一章中,我们将通过严谨的分析来证明经过多年长期检验的股市晴雨表的准确性。我们还将借助于论述股价运动趋势的道氏理论来考察持续周期从不足 1 年到 3 年或以上的主要上涨和下跌趋势、中断基本趋势的次要回调和反弹趋势(视具体情况而定)以及重要性相对较小但始终存在的日常波动。我们将看到所有这些不同的股价运动趋势都是建立在华尔街对我们国家商业状况总体认识的基础上的;它们与道德品行就如同它们与春分或秋分这样的二分点那样没有必然的关系;市场操纵行为不可能对股市晴雨表的精确度产生实质性的影响。

电影与情节剧

然而,根据笔者收到的一些信件的内容来判断,这个问题根本无需争辩,因为据说华尔街要是清白无辜就不会被告上法庭。无论在什么地方,出于什么原因,每个市场都可能发生有损市场记录的丑闻。过去的历史已经表明,不动感情、几乎是毫无人性的市场运动趋势与这样的偶发丑闻没有任何关系,这么说好像会让一些人感到沮丧。但是,我们当中感情用事的人与三思而行的人完全不成比例,前者人数明显居多,以至于笔者虽然倾向于为股市辩解,但还是不得不向他们做出让步。此时此刻,笔者应该想到对格林尼治子午线的辩解。在这里援引格罗佛·克利夫兰(Grover Cleveland)常说的一句名言:"我们面对的是一个条件,而不是一种理论。"

在一般人的想象中,华尔街是一个既可怕又美妙的地方——有时,我们可以把它称作"电影里的华尔街"。英国人所说的"电影"就是我们祖辈所熟悉的传统情节剧的现代替代品,剧中的人物出奇的雷同。恶棍和荡妇与真实生活中的任何人没有任何相像的地方。但是,如果要让爱挑剔但又从未见过原型的观众感到满足,演员们必须在戏中表现出恶棍和荡妇们无恶不作、放荡不羁的行为举止。很多年前,杰罗姆·K. 杰罗姆(Jerome K. Jerome)曾经写过一些说明戏剧表演规律的东西。他解释说,在英国戏剧中,如果弄丢一张花3先令6便士申领的结婚证,那么立刻就会导致婚姻无效。立遗嘱人死亡后,他的财产就全部归弄到遗嘱的人所有;如果富人死前没有立下遗嘱,那么,等他们死后,财产就全部由与死者关系最亲近的人继承。在那个时代,律师在戏中演得还真像律师,侦探在戏中总是目光敏锐,而金融家在戏中的形象还真的让人不敢恭维,看上去实在有损尊严。

小说中的金融家

在银幕上出现的现代金融家,特别是在特写镜头中出现的现代金融家,看上去都是这种德行。不过,他们并不是什么新塑造的形象。我记得20年前在一本杂志上读到过一篇短篇小说,讲的是一个詹姆斯·R. 基恩(James R. Keene)式的大"操纵者"操纵股市的故事。小说中的插图画得非常逼真,看了令人毛骨悚然。在其中的一张插图中,基恩或者画中的人物原型夸张地弓背紧盯着联合证券交易所(Consolidated Stock Exchange)的自动报价器!不难推测,画中的人物正在以10股一手的巨额成交量冲击股票市场。只有像基恩这样的股市操纵高手才可能如此作为,也只有电影中的基恩之辈能够这样操纵股市。这篇小说的作者埃德温·拉斐尔(Edwin Lefevre),当时正在为纽约《环球》(Globe)杂志撰写一些晦涩难懂的财经文章浪费自己的才华,他肯定觉得自己在文学创作上非常失败,但这或许只能责怪他自己。下面就是他本人对这样的股市操纵者的描写。以下文字引自拉斐尔1901年发表的一篇名为《松节油崩盘》(The Break in Turpentine)的短篇小说:

"现在,股市操纵者粉墨登场了,他们是天生的,而不是后天造就的。操纵股票是一门很难掌握的艺术,因为操纵股票必须有过人的才智和高超的技巧,而且还不能露出任何操纵痕迹。无论谁都能买进或者卖出股票,但并不是每个人都能在卖出股票的同时给人以买进的感觉,从而确保推高股价。这要求操纵者胆大心细、足智多谋、思维敏捷、判断准确,既要充分了解股市的技术面条件,又得熟知人的本性,对稀奇古怪的投资赌博心理现象要有透彻的研究,还必须长期积累与华尔街金融界人士打交道的经验,熟悉美国人丰富、奇妙的想象力,更不用说必须全面了解各种需要雇用的经纪人、他们的长处和不足以及个人气质,当然还要了解雇用他们的不同价钱。"

以上就是专业性很强的小说对股市操纵者的描写。顺便说一下,作为文学作品,小说对金融家的描写要比情节剧或者电影作品来得真实、体面。可惜,这篇小说没有把重点放在更加深入地剖析为识别是否存在可操纵市道所必需的价值和行情上。真相要比小说描写的更加怪异,也更难用文字来描述。当然,笔者这么说,有可能会招来明显的不同意见者的反驳。

缎子大礼帽与尴尬的面部表情

不久以前,一家以所谓的"反华尔街情结"而著称的大众报纸刊登了一封读者来信。这封信措辞强烈,公开表达了一个西部外乡人参观华尔街后的感想。信中对华尔街最有特点的写照就是"缎子大礼帽与尴尬的面部表情"。容笔者来详细描述一下。那是在1901年,我在华尔街上看到一个头戴段子大礼帽的绅士,这位绅士就是前来主持新落成的证券交易所开业典礼的赛斯·洛(Seth Low)市长。我的速记员当时由衷地赞叹道"真时髦"。其实,电影里的金融家都时兴戴缎子大礼帽,就像情节剧中的英雄人物,即使贫困潦倒、衣衫褴褛也要穿漆皮皮鞋。银幕上的金融家要是没戴缎子大礼帽,那就好比一只没放盐的煮鸡蛋。如果有人一定要我们做出评价,那么,我们只能说这是一个"淡而无味的鸡蛋"。

昔日困境回顾

就在几年前发生过一件传播范围不大的股票"囤积"丑闻,被囤积的股票是"斯图兹汽车"(Stutz Motor)。这只股票当时还有行无市,有一些投机商在卖空这只股票,其他人没有遭受损失。而且,这些投机商也毫无怨言地结清了购股款。但是,这一事件后来却发展成了一个极具诱惑力的群起攻击华尔街的主题。纽约的一家报纸载文表示,这个事件只是与"城市电车公司(Metropolitan Traction)的行贿者、纽黑文和岩岛市的肇事者",还有所谓的"人寿保险行贿者"(这家报纸有故意渲染之嫌)有关。最先炒作这条新闻的是一家专门靠炒卖新闻谋生的报纸。这家报纸没有向它的读者交代清楚,城市电车公司最后一次融资已经是20年前的事了。就连纽约地面轨道交通线路的拍卖所得全部投在区际城市交通公司这一确实愚蠢甚至不可原谅的事件，也已经过去15年了。人寿保险调查也已经过去16年。顺便说一下，这次调查既没有指控也没有证实"行贿"行为。关于受到误判的纽黑文融资这一相对较小的事件的最后一篇评论文章也是在11年前发表的。岩岛市腐败案也已经过去了19年。芝加哥奥尔顿公司(Chicago & Alton)资本重组是攻击华尔街的人最津津乐道的话题，不过早在1899年已经完成，而且直到1907年也没有发现任何差错。我想，在我说"根据对事实的最全面了解，到目前为止并没有发现华尔街有任何可指责的地方"的时候，已经自甘成为一个无药可救的反动分子。

孤儿和寡妇

曾经轰动一时的北太平洋铁路公司股票逼空战引发过一场不折不扣的股市恐慌，但是，就连这样的股票操控事件也不能作为导致股市晴雨表失灵的例子来援引。那场不寻常的股市恐慌发生在一波大牛行情的形成过程中，只不过引发了一波深度次级回调行情，因为牛市行情随后得到了恢复，并且在16个月以后才达到最高点。但是，人们对1901年发生的那件事仍然记忆犹新、心有余悸，甚至连公开指责华尔街的政客们也表现出了对这一事件的兴趣。值得注意的是，据说，在这些事件中受到冲击的股票全都由孤儿和寡妇持有。笔者真心希望有人愿意把这些寡妇娶回家，并且收养甚至关爱这些孤儿。他们的托管人在丧失了最平常的商业头脑以后，当然没有权利再施展那种下流的伎俩，并且也没有权利要我们记住他们所犯的罪行。在其他地方——电影中，仍有有利可图的营生在等待他们。

股票市场都适用的道氏理论

言归正传，让我们回到我们的主题上来。我们在这里明确表述的股市运动趋势支配规律同样适用于伦敦证券交易所、巴黎证券交易所甚或柏林证券交易所。我们还可以进一步推测，即使伦敦、巴黎和柏林的证券交易所以及我们自己的证券交易所都已经不复存在，支持这个规律的基本原理仍然真实可靠。在任何大都市，只要证券自由交易市场能够恢复运行，那么，这些原理必然就会重新自行发挥作用。据笔者所知，伦敦的任何一种财经出版物都没有记录相当于道-琼斯平均指数这样的数据。但是,如果伦敦证券交易所能够获得相似的数据,那么,伦敦的证券市场就能拥有与纽约证券市场相同的可预测性。

我们也可以从伦敦证券交易所上市公司股票中挑选两个或者更多板块的代表性股票来编制平均指数,并且展示它们在韦腾霍尔(Wetenhall)股票登记册和伦敦证券交易所官方的股票登记册有记录以来各年份中的基本趋势、次级趋势和日常波动状况。英国铁路板块股票的平均指数可与我们美国铁路板块股票的平均指数相互验证,伦敦证券交易所还有数量和品种比我们更多的工业股可以利用。卡菲尔(Kaffir)市场从1889年德兰斯瓦(Transvaal)第一波淘金热起就开始收集数据编制南非采矿业股票价格平均指数,至今仍有其自身的重要价值。这些股票价格平均指数显示,在其他行业不景气甚至衰退时采金业却仍然非常繁荣。拿这个股票价格平均指数走势与固定收益证券走势比较,就能为经济学家提供非常有用的信息。这个股票价格平均指数能够以最生动的方式显示黄金购买力与投资持有的债券之间的关系,而且还能权威地证明固定收益证券价格与生活费用成反比关系这个定律。我们将在后面一章证明这个定律。

没有事实支持的论据是错误的

从内部观察并大致了解华尔街是困难的,而且很多观察家已经证明这是不可能做到的。就如我们将要证明的那样,股票市场不仅包括股市操纵者,并且还涵盖全体金融家集合,因此,我们可以说,股市晴雨表的作用范围确实超越了股票市场本身。现代作家G. K. 切斯特顿(G. K. Chesterton)曾经说过,没有事实支持的论据缺乏说服力,甚至是错误的。在查尔斯·道提出他的股价运动理论之前,还没人真正尝试过推导和阐明股市实际蕴涵的道理。倘若一个人的事业已经令他置身于高速运行的机器中,那么,我们是否能够让他明白是什么力量在驱动机器,甚至让他明白一些动力产生方式的原理呢?显然,迄今为止映入大众眼帘的唯一图景,就是被我们称为"电影里的华尔街"这个被扭曲的股市形象。

邪不压正

推销石油股票的骗子为什么要在金融区一些著名地点散发宣传材料,并且采取各种各样的利诱手段来争取大都市著名大报在财经栏目推介他们推销的股票呢?如果被推销骗子诱骗的公众、投资者和投机者——未来可能的投资者——真的相信,华尔街就是像这个国家的政客们所说的罪恶渊薮,那么,推销石油股票的骗子还会进行欺诈性推销吗?如果华尔街真是罪恶渊薮,那么,行为可疑的推销者就会到其他地方去行骗。股票推销骗子之所以要利用金融区作为幌子,是因为他们知道金融区有世界上最可靠的诚信。在这里,伪善就是对邪不压正的赞美。如果华尔街与骗子一样堕落,那么骗子就不会利用华尔街来行骗。如果金融区有这些利用它来蛊惑人心的政客们 1/10 的腐败,那么也就不用他们宣布美国的货币金融中心正由于它自身的腐败堕落而可能走向崩溃。以上我所说的一切都是事实,而且,即使实际情况正好与此相反,股市运动理论也仍然正确有效。

罗兹与摩根

即使写作素材主要选自于金融区,也不会有人指责作家在写作时,如同染匠染布时把手全泡在染缸里那样,全身心地投入自己的作品。华尔街也始终忠诚于自己的职责,始终严肃认真、一丝不苟,因此,它既没有时间也没有意愿走歪门邪道去坑蒙拐骗。虽然真的像我们已经明白的那样,没有人能够知道时刻影响股市走势的全部事实真相,但是,就像我们大家都能从切身经历中体验到的那样,有些人确实远比其他人见多识广。那些确实见多识广的人能够帮助我们摆脱这种无聊的责难和互相指责的混战。他们即使很富有,也会认为财富是身外之物,是实现更大目标的最显著手段,但不是目标本身。

25 年前,笔者在南非工作时曾有机会与塞西尔·约翰·罗兹(Cecile John Rhodes)打交道。塞西尔·罗兹理想远大、目标明确,他的目标根本不是赚钱。金钱为实现他的理想和把文明从开普敦扩展到开罗所必需,而铁路甚至是某种精神境界显著的外在表现。就直觉能力而言,笔者只遇见过一个能与他相比的人——已故的 J. 皮埃庞特·摩根(J. Pierpont Morgan)。我们平常人不可能跟上他们俩的思维速度。他们有非凡的思维能力,就像具有数学天赋的神童,经过瞬时的心算就能说出求一个4位数平方根的结果。其他知名人士——也许从新闻记者的视角去看——的思维过程似乎和我们常人并没有很大的差别。我所认识的工业巨头,如詹姆斯·J. 希尔(James J. Hill)和爱德华·H. 哈里曼(Edward H. Harriman),都具有一流思想家的基本素质。他们能够迅速剔除不重要的东西,在一大堆喋喋不休的空话中捕捉到基本事实。但是,罗兹和摩根更胜一筹,他们俩在您交代前提条件之前就能推理出令人惊讶但又合理的结论。

并非难以描绘

这些人都意外地发财成了富豪,他们都有伟大的使命要去完成,他们必须拥有能够完成伟大使命的财力。在过去的几年里,我们听到很多人在谈论"理想",并且发现其中大多是一些一知半解的想法。不过,华尔街是一个有理想的地方。通常只有适当的人在适当的时候才会有客观正确的想法,而笔者却希望总能有客观正确的想法。不久以前,笔者听了一个关于科罗拉多大峡谷的演讲,演讲人用"难以描绘"这个词来描绘科罗拉多大峡谷的美丽。他花了1小时15分钟的时间,结果就是证明科罗拉多大峡谷的美丽难以描绘,至少他就是这么做的。但是,米尔顿(Milton)或者赞美诗诗人就能够描绘科罗拉多大峡谷的美丽。也许,任何一个智力正常的人在面对眼前的自然美景时,只要如实说出自己的内心感受,就能大致告诉我们他所看到的自然美景。

不可改变

笔者记得自己以前曾经说过类似于现在要说的话,也许是在一些读者今天看过明天就会忘记的评论文章中。人性问题不会改变,因为人类的本性始终没变,自从有文字记载以来一直如此。"周期"就像人类社会的历史那样古老。我们所看到的变化都是一些表面变化,尤其是在真诚、智慧的人通过立法让大家在和平友好的氛围中更加美好地共同生活在一起以后更是如此。人类的决心是一切进步的关键所在,改革始于人类的决心,而不是始于立法大厅。

三一教堂的钟声

　　三一教堂位于华尔街西面,每当夕阳西下,教堂塔楼投下的长长阴影笼罩着华尔街这个遭受最多非难、最不为人理解的地方。我们经常听到教堂悠扬的钟声,奏响了古老而又熟悉的圣诞赞美歌。牧羊人再次放眼巡视自己的羊群,羊儿都蜷伏在草地上。听到远处传来的钟声,我们就仿佛觉得自己沐浴在上帝恩赐的荣耀中。法律不能使人们生活得幸福,变得更加富有,或者获得更多的满足。过去并不存在任何像今天这样的政府形式,也没有类似于今天政府这样的机构,更没有什么前车之鉴。过去,没有人不说,只有正义才能使一个民族兴旺发达。华尔街与最公正地批评它的人一样也知道,善良、正义、奉献和爱心是一切善政的基础,因为只有本着这种精神,一个国家的人民才能真正实现自治。

　　我们已经说过,我们现在研究的法律是一些基本、公理性、不证自明的法律。即使美国的宪法成了考古学家感兴趣的研究课题,哪怕我们今天的著述将来能够存世成为经典(这是他们的作者做梦也不敢想的),但在这个更高水平的真理上肯定会留下一些永久性的东西。这样一种法律基础必将是永久性,因为真理本身包含一些神圣的元素。

第三章

查尔斯·道和他的理论

第三章 查尔斯·道和他的理论

在过去讨论道氏平均指数理论以及更一般地讨论恐慌和繁荣周期时，我们收到了很多读者来信。从来信的内容看，我们可以说，读者大多认为道氏理论是一种肯定能够在华尔街赚钱的工具，我们甚至还可以立刻补充说，这个理论与任何"加倍下注赌博"或者欺骗银行的手法毫无相似之处。读者来信提出的一些问题要比我们所做的介绍显示出更多的智慧和更强的理解力，而且其中至少有一个问题值得我们展开讨论。

不只是一个办报人

"查尔斯·道是何许人也？我在哪里能读到他的理论？"查尔斯·道是纽约道－琼斯财经新闻社的创始人，也是《华尔街日报》的创办人和第一任总编。他于1902年12月去世，享年52岁。他是一位经验丰富的报纸记者，早年曾受到斯普林菲尔德市《共和党人报》(*Republican*)的优秀总编萨缪埃尔·鲍威尔(Samuel Bowles)的指导。查尔斯·道是新英格兰人，聪明、自律、业务精湛、极端保守。无论讨论的气氛多么热烈，他几乎总能冷静、周密地思考任何讨论的问题。笔者几乎可以说从未见过他红过脸，甚至从来没有看到他激动过。当时，能够胜任财经新闻工作的记者寥寥无几，而财经学识丰富的记者更是凤毛麟角，因此，查尔斯·道以他的诚实正直和超人的判断力赢得了华尔街每一个人的信任。

查尔斯·道还有一个优势，那就是他曾在证券交易所交易大厅工作过几年。他的这段工作经历有点奇妙。已故的爱尔兰人罗伯特·古德博迪(Robert Goodbody)是一名贵格会教徒，也是一名华尔街引以为荣的人物。当时，他刚从都柏林来到美国，由于纽约证券交易所要求每个交易所会员都必须是美国公民，因此，查尔斯·道就成了他的合伙人。在古德博迪加入美国籍之前，查尔斯·道就替古德博迪履行交易所会员的职责：在交易大厅下单交易。等古德博迪加入美国籍后，查尔斯·道就从交易所抽身，重新投身于更适合他的报纸工作。

查尔斯·道的谨慎与他的理论

笔者喜欢查尔斯·道,而且还有幸在他生命的最后几年里与他共事。但是,笔者和他的很多朋友一样,也经常为他的极端保守感到恼火。他的保守尤其是在由他执笔的《华尔街日报》社论和评论文章中表现得尤为显著。关于这个问题,现在有必要做些说明,因为这些社论和评论文章是道氏股价运动理论的唯一文字记录。查尔斯·道会就某个公众关心的影响金融或者商业的问题写一篇语气强硬、可读性强而且又有说服力的评论文章,但总会在文章的最后写上一些自我保护和免责的文字,这样不但能够藏匿一些锋芒,而且还能缩小文章的冲击力度。用拳击的行话来说,他这是在"收回重拳"。

由于他几乎可以说是过于谨慎,因此,无论他的观点多么合理,他的推理多么严谨、清晰,他都不会直截了当、固执己见地阐述自己的观点。他主要是在1901年和1902年上半年执笔写下了很多谈论股票投机方法的评论文章。我们必须从这些评论文章中发掘道氏理论的渊源。但是,在这些评论文章中,他只是解释性地、附带地提及,而从不专门论述这个讨论主题。同样令人觉得奇怪的是,在早期发表的一篇论述股价运动的文章里,他提出了一个站不住脚的论点。他在1902年1月4日《华尔街日报》"回顾与展望"栏目上以《运动趋势中的运动》(Swings Within Swings)为标题的文章中写道:

"市场上存在三种轮廓清晰但又融为一体的运动。首先是由特定时间的局部原因以及买差或者卖差造成的日常变动。其次是持续10天到60天不等,平均可能在30~40天的次级运动。最后是持续4~6年的主要运动。"

查尔斯·道错在哪里?

请读者注意,查尔斯·道写这篇文章是在20年前;而且,当时他找不到像今天这样可用来分析股市运动趋势的数据资料。后来的经验表明,以上引文给出的股市基本运动趋势明显过长。笔者通过仔细观察发现,在查尔斯·道发表这篇文章之前,股票市场的基本趋势从未出现过持续4~6年的周期,也很少出现持续3年的周期,比较常见的是持续时间不足2年的周期。

不过,查尔斯·道总能为自己说过的话找到辩解的理由,而他在治学上的求实作风也总能让那些了解他的人深信不疑:他这样说至少有他可辩解的理由。查尔斯·道深信,金融危机每隔10来年会周期性地重复发生(就如有记载的金融史所显示的那样),并且认为在这样长的一个周期里股市就会出现一个大牛行情和一个大熊行情。于是,他把持续10年的周期一分为二。这更像是有人要一个小孩说出10只生活在北极的动物,他就回答说:"5只海豹,还有5只北极熊!"。

杰文斯记录的恐慌年份

在本书第一章里,我们说到过历史上发生过的恐慌,还谈到了斯坦利·杰文斯教授以及他的理论。杰文斯在他的理论中认为,市场恐慌这样的危机与太阳黑子爆炸有关,因为太阳黑子爆炸会对气候和农作物产生影响。笔者说过,这种推理就好比认为总统选举与闰年相关。下面就是杰文斯教授记录下的英国(或者英格兰)曾经发生商业危机的年份。平心而论,这些年份确实令人难忘。杰文斯记录下的年份有:1701年、1711年、1712年、1731~1732年、1742年、1752年、1763年、1772~1773年、1783年、1793年、1804~1805年、1815年、1825年、1836年、1847年、1857年、1866年和1873年。

查尔斯·道曾在他于1902年7月9日发表在《华尔街日报》上的一篇评论文章中援引过这些年份,并且指出:

"这些数据非常有力地证明了十年周期说,并且在很大程度上得到了我们这个国家在过去一个世纪里发生的商业危机的支持。"

查尔斯·道对我们这个国家连续发生的商业危机(他亲身经历了其中在1873年、1884年和1893年发生的3次危机)进行了令人满意、值得关注的解释,有必要在本书加以援引。就杰文斯记录的危机年份而言,我们惊奇地注意到在他记录的危机年份序列中一上来就遗漏了一次重要的危机。那次危机发生在1715年,这一年,为了恢复斯图亚特王朝在英格兰的王位,苏格兰出兵入侵英格兰,从而导致后者突然陷入危机。据笔者猜测,杰文斯的这一遗漏更可能是故意的,因为那年太阳没有足够多的黑子爆炸,所以,无法满足他的理论的假设条件。

查尔斯·道对美国危机的评论

以下就是查尔斯·道对美国发生的危机的评论。

"19世纪,美国于1814年发生了第一次危机。那年8月24日,英军攻陷华盛顿,导致美国突然陷入了危机。费城和纽约各家银行纷纷中止付款,危机一度非常严重。导致这一时期经济陷入困境的主要原因是,1808年通过的禁运和互不往来法案导致外贸大幅度下降,财政入不敷出,大量新创建的州立银行取代了联邦银行。很多州立银行资本短缺,并且滥发没有充分保证的货币。"

1819年、1825年和1837年

"由于银行紧缩流通手段,差点在1819年引发了一场危机。之前银行增发的货币促进了投机,而银根收缩导致大宗商品和房地产价格严重下挫。不管怎么说,这次恐慌就其成因而言是一次货币性恐慌。

"1825年欧洲发生的危机导致对美国产品的需求减少,并且在1826年引发价格下跌和银根紧缩。不过,当时的情况还没有变得非常严重,更多是发展势头的中断,而不是基本趋势的逆转。

"1837年发生了一次严重的商业恐慌,这次恐慌是由很多原因造成的。工业和商业增长过快,很多企业超前问世;农业歉收,连做面包的面粉等基本物品都要靠进口;政府拒绝给美国银行的营业执照展期,导致美国银行业发生了彻底的变化,而公众从美国银行提取存款然后再存入州立银行的行为给不正常的投机交易提供了温床。"

1847年、1857年和1866年

"欧洲1847年发生的恐慌虽然只对美国产生了很小的影响,但却导致了严重的硬币流失;墨西哥战争对用票据结算的企业产生了一定程度的影响。不过,这些影响在某种程度上先是被面包原料的大量出口,后来又被1848~1849年发现黄金所抵消。

"1857年8月,俄亥俄人寿保险和信托公司(Ohio Life Insurance and Trust Company)破产,从而引发了一场空前严重的大恐慌。虽然物价已经下跌多月,但是,这次恐慌

的凶猛来势还是出乎人们的预料。当时,铁路建设蓬勃发展,银行持有的硬通货相对于它们的贷款和存款占比很小。这个时期的一个特点就是企业倒闭成风,到了10月,银行普遍中止付款业务。

"1866年,奥佛伦·格尼公司破产,突然导致伦敦发生了恐慌。随后,我们这里证券交易所股价大跌。同年4月,密歇根南方铁路公司(Michigan Southern)出现了股票囤积现象,投机卷土重来,再次迅速蔓延开来,而且愈演愈烈,其程度已经大大超越了常态。"

1873年、1884年和1893年

"1873年那次恐慌既是一次商业恐慌,也是一种证券交易所恐慌。这次恐慌是大量流动资本转化为固定资本的结果。商业活动迅速扩张,规模十分庞大;货币供给无法满足需求;信用崩溃,萧条极其严重。

"1884年那场危机是一次证券交易所崩盘导致的危机,而不是商业危机。同年5月,海运银行(Marine Bank)、大都市银行(Metropolitan Bank)以及格兰特和瓦德公司(Grant & Ward)相继破产,并且同时伴随着股价大跌,全年股市一路下滑。持续多年的铁路干线之争也是造成这次周期性危机的原因之一。

"1893年的恐慌是由很多原因造成的:货币状况不确定、外来投资撤走和对激进的关税立法的担心都是造成这次恐慌的原因,而对守住金本位制的渴望无疑是最主要的原因,因为它还对其他很多因素产生了影响。"

一次失误的预测

查尔斯·道在预测方面总是小心谨慎,这种习惯不但是新英格兰人的做派,而且几乎就像苏格兰人。他就是揣着这样一种小心谨慎,在一个道氏风格的结尾中继续说道:

"根据过去和最近6年的发展情况来判断,我们可以不无道理地推测:在未来几年,股票市场至少会出现一波短期波动行情。"

虽然不能说查尔斯·道的这次预测没有道理,但至少算不上大胆。在查尔斯·道做

出这一预测后的第 5 年,也就是 1907 年,股市出现了一波远不止"短期波动"的行情。那一年,纽约城的银行纷纷采用票据交换所流通券来进行结算,而纽约的股市则在短短的 5 分钟时间里就陷入了恐慌。查尔斯·道是在股市处在一次主要上涨趋势时做出预测的。这波行情于 1902 年 9 月达到最高点,可惜,查尔斯·道在 3 个月前已经离我们而去。

股票市场的走势很快就证明查尔斯·道把他假设的十年期周期一分为二得出股市 5 年出现一个基本趋势的论点是错误的。从 1902 年 9 月开始,股市出现了一波几乎长达 1 年的大熊行情;然后,股市又于 1903 年 9 月开始显露大牛行情的端倪;这波大牛行情于 1904 年 6 月明确显现出来,并且于 1907 年 1 月达到最高点——为期 3 年 4 个月。而随后出现的大熊行情在经历了 1907 年的危机后一直持续到来年的 12 月才结束,总共持续了 11 个月。

纳尔逊出书论投机

查尔斯·道所有形成文字的论述都发表在《华尔街日报》上,因此,只有在华尔街"圣经"这部珍贵的文献资料上仔细查寻,才可能重现他的股价运动理论。不过,已故的 S. N. 纳尔逊(S. N. Nelson)在 1902 年写成并出版了一本取名低调的论述股市投机的书,书的名字叫《股市投机基础知识》(*The ABC of Stock Speculation*)。这本书绝版已有很长时间,但有时还能在旧书商那里淘到。纳尔逊曾试图劝说查尔斯·道写一本这样的书,但没有成功。于是,他把自己在《华尔街日报》上能够找到查尔斯·道论述股票投机的文字悉数收入了他的《股市投机基础知识》。这本书分 35 章,其中 15 章(第 5~19 章)都取自于《华尔街日报》的评论文章,有些文章略作删节,涉及的主题如有"科学投机""解读市场的方法""交易方法",还有泛论股市波动的内容——这部分内容虽然值得关注,但不适合原封不动地收入《股市投机基础知识》,而是在该书的后续章节中做了大量的援引。

纳尔逊的这本书是一本严肃认真、通俗易懂的小册子。纳尔逊本人就是一个严肃认真、注重实效、个头不高的男人——一个我们大家都喜欢但又爱和他开玩笑的人,因为年轻记者根本不能像他本人那样一本正经地对待他。当笔者伏案写东西时,他那本书的亲笔题署本就摆在我的面前;每当读到他论述投机道德问题的相当传统的观点时,笔者就能看到他那可怜的身影和严肃、绷紧的脸庞——他已经被结核病折磨得快要不久于人世了。《股市投机基础知识》出版不久,他就去世了,永远地离开了他心爱的华尔街,但就是他发明了"道氏理论"这个名称。这个名称是一个崇高的荣誉,查尔斯·道也完全受之无愧。因为,虽然很多人都认识到股市运动有迹可循,股市运动具有一定的蕴涵——是具有实际用途的真正晴雨表,但查尔斯·道是能够采用一种切实可行的方法明确提出这些思想的第一人。

── 第四章 ──

道氏理论及其在投机中的应用

在以往的道氏股价运动讨论中,我们已经知道该理论的精髓可归纳为3个命题。在1900年12月19日《华尔街日报》上发表的一篇评论文章中,查尔斯·道指出:

"我们总可以认为市场始终同时存在三种趋势。第一种趋势是逐日窄幅波动趋势;第二种趋势是持续时间在2周到1个月以上的短期波动趋势;第三种趋势是持续时间至少4年的基本运动趋势。"

我们已经说过查尔斯·道所说的第三种基本趋势有可能大大短于他认为的4年时间。我们还说过他试图把恐慌周期理论所说的10年周期分成持续时间分别约为5年的熊市行情和牛市行情的做法如何导致了无意的夸张。不过,这些都不重要,重要的是,查尔斯·道成功地提出了一种极具价值的股市运动趋势理论,并且认为这些运动趋势会同时出现,从而使得后来者能够构建商业晴雨表。

投机背后的真相

这是道氏理论的精髓所在,我们不应该说查尔斯·道本人没有看到,或者说生前没有看到道氏理论的全部意蕴。他从来没有专门为他的理论写过评论文章,但他反复运用自己的理论举例说明有关股市投机的论述以及不但促成投机(在这里取这个词最正面、最有益之义)而且还促使市场形成的基本事实和真相。

《华尔街日报》曾收到过很多来信,质询根据道氏主前提提出的假设。对此,我们不应该感到奇怪。1902年1月4日,查尔斯·道撰文答复了一名读者来信提出的中肯问题。任何看过这篇文章、有思想的读者都应该能够自己回答这个问题。来信者在信中问查尔斯·道,"最近一段时间以来,您一直认为当前市场处于牛市之中,但从更广泛的意义上讲却是一个小熊市。您如何来自圆其说呢?"查尔斯·道的回答当然是,他根据一个次级趋势已经结束这一事实得出了牛市的结论,但从收益记录来看股票的价值,他不认为已经持续16个月的熊市行情还能够继续下去。顺便说一下,在回答这名读者问题时,他令人奇怪地违背了自己的基本趋势最少要持续4年的估计。但是,这波牛市行情实实在在地持续到了第二年的9月。我们可以说,这样的行情总会超常运行,只有到了最后阶段才会消化各种可能性。

一个有用的定义

在同一篇文章中,查尔斯·道还给出了一个可用来合理推断的有用定义。他指出:"只要平均指数的高点超过之前的各个高点,那么,市场就处于牛市周期;而平均指数的低点低于之前的所有低点,那么,市场就处在熊市周期。通常难以判断一波上涨行情是否已经接近尾声,原因就在于:如果基本趋势已经发生变化,那么就会出现新的价格趋势。当然,新出现的价格趋势可能只是一个非同寻常的次级趋势而已。"

以上这段文字含蓄地表达了"双顶"和"双底"的概念(坦率地说,笔者并不觉得这两个概念十分重要或者非常有用)以及表现为一条反映某个周期价格平均指数窄幅波动的"曲线"的概念,这些概念不是反映市场在吸纳股票,就是表明市场在派发股票。而且,有人已经发现对于弄清基本趋势是否还会继续下去或者次级趋势是否可能结束这些在新的基本趋势形成之初非常容易搞错的问题。这些概念非常有用,笔者将在后文中用一整章的篇幅,以1914年的股市为例分析这种"曲线"。

成功的预测

在随后的讨论中,根据1902年以来股价变动趋势的不同研究(在《华尔街日报》各相关栏目有据可查),我们可以毫不费力地证明,道氏理论其实已经告诉我们预测主要市场趋势以及正确区分基本趋势和次级趋势的方法;我们能够以惊人的精确度来运用这种方法。预言家的命运始终掌握在自己的手中,特别是在华尔街更加如此。在日常生活中,某人倘若无视实际情况,总是乐观地预测一切,那么最多只会因此而被别人当作傻瓜来骂。如果股票分析师发现一波股票上涨行情已经持续太久,并且不加掩饰地说出真话,那么就会受到远比"被当作傻瓜来骂"更严厉的谴责。如果他看跌市场,并且预测正确,那么就会受到动机不良的谴责;无论他的动机多么崇高,不管市场涨跌与他没有丝毫关系,但仍有人甚至会认为他的预测对市场下挫起到了推波助澜的作用。

"撤销"预言者

美国公众对米该雅(Micaiah)和卡珊德拉(Cassandra)这样的凶吉预卜者怎么会这样忘恩负义?是的,确实如此,甚至更加严重。不过,这并不是什么令人不快的事。美国陆军工程兵团上校C. McD. 汤森德(C.McD.Townsend)是一位在当时和后来功勋显赫的军人。他在1912年出任密西西比河流域管理委员会主任,他根据密西西比河上游水位预测到密西西比河流域将爆发特大洪水。他预先通知新奥尔良城市管理当局洪水预计在1个月内爆发,并且建议采取最有力、见效最快的措施来减小灾害可能带来的损失。新奥尔良人是否对汤森德上校感恩戴德了呢?新奥尔良市民召开了一次声势浩大的声讨大会,要求塔夫脱(Taft)总统撤销这个"杞人忧天者"和"危言耸听者"的职务。塔夫脱先生一如既往地保持了他惯有的冷静,并没有这么做。但是,密西西比河流域大量的财产被洪水冲走了。不用说,新奥尔良人当然也没有逃过这场灾难的洗劫。那些地处有可能受到洪水影响的区域的铁路和大工业企业对洪水预告非常重视,并且因此而受益匪浅。新奥尔良市市长后来收回了要求撤销汤森德上校职务的申请,以示道歉。凡是了解美国军队最能干、最低调的工程师的人都知道,汤森德上校是不会在意新奥尔良市市长和此前召开的市民声讨大会的。

股价运动趋势同步

以前,我们曾经说过,道氏理论绝不能被看作一种赌徒赢钱的工具。任何交易者无视这一点都要承担后果,但查尔斯·道本人从未这样想过,我和他之间的很多讨论就能够证明这一点。那时候,我正在为道—琼斯公司新闻社和《华尔街日报》撰写股市新闻稿,当然必须透彻地领会这样一种如此科学的股市运动同步理论。华尔街上的很多人都认识查尔斯·道,并且都愿意跟他谈论自己的体会。查尔斯·道说话谨慎,生怕出错,但逻辑性强，非常理智、诚恳。笔者并不总是同意他的观点，但他对的时候多。他如果出错，显然是因为缺少如今随手可得的准确数据。

必要的知识

也许应该在这里说明一点，任何大股本企业想要成功上市，就必须掌握一些关于股市基本趋势（无论是上升还是下降趋势）的知识。在詹姆斯 R. 基恩（James R. Keene）向过分乐观的公众发售联合铜业公司（Amalgamated Copper）股票时，当时久负盛名的《波士顿新闻社报》(Boston News Bureau)正好在告诫新奥尔良的投资者们不要在任何价位上与这只股票发生关系，或者让这只股票以每季度1.5%的红利和0.5美元的额外股息所欺骗。笔者将在后文的讨论中，根据基恩的自述简要、有趣地告诉大家基恩推销这只股票的经过。《华尔街日报》公开称这家公司是"盲资公司"，并且像《波士顿新闻社报》一样明确指出，无论是铜材的交易状况还是这家公司的资本状况，都无法证明这个发行价的合理性。即使这样，这只股票仍然守住了它的发行价。要不是遇上那波家喻户晓的大牛行情，基恩是绝对不可能成功发售这只股票的。他还得益于同样的市场条件完成了一项更加艰巨、值得称道的任务——发售市值巨大的美国钢铁公司（United States Steel Corporation）的股票。要是在随后出现的1903年熊市中，这只股票是绝对无法卖掉的，甚至连想都不要想。

一篇颇具教益的评论文章

查尔斯·道在他发表的系列文章（我曾经说过主要论述股票投机等问题，只是附带介绍解读市场的方法）中就他对自己理论的具体应用问题发表过不少见解，或者至少对自己的方法谈过一些想法。如果读者没有机会领略这些见解和想法，那么，对查尔斯·道来说是不公平的。下面几乎全文介绍一篇查尔斯·道在1901年7月20日——距离由北太平洋铁路公司股票逼空战引发的恐慌结束只有10个星期——发表的文章。他在写这篇文章时并没有清楚地看到市场其实没有达到基本趋势的最高点，而认为只是一次大牛行情的大幅回调。他首先谈到了个股：

"有一种所谓的'记录法',就是把股票价格逐一记录下来,价格每发生一次变化,就在变化的地方标注一个点,这样就能把各点连成大致水平的曲线。但是,随着市场的涨落,这条曲线就会发生倾斜。有时,一只表现活跃的股票停留在价格窄幅震荡的区间里,譬如说两点之间,直到各价格数值连成一条相当长的水平线为止。出现这样一条曲线,有时说明这只股票的筹码已经相当集中或者分散,从而导致其他交易者在同一时间买进或者卖出这只股票。有一种理论认为,为囤积股票的筹码所必需的操纵通常可用这种方法来发现,而过去15年保存的记录数据似乎能够支持这一理论。

"另一种方法就是所谓的'双顶理论法'。交易数据记录显示,在很多情况下,一只股票的价格在达到最高点前会温和下跌,然后又会重新反弹到最高点附近。如果经历了这样一次反弹后股价再次回调,那么就很可能会下跌一定幅度。"

根据平均指数交易

"有些人按照平均指数理论来做股票交易。在很长一个时期里,股市真的会出现这样的情形:股价上涨的天数大致与下跌的天数持平。如果股市连续上涨了几天,那么几乎肯定会出现相同天数的下跌行情。

"这种根据平均指数做交易的方法也有问题,那就是较大的运动趋势总包含着较小的运动趋势。虽然事件等概率出现的趋势始终趋向于相等,但是,每一种可能的组合也可能会出现,而且常常会出现长期运动趋势。或者说,在股票交易的情况下,市场会连续上涨或者下跌很多天。从长远看,这完全符合平均指数理论。但是,按照一系列短期波动预期计算,任何交易都会失败。

"有一种远比平均指数理论更加切实可行的理论,就是那个建立在作用力与反作用力相等定律上的理论。市场的基本趋势通常包含一个反向次级趋势,后者波动幅度至少要相当于前者的3/8,这一点似乎是有事实依据的。如果一只股票上涨10个点,那么很可能会回调4个点或者更多。无论涨幅有多大,这个定律似乎都很灵。股价上涨20点以后,通常随后就会出现8点以上的回调。

"我们不可能事先准确预测任何基本趋势的持续时间。但是,基本趋势持续时间越长,回调的幅度就越大;如果出现这种情形,那么就越有把握利用回调行情取得交易成功。

"一些经验丰富的操盘手常使用一种名叫'回应法'的交易方法。这种交易方法的理论依据是:市场总是处在或多或少的操控之下。一个力图推高市场的大操盘手不会蜻蜓点水式地买进多只股票,而是通过合法的方式或者操控手段来推高两三只龙头股,然后静观其他股票的反应。如果市场人气向好,但股民们仍倾向于持股观望,那么,那些看到那两三只被炒的股票已经上涨的股民立刻开始买进其他股票,于是,市场被推上了一个较高的水平。这就是市场大众做出的回应,并且预示着那几只龙头股还将上涨,而大盘随即会跟涨。

"如果龙头股上涨,而其他股票没有跟涨,那么就说明市场大众还没有打算买进。一旦看清这一点,操盘手通常就会终止抬高股价的企图。这种回应法主要由那些习惯观察股市记录的操盘手使用。但是,在交易日结束后,我们如果能够查看当天的交易记录,就能看到哪些股票在具体哪几个小时里价格被抬高,大盘是否跟涨。解读股市的最好方法就是从价值的角度来解读,因为股市并不是风中摇摆不定的气球。总体而言,股市代表着一些卓有远见、信息灵通人士经过深思熟虑后做出的认真努力。他们做出这样的努力,是为了根据业已存在的价值或者预期不太遥远的将来可能会存在的价值对股价进行调整。卓越的操盘手并不在乎股价是否会立刻上涨,而是关心投资者和投机者在未来6个月里是否会按照比现价高出10~20点的价格买进他们'建议'买进的股票。

"因此,解读股市的要点就是发现股票在3个月以后可望达到的价格,然后观察是否有操盘手或者投资者在把您所关注的股票的价格抬高到您所预期的价位。采用这种方法,通常就能非常清楚地解读股市的走势。了解股票的价值,是为了理解市场运动趋势的含义。"

这篇评论有一些假设本可以修正,但笔者觉得没有这个必要。除非研究至少长达半个世纪的数据记录,否则就不可能证明股市上涨的天数与下跌的天数相同。即使在研究后得出这个结论,其实也没有什么价值。因为,这就相当于掷硬币,掷的次数充分多,出现正面和反面的几率就会相等。

不过,看过这篇文章后,笔者觉得查尔斯·道值得称道的地方就是他思路清晰、判断力强。他只说值得说的东西,并且说完即止,这在评论文章写作中可是一种不可多得的优点。他有与众不同的对基本事实的感觉以及对内在真相的领悟,如果没有这样的感觉和领悟,就无法发掘事实本身的意义以及它们的相关意义。他采用就事论事的方式讨论了投机问题,没有掺杂任何毫无意义的说教,或者把投机与赌博混为一谈,但仍能揭示投机的真相。在后文进一步专门讨论查尔斯·道的理论以及他的理论对股市的巨大意义时,笔者模仿了他的分析方法。

第五章

股票市场的主要趋势

在继续讨论查尔斯·道在《华尔街日报》相关栏目实际发表的文章前，接下来也许应该说说现在已经广为人知的用平均指数表示的股价运动理论，并且应该强调指出，他有意识地发明了一种具有实际用途的科学晴雨表。请读者注意温度表与晴雨表之间的区别。温度表记录的是当时的实际温度，就像股价收录器收录的是股票的实际价格。但是，晴雨表的基本功能是预测，晴雨表的主要价值就在于预测，而道氏理论的价值也在于预测。股票市场就是国家经济乃至世界商业的晴雨表，而道氏理论则能告诉我们如何解读这种晴雨表。

平均指数本身就够用了

我们有一个充分的理由可以证明，平均指数在预测方面具有无与伦比的作用。华尔街一直被称为"美国繁荣的浑浊源泉"，但我们不必在意这些容易挑起争议的形容词。证券交易所的成交量和交易趋势代表了华尔街对过去、现在和将来的全部认知，并且还提前对未来进行了消化。我们完全不必像某些统计师那样，除了平均指数外，还精心编制大宗商品价格指数，并且还采用银行票据交换额、汇率波动、国内外贸易额等其他指标。华尔街会认真考虑所有这些指标，正确地把它们作为过去甚至是最近的经验结晶，而且还会用它们来预测未来。但是，所有这些指标只不过是导致被预测未来的原因而已。

人们普遍迷信地认为，华尔街存在着"强大的利益集团"，它们在某种程度上垄断了重要信息，并且利用它来达到它们邪恶的目的。专门负责调查银行和金融业想象中的超级控制问题的普若委员会(Pujo Committee)便是一例。股票市场比华尔街所有的"强大利益集团"加在一起还要强大，但是，华尔街的利益集团或者金融机构很少能够联合起来。1907年危机期间，为终止恐慌而暂时进行的联合只是一个例外。华尔街的金融机构平常都各行其是，即使在暂时联合期间，在预测股市方面也常会出错。在亨利·H. 罗杰斯(Henry H. Rogers)那个时代，也就是传说中的所谓标准石油集团的鼎盛时期，笔者就已经知道,这个集团在股票交易上也常常连续几个月甚至几年犯错。在评价影响大企业经营的商业环境方面,没有人比亨利·H. 罗杰斯更有眼光。但是,笔者仍然听到罗杰斯振振有词地为自己争辩说,真正犯错误的不是他本人,而是股票市场以及刚愎自用的投资大众。

比任何操纵都要强大

正如查尔斯·道正确地指出的那样,在股价运动过程中,华尔街可获得的每一点知识都反映了华尔街对未来的最清晰展望。股市并不会反映今天的商业状况,但能反映几个月后的商业状况。即使操纵不止涉及一只股票,而是涉及多只龙头股,股市也仍然传递同样的信息,股市要比操纵行为强大。操纵者只能预测他们自己预期和希望的价位,而且有时还会出错,而投资大众事后才能明白。在熊市中,股市操纵者是不可能炒高股价的;而任何蓄意操纵的重大案例(为数很少)无一例外地全都发生在牛市中。之所以必然如此,是因为股市作为整体比操纵者更加见多识广。根据笔者的个人经验(不但包括本人在华尔街积累的经验,而且还包括在其他市场积累的经验),几乎没有人会在跌市中操纵股价。在跌市中操纵股价无异于"搬起石头砸自己的脚",或者"拿自己的手打自己"。大熊行情总能在后来发生的事件中找到充分的解释,或者像1917年的大熊市这个例外那样,要从极大的未来可能性中寻找它的成因。

写在牛市

从临近1900年6月底(也就是麦金莱连任总统前4个月)开始,虽然成交量小得可怜,但股市却在孕育一个持续时间长达26个月多的牛市。这波牛市行情直到1901年5月北太平洋铁路公司股票逼空事件引发恐慌才暂时中断。但后来的走势证明,股市只是出现了一波典型甚至猛烈的次级回调而已。就是在这波牛市行情的形成过程中,查尔斯·道在《华尔街日报》上发表了他的系列评论文章。由于这些文章包含了道氏理论的主体部分,因此本书做了大量引用。查尔斯·道设计了一种可用于实际操作的股市晴雨表,并且出于他个人秉性开始试用这种晴雨表,以考察它是否具有预测可靠的重要特性。

可惜,他没能活到随后长达 12 个月的熊市的出现,因此没有机会亲自检测晴雨表的预测力。后来的股市走势,无论涨跌,都证明了他发明的方法的价值。

在整个始于 1900 年 6 月底的牛市期间,如果就针对大盘而不是某些个股或者某个小板块的股票而言,那么,查尔斯·道的预测都非常准确。他的正确还表现在股价会根据股票的价值调整这个基本问题上。他的最后几篇评论文章是在 1902 年 7 月发表的,此后不久,他就不幸去世了。在这几篇文章中,他预见到了股票价格会超过它们的价值;几个月后,市场开始预示铁路板块股票的收益趋于减少,或者至少工业板块主要股票的走势趋于放慢,而其他板块股票的成交量也将趋于减少。

基本趋势

笔者觉得这里有必要介绍一下从查尔斯·道撰文在《华尔街日报》上发表到 1921 年触底的熊市结束之间纽约股市所呈现的基本趋势。具体情况如下:

1. 从 1900 年 6 月到 1902 年 9 月的上升趋势
2. 从 1902 年 9 月到 1903 年 9 月的下降趋势
3. 从 1903 年 9 月到 1907 年 1 月的上升趋势
4. 从 1907 年 1 月到 1907 年 12 月的下降趋势
5. 从 1907 年 12 月到 1909 年 8 月的上升趋势
6. 从 1909 年 8 月到 1910 年 7 月的下降趋势
7. 从 1910 年 7 月到 1912 年 10 月的上升趋势
8. 从 1912 年 10 月到 1914 年 12 月的下降趋势
9. 从 1914 年 12 月到 1916 年 10 月的上升趋势
10. 从 1916 年 10 月到 1917 年 12 月的下降趋势
11. 从 1917 年 12 月到 1919 年 10~11 月的上升趋势
12. 从 1919 年 11 月到 1921 年 6~8 月的下降趋势
13. 从 1921 年 8 月到 1923 年 3 月的上升趋势
14. 从 1923 年 3 月到 1923 年 10 月的下降趋势
15. 从 1923 年 10 月到查尔斯·道去世的上升趋势

如果已故 J. 皮埃庞特·摩根确实说过他是一头"美国牛",那么,以上数据能够证明他的判断。在以上这个为期 23 年的时期里,牛市持续的时间差不多是熊市的 2 倍。7 个主要上升趋势的平均持续时间为 25 个月,而 7 个主要下降趋势的平均持续时间则是 15 个月。

关于以上数据需要说明的是,时间最长的主要上升趋势是从 1903 年 9 月 22 日一直持续到 1907 年 1 月 5 日才结束,平均指数的实际最高点出现在 1906 年 1 月 22 日,随后在 1906 年出现了持续几个月的不规则回调以及一次近似不规则的反弹,结果指数又回到了接近旧高的位置。因此,1906 年出现的次级趋势虽然持续时间远远长于我们所记录的任何其他次级趋势,但只能算作是它所属的这个基本趋势的结束。1906 年是一个特殊的年份,那年发生了旧金山大地震,我们将在后续章节中充分讨论这个问题。另外 5 个上升趋势的持续时间从 19 个多月到 27 个月缺几天不等。

惊人的预测

在以上 6 个下降趋势中,时间最长的持续了 27 个月,其间发生了第一次世界大战爆发和纽约证券交易所闭市 100 天等事件,最后在临近 1914 年圣诞节时触底。我们中可能有人偶然还会想起那一年的黑色圣诞节。但 1915 年,随后就出现了战时——当时美国还没有参战——军需物资生产的大繁荣。股票市场以极端的精确性预见到了军需物资生产繁荣,而美国商界则几乎还没有意识到这次繁荣的意义。

在以上 6 个下降趋势中,有 2 个持续时间不超过 1 年,1 个差不多就 11 个月,还有 1 个不到 15 个月。这里似乎有充分的证据可以证明,熊市(或者下降趋势)在正常情况下持续时间大大短于牛市(或者上升趋势),主要上升趋势中的次级下降趋势或许持续时间短暂但相当强劲,而中止回调的反弹耗时要长于回调。

市场总是正确

下面的分析将证明,在所有这些股市主要趋势中,我们可以用股市晴雨表提前一定的宝贵时间来预测美国商业的发展前景。如果我们不能给不懂金融的门外汉(指之前从未买过股票的人)说清楚这个主题,那么进行这方面的讨论就可能达不到预期的目的。晴雨表是所有在海上航行的船只必不可少的工具,无论是最小的近海帆船还是像阿奎塔尼亚号(Aquitania)那样的远洋巨轮都离不开它。对于吉卜林(Kipling)叙事诗中的"玻利瓦尔"(Bolivar)来说,晴雨表具有同样甚至更加重要的意义:玻利瓦尔"被吞没在茫茫大海中",绝望地目送"几艘该死的班轮从它旁边驶过,灯火通明,就像华丽的大饭店"。

可见,晴雨表对于班轮领航员有多么重要。股市上没有哪笔交易小到能够置股市晴雨表于不顾,当然也没有哪笔交易大到敢漠视股市晴雨表。事实上,在管理大企业的过程中犯下的最严重错误,就是"商海大轮船的船长们"没有重视冷酷无情、公正无私的股市提醒他们注意的未来恶劣的天气条件。

不用感谢

已故参议院多利弗看过《华尔街日报》刊载的一篇评论文章后,在美国参议院发言呼吁"请听听市场的无情判决吧",这说明他已经意识到市场无情判决的无比正确性。市场的无情判决是而且必然是建立在充分证据之上的,甚至还包括无意识和不情愿的证人提供的证据。

难怪这个乡下政客如此轻而易举地使华尔街成了商业萧条的替罪羊,但此举对他的乡村选民的影响并不比对我们其他人严重。华尔街在他们的眼里是有罪的,他们认定华尔街应该为糟糕的商业状况负责,而华尔街只不过是预先看到并且提前报告了糟糕的商业状况而已。我们在前文说过,灾难的预言者在任何情况下都会给自己招来怨恨,如果预言成真,就会招来更多的怨恨。如果华尔街预测的繁荣如期而至,那么,就如我们曾看到的那样很快就会被人忘记;可是,不利的预言会被人牢牢记住,当初无视不利预言的人还会耿耿于怀,因此,为了推卸自己的责任,他们不得已寻找替罪羊来为自己受过。

华尔街,农场主的朋友

一些政客和其他人出于狭隘的地方主义妒忌,经常把华尔街这个美国不可或缺的金融中心称为"乡下"。虽然《联邦储备法案》的制定者们把一些地方政治纷争强加在华尔街身上，并且极力试图在全美设立 12 个金融中心，但美国只能有一个这样的金融中心。农场主们表示，或者说他们的代言人表示"关于农业，华尔街了解多少？"华尔街非常了解农业，就算把全体农场主对农业的了解加在一起，当然还包括他们已经忘却的往事，都不及华尔街对农业的了解。而且，华尔街还能在任何时候立刻刷新自己的记忆，而且还可以雇用最能干的农场主。在华尔街工作的农业专家甚至比我们国家令人钦佩但没人感激的农业部聘请的专家还要优秀，华尔街会认真阅读农业部发行的农业出版物，而我们的农场主却会忽略这些出版物。

  1919 年 10 月底、11 月初，农场主们正以 3 美元 1 蒲式耳小麦和 40 美分 1 磅棉花的价格疯狂囤积小麦和棉花，比农场主更加了解小麦和棉花的股市突然开始下挫。其实，股市这张晴雨表是在提醒他们趁还有时间赶紧按市价出货自救。农场主们把华尔街、联邦储备银行系统等每一个相关不相关的机构骂了个遍，唯独没有责怪自己轻信、看法偏颇。他们以为，只要让他们支持的国会议员"一斧头砸碎"股市这只晴雨表，他们就能改变一切。他们试图砸碎芝加哥和明尼阿波利斯的谷物交易"晴雨表"以及新奥尔良和纽约的棉花交易"晴雨表"。20 年前，迫于农场主的要求，德国通过破坏性立法砸碎了自己的谷物交易"晴雨表"。结果又怎样呢？德国不得不按原样创建了一只新的"晴雨表"，而且由农场主掏钱埋单。德国人终于明白了要让自由市场自行运行的道理，而英国人早就认识到了这个道理，并且就依靠这一认识创建了世界空前强大的帝国和最广泛的贸易往来。

第六章

独一无二的预测功能

第六章 独一无二的预测功能

如此看来，我们有两条华尔街，一条是现实中的华尔街，这条华尔街逐渐摆脱了误解的混沌状态，并且塑造了自己的形象；另一条是虚构的华尔街，也就是追求轰动效应的报纸所渲染的华尔街，善于收买人心的政客口中的华尔街，或者谬误百出、富有戏剧性的传说中的华尔街，这条华尔街上的人物还没有50年前老派情节剧中的人物真实——这些漫画式人物的形象又重新出现在了电影银幕上，实在是令人惊讶、愚蠢至极。这不免让我们觉得应该把本书第二章整章的篇幅用于专门论述对华尔街的普遍误解——电影中的华尔街。

基本趋势不可操纵

在对华尔街的种种严重误解中，有一种误解被用来质疑股市晴雨表的用途。这种误解认为操纵行为能够改变股市走势，从而导致股市走势失去权威性和指导性。笔者虽然已在华尔街摸爬滚打了26年，而且此前曾经在伦敦证券交易所、巴黎证券交易所甚至1895年约翰内斯堡黄金股投机猖獗的股票市场积累了不少实践经验，但仍无意妄称权威。不过，笔者也不可能在所有这些也许可称得上有价值的经历中回想起一个主要市场趋势是靠操纵来推动甚或触发的例子。无论市场过度投机或者过度抛售变现达到了多么严重的程度（就像在基本趋势的最后阶段有可能发生的那样），凡是基本上涨趋势和基本下跌趋势，它们的发展形成和结束都是由一般商业状况决定的。如果我们的讨论不能证明这一点，那么就徒劳无用。

一件从融资规模上看不可能的事

以下的陈述虽然有太过笼统之嫌，但笔者深信其中蕴含着基本真相。詹姆斯·R.基恩在着手完成推销联合铜业公司22万股股份的任务——他的雇主是那些已经完成企业合并但没能卖掉股票的企业主——时估计,他在这次发售活动中至少要卖掉70万股(按面值计)。于是,他以高于面值的价格发售股票,这样,他的雇主们就能实现每股90~96美元的发行收入。这还只是一次规模相对较小的小盘股发售。但是,现在我们假设组建一个其规模之大迄今任何股票市场都未曾有过的发售辛迪加。这个合作机构肯定需要各大银行的参加,然后联手制造一波大牛行情。没有这样的大牛行情,基恩的努力结果一定会非常糟糕,甚至是一无所成。我们还进一步假设,这个超级辛迪加能够置纽约交易所铁路和工业股平均指数40只成分股以外的其他表现活跃的证券于不顾,而且还能不受任何专业性舆论的影响。我们再假设,这个辛迪加的成员为了制造这波大牛行情,一反它们过去的惯例和理念大肆买进股票,不是买进22万股股票,而是这个数字的100倍,而且奇迹般地没有引起猜疑。

任何在小学里学过"1+1=2"的人都知道,我们是在把自己引入一条算术死胡同。这个辛迪加想必不会满足少于40点的净利润,就在制造一个即使相当于基恩为联合铜业股票造就的牛市行情前,它的实际成交量单独就能达到1.2亿股左右的规模。这么大的操纵规模,即使按面值计算,也要融资好几十亿美元——这么大的融资额想必会实际要求辛迪加的所有成员银行放弃自己的所有其他业务,专门从事辛迪加化市场操纵活动。不过,在我们国家现行的银行体制下,这样的超级辛迪加在任何时候都不可能做成如此规模的操纵,恐怕就连几亿美元规模的操纵都做不成。现在还会有人相信,在联邦储备系统的帮助下就能做成这种孕育恐慌的市场操纵活动吗?

什么情况下有可能做成操纵

如果说要在辛迪加的每个富有成员肯定已经持有大量股票、债券、房地产和工业生产实体的情况下操纵股市制造熊市行情,那么会使整件事情变得荒唐透顶。这种事情笔者连想都不会去想。基恩在一波大牛行情中推销数量相当于美国钢铁公司普通股1/25的股票时,背后还有实力雄厚的标准石油集团在资金和声势方面的鼎力相助。当他发行美国钢铁公司的普通股和优先股时,他的后盾不但有强大的摩根银行权势人物,而且还包括钢铁联合体每个集团的权势人物,另外还得到了公众的普遍认可,因为当时公众已经意识到我们国家将迎来一个史无前例的大发展时期。但是,即使获得了这样的支持，基恩是否能够把他的努力结果扩大 100 倍呢？那些根据基本趋势研究股市晴雨表的商人、银行家和制造商完全不相信操纵行为能够改变市场基本趋势的观点。

罗杰·W. 巴布森的理论

但是，操纵行为能够改变市场基本趋势的观点在当时很有市场。笔者无意在这里挑起或者纵容一场论战。不过，如果我们以罗杰·W. 巴布森（Roger W. Babson）和他的《用于资金积累的商业晴雨表》(*Business Barometers Used in the Accumulation of Money*)为例来加以说明，那么，笔者相信，他完全能够理解本人绝无批评和贬低他那富有真知灼见的著作的意思。当然还应该说明以下节录（斜体由巴布森自己所加）发表于 1909 年，这样对巴布森先生来说才算公平：

"缓慢下行的市场通常意味着，最有才干的投机者预期在不久的将来有可能出现一个商业全面陷入萧条的时期；而缓慢上行的市场则通常意味着可望出现繁荣的商业状况，除非市场涨跌是由人为的操纵引发的。事实上，如果市场涨跌不是人为操纵，那么，商人几乎可以把股市当作晴雨表，并且让那些实力雄厚的股市操纵者负责收集为确定基本面条件所必需的数据。遗憾的是，无论如何，我们无法单凭研究股市来区分人为的市场趋势和自然的市场趋势。因此，虽然银行家和商人们可以把股票市场当作多种晴雨表中的一种，但是，他们只能赋予它一个合理的权重。"

——摘自《用于资金积累的商业晴雨表》，罗杰·W. 巴布森，1910 年，第二版。

巴布森图表

鉴于水银晴雨表的水银柱太短，而无液晴雨表的精确度和灵敏度则通常较低，那么，我们应该选择哪种晴雨表呢？股市晴雨表并非完美无缺，或者更加确切地说，解读股市晴雨表这门新兴学科还远远没有达到尽善尽美的程度，但它也不存在像巴布森先生在他的书中所说的那些缺陷。在任何合理长度的时间范围内，股市晴雨表的确能够发挥其预测功能，而且可以说结果准确得令人难以置信。让我们再从巴布森先生的图表中选取几个例子。在巴布森绘制的图表中,有一些分布在一条持续上升曲线上下方的标定点,这条持续上升的曲线代表一个不断发展的国家的财富的持续增加。我们将看到股市是如何在巴布森先生收集数据绘制成方格图之前预测到每一个结果的。对于那些不熟悉这本值得关注的出版物的人,笔者可在此说明,巴布森纵向画线按月把图表分为 12 栏;然后划横线组成方格,并且对每个方格编号;这些方格表示各种不同商业因素所覆盖的区域,并且位于一条逐渐上升的中线的上方或者下方。这条贯穿全图的逐渐上升的中线代表美国不断增加的财富。

股市预测

我们可以在巴布森图表中看到,阴影区域往往持续时间较长;持续时间越短,萧条就越严重,或者扩张就越强劲,具体视情况而定,中线上方和下方的阴影区域假定彼此相等或至少彼此接近。在巴布森图表中,一个表示始于 1903 年的萧条的阴影区域到了这一年的下半部分才发展到占据可辨认的面积,并且又在 1904 年持续发展了一整年,最终在 1905 年初向上攻破了财富增长线。股市预见到了这次商业萧条,因为一波大熊行情始于 1902 年 9 月,并且一直持续到 1903 年 9 月结束。1903 年 9 月,萧条区域在巴布森图中还占据着主导地位,而股市实际上已经转而出现中牛行情,并且在次年 6 月前出现了强牛行情。萧条区域在巴布森图上直到 1904 年年底还没有完全结束。巴布森的图表没有显示 1906 年之前会出现任何重大程度的扩张,而股市在 1905 年 9 月已经预示了这次扩张。股市晴雨表不但预见到了巴布森图表所反映的全部商业扩张,而且还预见到了持续到 1907 年 1 月的超长牛行情。最后,这波牛市行情超过了它本应持续时间的限度,这是牛市和熊市都有的一种倾向。

真正的晴雨表

巴布森图表中的扩张区域在 1907 年达到最高点,而现实中的熊市行情这时已经形成,并且持续了 11 个月,直到这一年的 12 月初才宣告结束。股票市场已经先于巴布森先生预测到了这次萧条的持续时间,而巴布森先生通过计算实际完成的萧条面积图显示，萧条很严重，但持续时间不长，到 1908 年底就已经结束。他画的位于中线以上的后续扩张区域显示扩张要到 1908 年 7 月底以后才会出现，股市晴雨表再一次预测到了牛市将于 1907 年 12 月出现，到 1909 年 8 月筑顶，并且从这时开始就预测到了巴布森所说的下一个萧条期。相比之下，股票市场和巴布森先生的预测准确度相同，但这次还是股市晴雨表比巴布森先生早预测到。

以上比较明确无疑地表明，股票市场具有晴雨表的功能，而巴布森先生的图表严格地说更像股市记录器。当然，如果有人能像这些图表的勤奋制作者那样聪明，那么也能通过制作这种记录器来获得对未来具有指导意义的宝贵信息。用一个常被滥用的词来形容，股市晴雨表是"独一无二"的。请读者注意，"独一无二"是一个前面不能加任何限定词的词语，我们的晴雨表不是有点"独一无二"，也不是差不多"独一无二"或者几乎"独一无二"。我们的晴雨表就它这么一种，而且不能复制。就像以上简单举例比较说明的那样，它确实能够提前好几个月预测到未来的商业状况，而任何其他指数或者指数组合都不可能做到这一点。我们的气象局科学水平很高，而且还有很强的专业能力，但也常常由于天气突然变化而预报出错。气象局不会谎称我们又回到了冰川期，它会告诉我们以前出现过干旱和严寒，但具体出现的时间和间隔时间难以计算确定。因此，气象局要进行具体的预测——从大量的一般气象事件中推测出一个特定的气象事件——时，也真的只能靠猜测。那些在塔夫脱总统就职宣誓仪式那天正好在华盛顿的人是否还记得那天的天气预报"晴朗，温和"？第二天，我去宾夕法尼亚铁路公司，看到暴风雨后的大水已经漫过了纽约到费城的每一根电线杆。我甚至还听说有几趟专列没能及时赶到华盛顿，以至于车上的旅客错过了阅兵式。就算是无液晴雨表，也只能根据大气压力提前有限的几小时预测到天气变化。

被高估的周期

笔者将在更合适的时候介绍另一些文献，特别是哈佛大学的研究成果。笔者倾向于认为所有这些成果都过于注重周期理论的威力。就像我们已经看到查尔斯·道所做的那样，把他心爱的十年期周期分成假想、实际并不存在的为期 5 年的熊市和同样是假想、实际并不存在的为期 5 年的牛市。但是，巴布森先生告诉我们，他的扩张区域甚至通货膨胀区域并不会持续5年,而是2年或者不足3年;而且也未必在最后骤涨阶段痛失最高点;最低点也不一定落在萧条区以外。股市危机有可能会发生在牛市中间阶段,就像1901年北太平洋铁路公司股票逼空战引发的恐慌;或者发展迅速、程度严重的准恐慌也可能出现在大熊市期间,如1907年。巴布森先生正确地证明了继后一种情况之后紧随着就会出现商业萧条,但股市的下降趋势早已预测到这一点。

如果所有的恐慌和产业危机是由相同的原因造成的,并且能够以查尔斯·道和巴布森等暗示的有规律的确定性预测到,那么,恐慌和危机由于总能被预测到而绝不会发生。这听起来就有点像"爱尔兰牛",但完全可以作为一种对事实真相的陈述。爱尔兰人所说的"爱尔兰牛"不同于其他牛的区别不就是爱尔兰牛更加多产?笔者不准备在这里继续深谈周期问题,因为现在已经非常明确,股市很少按周期运动。

秩序是天国第一法则

华尔街不但是一个巨大的资金库,容纳了全国流动资本的涓涓细流,而且还是一个信息处理中心,一刻不停地处理着每一条有关商业真相的信息。我们应该不厌其烦地重复强调,股市走势代表了通过积累反映商业真相的信息并且据此推论而得出的结果,包括建筑业和房地产业、银行结算、企业倒闭、货币供应状况、对外贸易、黄金输出/入、大宗商品价格、投资市场、农业收成、铁路收益、政治因素和社会状况等各不同方面的事实真相。除了所有这些因素外,还有其他几乎为数无限的因素全都会对股市的结果产生细微的影响。

从这一点可以看出,我们在前面的讨论中提出的假设是多么正确:在华尔街,没人能够了解全部的事实真相,更不用说所有事实的含义了。但是,公正、无情的股市晴雨表就像气压表里的水银柱记录大气压力一样,准确无误地记录下了所有的商业事实。股市的走势不存在任何偶然性。而且,笔者记得自己曾经说过,我们不可能采取通过操纵股市来利用欺骗的方式来谋取任何利益。所有这些必然都有支配它们的法则,而我们现在的目的就是要看是否能够有效地总结这些法则。很多年前,乔治·W.凯布尔(George W. Cable)曾经说过:"我们所说的机遇可能就是某个法则产生作用的结果,法则的作用范围无比巨大,我们一生只能碰上那么一两次。"我们不要把自己迷失在宿

第六章 独一无二的预测功能

命论的迷宫里,也不要把在威斯敏斯特大教堂的忏悔视为一种愚蠢的行为,并且认为生命注定会碰上接连不断的倒霉事。但是,我们应该承认秩序是天国的第一法则;虽然独立个体的智慧不足以理解这个法则,但是,证券交易所或其他任何有组织的群体往往都要遵循这个法则。

第七章

股市操纵与专业性交易

看到这里,读者可以停下来思考一下,在前几章里,我们从道氏股市理论这个坚实的基础出发已经得到了多少推论,我们又能证明其中的多少推论。我们应该感到满足,查尔斯·道已经明确地指出,市场在其运行过程中会出现3种明确的趋势——基本趋势(又分为上升趋势和下降趋势);时不时导致基本趋势中断的次级趋势(反弹或回调,具体视情况而定);从我们的角度看基本可忽略不计的无数日常波动。我们高兴地还从一些实例中发现,一个位于狭窄区间内的股票交易时期——我们用"曲线"来表示——会随着交易天数的增加逐渐显示其意义,因为它能显示买盘和卖盘状况,而且随后的价格波动能显示市场处于买盘未得到满足状态还是因充斥卖盘而处于饱和状态。

有待证实

其实,我们还可以知道比这更多的东西。单从上一章,我们就能知道,股市出现的每一个基本趋势都会被随后出现的国家一般商业状况所证明。股票市场既不需要也不接受操纵行为。因此,股票市场常常看似与一般商业状况背道而驰,而事实上,这只能说明股票市场高度有效,它是在履行其真正的预测职能。股票市场告诉我们的不是今天的一般商业状况,而是将来的商业发展趋势。已知消息的价值会大打折扣,人尽皆知的信息就不再是影响市场的因素,除非是在罕见的恐慌情形中,股市明确受到了意外冲击。

当笔者的这些文章以连载形式发表在《巴伦周刊》这家全国性的财经周刊上后,笔者在研读股市晴雨表的基础上,于1921年9月18日做出了如下推论。下面援引的这段文字就是在这一天写的,并且于这一年11月5日发表。这一推论绝不是什么凭空捏造的产物,而是从一些合乎逻辑的前提出发做出的科学推断,并且正确地预示了股市大势的变化。

"这里有一个可用来检验市场表现的适当案例。一直以来,总有人要求笔者提供证明股市晴雨表预测价值的证据。虽然欧洲金融业陷入了一片混乱,而美国棉花歉收,通货紧缩导致了种种不确定性,我们的立法机构和税务部门奉行无原则的机会主义,战后通货膨胀造成了种种后遗症——失业、采煤业和铁路业不经济的工资制度,所有这一切此时此刻都威胁着我们这个国家的商业,但是,股票市场的表现预示着一切都在朝着好的方向发展。笔者一直认为,在1919年10月底和11月初形成的熊市已经于1921年6月20日触底,20只工业股票的平均指数已经跌到了64.90点,而20只铁路股票的平均指数则跌到了65.52点。"

当前的实例

从1921年8月最后一周伊始,工业股和铁路股平均指数又双双触到了新低,这似乎意味着熊市的卷土重来。但是,8月25日《华尔街日报》根据工业股平均指数和铁路股平均指数必会相互印证的观点载文指出:

"就目前的平均指数而言,它们完全不支持牛市,但它们也没有联袂显示基本熊市行情的明确回归。"

铁路股(平均指数)的走势正在形成一条曲线,在一次技术性下挫跌破底部不到1点后又得到了恢复,并且没有出现新的低点,这说明主要熊市趋势没有明确回归。到了9月21日,铁路股(平均指数)曲线明显继续延伸——可能意味着铁路股买盘在积蓄势力,而工业股(平均指数)则明确出现了反弹。于是,《华尔街日报》"股价走势研判"栏目载文表示:

"有人说我们正迎来一个严酷的寒冬,这未免有点危言耸听。如果股市不能预料这样的意外事件,那么,它对我们还有什么意义呢?现在,股票市场似乎在预示来年开春一般商业状况向好有坚实的基础。我们有充分的理由认为,大牛行情形成的平台已经搭建完毕。"

此时,工业股和铁路股(平均指数)已经各自形成了一条表示筹码集中度的完好曲线,而且工业股还出现了明显高于前次反弹的高点。《华尔街日报》10月4日刊载的分析文章表示:

"根据解读股市的平均指数法(这种方法经试用证明效果良好),只有工业股和铁路股平均指数分别下跌8点和9点,或者分别跌破大熊行情6月20日的低点,才能表明需要熊市行情的回归。此外,只要铁路股在现在的价位上再上涨不到1点,那么,工业股和铁路股两个平均指数就能创下新高,并且预示着大牛行情的到来。工业股已经达到这个点位,而这两个板块的平均指数各自显示出一条非常清晰的筹码集中曲线,这条曲线在任何时候都可能表明市场处于股票流通供应不足的状态。"

这篇论证严谨的分析文章最后表示:

"股价之所以处于低位,是因为我们的批评家们所罗列的下跌因素已经对股价产生了影响。当股市受到意外冲击时就会出现恐慌,但根据历史记录,股市很少受到意外冲击。今天所有的下跌因素已经尽人皆知,而且就像普遍认为的那样严重。但是,股票市场不是根据普通常识或大家的共识,而是根据专家们应用于他们提前好几个月预测到的市场状况的专家知识来进行交易。"

亨利·H. 罗杰斯及其批评者

我们已经在上一节运用我们的理论进行了实例分析,现在读者可以根据市场的后续发展来评价股市晴雨表的价值,甚至可以根据同样的大前提以及以上经过缜密检验的推理过程自己进行同样的分析。

即使不知内里的公众以为纸牌已经洗好、整齐地码在一起,而职业玩家其实知道纸牌的点数,他们仍会迷惑公众,让公众相信他们无懈可击,而且百猜百中。已故的亨利·H. 罗杰斯(Henry H. Rogers)向来不公开发表讲话,好几年前,他对我说:"报纸总喜欢哗众取宠,近来一直在抨击约翰·D. 洛克菲勒(John D. Rockefeller)和他的合伙人,说他们敛财太多,并且把数百万美元装进了标准石油公司的腰包。你我都知道,我俩并非无所不知,更不是无所不能。但是,那些把我俩当作人民公敌和仇恨对象的人通过报纸评论的旁敲侧击和漫画的含沙射影,就丝毫不差地给人留下了这样的印象。倘若每个有可能和我们俩打交道的人事前都认为我们俩能呼风唤雨,那么,我们俩就拥有了一笔无价的商业资产。"就是报纸这样的煽动把标准石油公司分解成了33家子公司,而这次分解操作使标准石油公司股票的价值增加了2倍,而且还捎带抬高了汽油价格。也许,这些报纸的老板手中持有标准石油公司的股票。无论怎样,这一事件是发生在"福特汽车"时代到来之前,他们可能会认为让富有的车主多花点钱买汽油是一件有利于公益事业的大好事。

投机者的推理

有人抱怨,专业人士具有不公平的优势。其实,这是毫无根据的。像杰西·利维摩尔(Jess Livermore)这样的专业人士,他们的推理也采用本书这一章和前面几章所介绍的推理过程,只不过有一般状况研究的支持。1921年10月3日,利维摩尔说他一直在买进股票。出于礼貌,我们姑且相信他的这番主动表白。显然,他说这番话是想试探投资大众和投机者们对于他所能预见的将来在想些什么。

这样做算不上操纵。这些投机者没有制造任何虚假的市场或者从事欺骗活动诱骗投资大众中招,他们的行为就相当于在游乐场外招徕观众的杂耍。10月3日,《巴伦周刊》援引杰西·利维摩尔的话说:"股票市场的走势都是建立在逻辑推理上的。除非能够预见到未来可能发生的事,就算这样,投机成功的能力也是有限的。投机也是正经生意,投机不能靠猜测,也不能孤注一掷。投机是一种艰辛的工作,需要付出大量的努力。"

查尔斯·道下的明确定义

下面,我们拿杰西·利维摩尔说的话与查尔斯·H.道以前在《华尔街日报》上说过的话进行比较。查尔斯·道在1901年7月20日的评论文章中说道:

"股市并不是风中摇摆不定的气球。总体而言,股市代表着一些卓有远见、信息灵通人士经过深思熟虑而做出的认真努力。他们做出这样的努力,是为了根据业已存在的价值或者预期不太遥远的将来可能会存在的价值对股价进行调整。卓越的操盘手并不在乎股价是否立刻会上涨,而是关心投资者和投机者们在未来6个月里是否会按照比现价高出10~20点的价格买进他们'建议'买进的股票。"

请读者自己体会一下,利维摩尔巧妙表达的思想与超然、冷静的查尔斯·道表述更加完美的定义是多么的相似。第一次世界大战结束后,伯纳德·M.巴鲁克(Bernard M. Baruch)曾就他一次获利丰厚的股市交易在国会一个委员会举行的听证会上作证,他言简意赅地表示,他只不过是分析了大家都知道的原因,清楚地预见到了它们对市场可能产生的影响。他还为自己辩解说，他没有任何所谓的"内幕消息"，也没有哪个华盛顿政府部门的雇员向他出卖过任何机密，任何了解他的人都不会对此提出质疑。在华尔街人的眼里，这种秘密并没有什么价值。就某些个股而言，这种秘密也许能带来不正当的利益，但完全忽视它们也不会造成很大的损失。当然，这种秘密通常不会比出卖它们的人更没有价值。

输得起的人

即使换上具有同样头脑和才智的人，也采用公平的方式，并且愿意潜心研究为取得炒股成功必须掌握的知识，恐怕也不可能获得詹姆斯·基恩、杰伊·古尔德（Jay Gould）、艾迪生·坎马克（Addison Commack）或者其他昔日的市场大人物所实现的成就。杰西·利维摩尔或者伯纳德·M.巴鲁克的行为为什么会招来批评呢？虽然他们以卖家开出的价格买进股票，但绝不接受"附带条件"出售的股票。卖家总以为自己卖货有充分的理由，就像买家买进一样。如果卖家是一个羊毛制品批发商，卖出他在美国羊毛制品公司股票上的投资，或者是一个银行家，自以为预见到美国钢铁业将遭遇毁灭性的外国竞争后卖掉了自己投资持有的美国钢铁公司普通股，并且都认为自己的信息来源比投机者的信息来源还要可靠，那么，他们俩都要承担风险。他们这样做和这样认为往往都是错误的，但他们不会抱怨。笔者认识很多这样的交易者，从没有听说他们在赔钱后怨天尤人或者在赚钱后自吹自擂。

输不起的交易者

但是，有一小撮赌徒式的投机者对华尔街的看法非常狭隘，他们企图凭自己的小聪明来与训练有素的"头脑"斗智，这些训练有素的"头脑"不但有华尔街的投机商和证券交易所的场内职业交易员，而且还有他们的生意要求他们研究一般商业状况的人。这种投机者都是一些输不起的人，但个个都是伶牙俐齿、不讲道理的主。这样的投机者或者一帮依赖他们的人如果第一次冒险就能接受教训，大骂华尔街是赌场，并且从此与华尔街划清界限，那么是他们的幸运。如果股票市场充斥这种投机者或者像他们那样的人，那么华尔街真会沦落为赌场。从美国经久不衰的信誉来看,我们可以充满信心地认为事实并非如此。

拒绝与杰伊·古尔德合伙

查尔斯·H. 道与当时的任何报业从业人员一样,都非常了解杰伊·古尔德,并且也很欣赏他的自信,因为他的这份自信主要源自于他那坚不可摧的独立意志。查尔斯·道曾在他的一篇评论文章中表示,古尔德主要靠价值分析确立自己在股票市场上的地位。他通过买入大量的股票来试探市场并了解公众的反应,也就是看看他自己是否能够正确预测公众对他认为已经发现的价值的评价。如果公众没有做出他所期待的反应,那么,他会在输掉 1 点左右后就毫不犹豫地认输出局,以便重新冷眼观察自己应该如何建仓。几年前,在新街(New Street)这个任何投机市场都有的令人讨厌的场外市场外,有一个可怜的流浪汉诚实地说,杰伊·古尔德曾邀请他做他的合伙人。笔者已经有几年没再见到这个流浪汉,也记不清他的模样了。但就在几年前,他还是证券交易所一名年轻有为的交易员,在交易大厅执行交易指令,工作非常出色。执行交易指令可是一件艰巨而又严肃的差事,要求交易员同时具备大联盟职业棒球明星的瞬时判断和行动能力。

杰伊·古尔德曾经把很多订单委托给这名经纪人。不用多说,没有哪个经纪人能接到古尔德的所有订单。古尔德对自己的生意非常满意,因此派人请这个年轻人做自己的有限合伙人。结果,古尔德先生遭到了拒绝,这着实令他感到意外。实际上,这名经纪人回复古尔德先生说:"古尔德先生,我执行过您的很多订单。在我看来,您似乎是亏多赚少,这可不是我想参与做的生意。"这名年轻的经纪人不可能明白,他看到的只不过是古尔德生意的一个方面而已。机会主动找上门来,甚至试图破门而入,但这名年轻人表示自己只能做好一件事。从之后的情况来看,这名年轻经纪人的执行判断力也不足称道,不然也不会从证券交易所流落到新街,后来想必又从新街流落到了街头,最终被人们遗忘了。其实,很多人被机会召唤过,但只有很少几个能够抓住机会。

聪明的交易者

任何类型的稀缺人才都因稀缺而能获得很高的回报。那些把市场当作赌场的外行人从一开始就搞错了，他们总是患得患失，赔钱时仍然继续持有；当市场如其所愿开始上涨时，他们又赚点小钱就赶紧收手。过后，市场继续上涨，他们又后悔不跌。他们妒忌投机商，谴责他们在骰子上做手脚，在纸牌上做记号，不按照他们的规矩出牌。然而，无论他们多么自信，一旦市场的走势与他们的看法相背离，或者没有印证他们的推断，他们就会立刻离场出局，可能会像古尔德的惯常表现那样远远走在市场的前列。笔者在华尔街曾遇到过这样一个精明的人，不久前刚去世。他以前当过老师，曾经是一名优秀的古典文学学者，他的业余爱好是收集珍稀钱币，他的正经工作就是投机，但他又不通过入伙证券交易所的某家经纪行来节省市场价差或者经纪人佣金。他就是一个投机者，坐在客户操作台前或者股价收录器附近。然而，就是这个人凭着自己的判断、研究、谨慎，更重要的是凭借自己迅速发现错误的高度临战状态，每年都有不少于3万美元的收益进账，最后在颐享天年后留下了一笔数目可观的财产和价值不菲的珍稀钱币收藏。

他根据自己的价值分析来选择股票，并且研究市场趋势。他充满信心地买进股票，而且总能很好地量入为出。如果市场没有按照他的预期运行，他就会接受上千股股票下跌2点的损失，毫不犹豫地平仓止损。一旦发生这种令人沮丧的事情，他会淡然地说，如果不离场出局并以旁观者的身份客观观察，他就无法形成正确的判断。他最初的本钱只够支付接受做医生或者律师的教育或者开张执业的费用。他全身心地投入他自己选择的事业，但绝非是一个自私的人。他在牛市的初期总是做多买进股票，但到了牛市接近尾声时通常会去欧洲旅行，收集一些钱币丰富他的收藏。他并不是孤立的例子，笔者还可以列举其他像他这样的人，但并不是建议任何人去做投机生意，就算他们有足以满足同样苛刻要求的心理素质。如果读者诸君有自己喜欢的事业，而且总能让自己舒适地赚到外快，又何必要去做股票投机生意呢？反正，笔者是不会去做的。

锅炉仪表上的刻度盘

从开始讨论到现在，我们提出了一些很有见地的问题和许多不相干的问题，而其中有一个问题多少具有这两种性质，也就是有关职业投机者经济必要性的争论。笔者无意卷入经济学学术争论，更不想卷入抽象的伦理道德问题。笔者只想客观介绍股市晴雨表以及它能履行的主要实用功能，因此有必要解释一下股市晴雨表绝不复杂的机制。股市晴雨表既不像粗制滥造的三脚水银晴雨表那么简单，也不像高度完善的无液晴雨表那样复杂。关于笔者是否愿意履行职业投机者职能的问题有点离题太远，我们不必求助于2 400年前古希腊的形式逻辑也能明白趣味问题没什么可争辩的。

　　从各个方面来看，分配与生产一样重要，而华尔街的最重要功能就是分配或配置资本。职业投机者对于华尔街，就如同压力表对于您家地下室里的取暖设备那样并非多余。华尔街是美国主要的"动力部门"，压力表对于了解蒸汽压力是否超过锅炉的受压能力绝对不可或缺。在这里，重要的是不要混淆我们的比喻，不过，诸位可能会联想到安全阀。华尔街就是安全阀，但又不只限于此；而职业投机者无论动机多么卑贱或者物质，都是股票市场这部机器有益且高度可靠的一部分。在这部机器的运行过程中，职业投机者可能会发财致富，但这不是我们要在这里讨论的问题，除非我们认为个人拥有财富是一种邪恶。另外还有一个很多憎恨布尔什维克的人都信奉的教条，这种教条对于任何国家来说都比布尔什维克危险很多。根据这个教条，财富连同由财富产生的权力只会造成嫉恨，而不会促进竞争；如果我们不能通过立法让每个人富起来，那么只能通过立法让每个人继续贫穷下去。想要达到这个目的，有一条捷径，那就是完全取缔证券交易所。不过，只要证券交易所还存在一天，我们就应该去理解它。也许，我们还能在这个过程中发现并提出改进股市这只晴雨表和扩大其用途的建议。

第八章

股票市场结构

第八章 股票市场结构

我们已经说过,正如平均指数所反映的那样,出于任何实用目的的操纵行为对股票市场的基本趋势都不会产生而且也不可能产生任何实际影响。在主要上升趋势或者主要下降趋势中,大势的驱动力远远超过操纵行为所能产生的那点能量。不过,在道氏理论所说的其他趋势中,无论是牛市中出现的次要回调趋势或者熊市中出现的相对应的次要反弹趋势,还是随时都会出现的第三种趋势(日常波动),都存在操纵空间。即使这样,也只能操纵个股或者具有公认龙头股且股票品种不多的小板块才有效果。一次对石油板块的袭击,或者说一次做空石油板块特别是墨西哥石油公司股票的操纵,也许能轻而易举地收到惊人的暂时效果,把实力不支或者心理素质差的持股人逐出市场,或者迫使一些做空者补仓,结果视具体情况而定。这种业内人士所谓的"抢帽子"(Scalping)交易经常出现在次要市场趋势中——当然是有它的原因的。

交易者与冒险者

每种市场趋势,无论是牛市趋势还是熊市趋势,往往倾向于持续更长时间,就像交易员们所说的那样,牛市中会有太多的人做多;而"贷款炒股"人数的增多则表明,有太多的做空者在借入股票。借入股票要支付费用,相当于伦敦证券交易所的所谓"延期交割费"。这可是职业炒家的赚钱机会。他们在一个超卖的市场上买进,或者通过试卖来测试一个非理性超买市场的承受能力。小投机者特别是好冒险的小投机者,吃尽了职业炒家的苦头。他们都是一些"内幕消息"或者"预感"的追随者,并不真正研究自己交易的股票,缺乏甄别好坏的能力,因此会不加辨别地盲目接受二手信息。首先,他们在这个市场上没有多少买卖,因此,即使没有他们,市场也照样运行良好。如果有人认为正是由于他们或者像他们这样的人的存在,证券交易所经纪人才得以维持他们的营生,那就大错特错了。每个证券经纪人都会告诉您,他们的客户在任何时候都能获取更加可靠的信息。当然,如果一些不懂游戏规则的人一定要与熟悉游戏规则的人在一种专业性很强的游戏中进行对抗,那么必输无疑,而且怪不得别人,只能怨他们自己。但事实并非如此,他们一定会对华尔街破口大骂。大部分证券经纪人把很多时间都花在了保护交易者免受自己伤害上,免费提供一种吃力不讨好的服务。无奈,愚蠢的人是留不住自己的钱的。

人言可畏

有一点必须明确,那就是以上所说的投机交易并不是投机交易的主流,它们与投机交易主流之间的关系就如同市场日常波动趋势与基本趋势之间的关系。当然,每个人的认知水平存在差异,但是,如果认为股票投机(特别是炒高股价的投机)是一种"赢家赢多少,输家就输多少"的赌博,那就犯了致命的错误。在牛市中,赢家赢钱,输家未必就输那么多的钱。实力不济或者心理素质差的持股人倘若在次要回调行情中离场出局,自然要少赚一部分利润;但在次要行情的顶部,很多人已经丧失了价值判断力,而只是尽可能多地吃进,并且潜意识地期待能以更高的价格把自己手中的股票卖给比自己更加贪心的下家。事实上,这种人才容易受到伤害。

说到对华尔街的谴责,这就好比"说一只狗是咬人的恶狗,然后再把它勒死"。盗用公款的银行职员通常会做这种事情,他们的股票交易和合约都有案可查,但怎么就很少有法院要求他们如实提供他们负责的投机交易账单。他们闭口不提自己嫖娼、赌博或者采用其他不光彩的手法挥霍别人钱财的事情,但却开口就骂华尔街"抢劫"了他们的钱财,而那些多愁善感的人则动了恻隐之心,并对这个邪恶的金融区的种种诱惑充满了恐惧之感,所以根本不会用心去弄懂华尔街的最简单功能。

那些不成功的小投机者因自己没有能力在股市上赚钱而苦恼不已,但又不能弄明其中真正的原因,于是就玩弄一些股票交易术语来糊弄那些比他们更不了解股市的人。他们喜欢指责"证券交易所的会员经纪人"和"场内交易员",把他们与赌台庄家归为一类,甚至认为他们还不如那些赌台庄家值得尊敬,因为他们比赌台庄家有更多的机会坐庄交易。我们先来说说场内交易员,也许应该说明,与那些光靠猜测就想在变幻莫测的股市中快速赚钱的新手相比,他们确实拥有一些有利的小优势。没有哪个称职的经纪人会鼓励外行人只凭猜测炒股,而且笔者所熟悉的华尔街经纪人对那些很容易成为负债而不是资产并且永远是累赘的客户都唯恐避之不及。

场内交易员与市场价差

笔者无意把本书写成一部讲述华尔街和证券交易所实务的教科书,因为这方面已有很多优秀的专著。笔者觉得有必要把股市晴雨表的结构解释得充分清楚,尤其是要把有人无论是正确还是错误地认为会影响股市晴雨表的各种因素解释得清清楚楚。因此,有必要说明,"场内交易员"必须是证券交易所会员,而且通常是某家经纪行的合伙人。他们不受外界影响自主执行交易,而且不收取佣金。与场外投机商比较,他们在市场交易(当然是指买卖价差)方面享有一定的优势。股票交易越活跃,买卖价差就越小,平均而言一般为 0.25%。假设美国钢铁公司的普通股每股卖出价是 90.25 美元,而买入价是 90.50 美元,那么,提交卖出委托的客户就不能指望以高于 90.25 美元的价格卖出,而提交买入委托的客户则必须以 90.50 美元的价格买进。场内交易员常常能够保留这个价差或者部分价差——当然不能以损害客户利益为前提。场内交易员也许能够以 90.375 美元的价格成交,甚或按卖方的开价卖出股票。无论如何交易,场内交易员都会对股市的日常波动产生一定的影响。实际上,这就意味着场内交易员能够根据稍纵即逝的市场价差完成交易,而场外交易者则不可能做到这一点。按照惯例,场内交易员喜欢在交易所收市时轧平交易才下班,但偶尔出现一些亏损也不会在意,而能够轧平也不会特别高兴。

"对敲"

现在,我们已经明白,场内交易员由于能够赚取 1 点左右的价差而获得一定的收益。如果客户想节省价差,那么就得在委托卖出和买入时分别支付 0.125% 的法定经纪人佣金,这相当于 0.25% 的价差。这样就真的像赌博,在双数赢钱的赌局中把重金压在了单数上。野鸡经纪行的老板可能会纵容客户这么做,因为他们总是找新客户下手,一有机会就设法蒙骗客户。客户提交的交易委托没有一单会真正在证券交易所执行。这样,经纪行的老板才可能利用这种对敲机会来捞钱。但是,我们把证券交易所本身及其投机市场看作交易晴雨表,对敲不属于证券交易所业务,警察如果愿意的话,能够出面制止在交易所外进行的对敲勾当。

得到满足的老客户

如果客户根据股票的价值买进股票,有充足的保证金,有能力立即付清价款,并且凭经验认为自己买进的股票在价格抬高很多以后仍颇具吸引力,那么,买卖双方支付的交易佣金和买卖价差就算不上什么。这样的客户,就是证券交易所会员经纪行努力想争取的客户。有一家创建于1870年并且一直存续到现在的证券交易所会员经纪行,最近更换了名称。这家经纪行至少有一个已经为他服务了50年的客户,很多其他客户也已经接受经纪行服务30年以上。如此看来,外部交易者也不是总在华尔街赔钱,或者一般商业状况也没有导致赔钱不可避免。

股票交易经纪行就像任何其他企业一样,总是为招徕新的客户而不断努力,这完全就像报纸杂志为争取新的订户而努力工作。不过,经验丰富的经纪人会告诉我们,虽然广告能起到招徕客户的作用,但公正无私的服务才是留住客户的唯一手段。笔者常常注意到,说来奇怪,在华尔街真正成功的人士都不善言辞。经验告诉他们凡事要保持沉默,而且他们根本就不善交际。在大多数情况下,那些没有取得成功的人士好像倒是不能对自己的失败保持沉默。而且,我们常常发现,他们由于性格上存在严重的缺陷而心里装不下东西,他们通常说得太多、想得太少。

无需或者不必道歉

笔者无意在这里为股票市场表示歉意。我们的老朋友、那位令人讨厌的继父乔治三世(George Ⅲ)并不是因为他的聪明才智而闻名于世的。当他受邀给沃森(Watson)主教著名的《替〈圣经〉道歉》(*Apology for the Bible*)题词时回答说:"《圣经》还需要道歉?"因此,我们只满足于解释股票市场的部分机制,因为理解这些机制为全面理解美国商业晴雨表的性质和用途所必需。

从事特定股票交易的"专营商",在某种程度上相当于"股票经纪人",或者说更加接近于伦敦证券交易所的"自营商",这些场内经纪人通常把自己的业务局限于一两只表现活跃的股票,并且接受其他经纪行委托的专营股票交易订单。他们很少得到外人的理解,更多是遭到他们的辱骂。很多人错误地认为,专营商至少有时甚至经常滥用别人对他们的信任。在股市出现意外下跌的情况下,股票经纪人会接到客户的止损指令,然后把大量的"止损"卖单委托给专营商。止损卖单常把止损点设在比市价低1个点左右的价位上。这样就使一些不知内情的人浮想联翩,认为专营商出于对自身利益的考虑而故意打压股价。其实,就连这样的猜测也可能会毁掉专营商的生意和声誉。最近便有一个证券交易所的会员就因为这种事失去了会员资格,不过,这是我能够回忆起来的唯一一个例子。

证券交易所的场内交易是以口耳相传的方式来完成的,并不诉诸书面合约,甚至也没有证人在场做证。交易双方的信用是绝对无条件的,而且笔者几乎想不起这方面出问题的例子。这里面肯定存在一些偶然的误解,但总能参照惯例得到纠正。专营商从雇用他们的股票经纪人那里获取收益,如果他们从股票经纪人那里获得的收益没有从其他类似的中介机构那里获得的多,那么,专营商就不可能继续与股票经纪人保持业务来往。专营商要靠从股票经纪人那里获得的收益来维持自己的生计和生意。

职业交易员的有限影响

活跃的空头交易者会对平均指数产生什么影响呢?在主要市场趋势中,空头交易者对平均指数的影响可忽略不计;在次级趋势中,空头交易者会对平均指数产生很小的影响;但在最不起眼的日常波动中,空头交易者有时会对一些个股产生重要影响。他们的空头交易不会对我们的晴雨表产生任何程度值得认真考虑的影响。读者一定还记得20只工业股平均指数成分股和20只铁路平均指数成分股的特性。其中的每一只股票都符合证券交易所严格的上市要求。这些股票的每家上市公司都要定期公布尽可能全面的信息,它们没有任何具有市场价值的"内部秘密"能够影响这40只成分股中一只以上的股票。

其中某只股票可能会意外不派息或者意外增派股息。如果对这只股票真的会产生什么实质性的影响(非常值得怀疑)的话,等扩散到同一板块另外19只股票之后,对这只股票的影响已经变得微不足道。笔者实在不记得任何有用的例子可说明这个问题，但可以假设意外的派息方案造成股票价格出现 10 个点的波动，这个派息方案也许只能导致平均指数出现半个点的日波动幅度。如果这个派息方案没有预示一般商业状况的任何重大变化，那么，平均指数出现的小幅波动几乎随即就会恢复。如果一般商业状况已经发生了任何变化，那么，我们可以完全肯定这早已反映在了股票市场上。因为，股票市场对一般商业状况的了解要比这家公司或者任何公司的董事会更加透彻。

卖空既必需又有用

关于卖空的道德问题，完全不适合在这里讨论。卖空确实不能盈利，除非别人赔钱；而买空即使在最糟糕的情况下也能赚取别人因疏忽而损失的潜在收益。但是，愿意卖空的交易者对任何自由市场的助益远远大于他们对自由市场造成的危害。如果真的没有卖空的自由，那么，结果可能就是出现一种非常危险的市场，一种在其发展的任何阶段都可能爆发莫名恐慌的市场。伏尔泰(Voltaire)曾经说过，即使没有上帝，也有必要创造一个上帝。卖空交易早已有之，可以追溯到伦敦证券交易所的前身还在康希尔的乔丹咖啡馆做小本生意的那个时代。

后来，卖空很快就成了一种显然是必不可少的交易。奇怪的是，伦敦证券市场几次最严重的暴跌都不是发生在疯狂投机的股票上，而是发生在英国法律禁止卖空的银行股上。当时就是一些银行股承受的莫名压力加剧了巴林银行 1890 年遭遇的严重危机。对于一个不断下跌的市场来说，没有比敞口卖空盘更加宝贵的救市措施了。在这个特定的案例中，正是由于市场缺少敞口卖空盘，只能依靠临时应景创建一个银行联盟来制止股市毁灭性的暴跌。1922 年，在没有政府进一步干预和规制的情况下，伦敦证券交易所在其原来的基础上进行了重组，英国议会废除了那部禁止银行股卖空交易的法律，并且以完全、经常的信息披露作为一种保护银行股的措施。其实，完全、经常的信息披露始终都是对公众最好的保护。

上市规定条件的保护作用

20 年前，查尔斯·道撰文着重讨论了投机问题，并且附带阐述了他的市场趋势理论。一些如今在证券交易所场内自由交易的工业股平均指数成分股,那个时候还属于所谓的非上市部管理。我们很难想象,《华尔街日报》会在今天把道-琼斯工业平均指数的某只成分股说成是盲资公司的股票。不过,如果是在亨利·R. 哈佛梅耶(Henry R. Havemeyer)时代,《华尔街日报》就会毫不犹豫地撰文把这个名称用在美国糖业公司身上。纽约证券交易所撤销非上市证券部,是其最值得称道的内部改革实例之一。当时,纽约证券交易所的一些保守会员,主要是那些得益于可恶的既得利益的会员,强烈反对这项改革措施。纽约证券交易所的前总裁现在已经去世,就是因为笔者支持那次极其必要的改革,他曾当着他很多客户的面对我大声斥责。他说,就是像我这样的蛊惑者毁了他们在华尔街赖以为生的事业。他一气之下把与我有关的报纸和财经通讯稿都扔出了他的办公室。

不过,在场的他的客户立刻就把它们捡了回来,真是令他惭愧。现在,交易所场内仍在买卖美国糖业公司和联合铜业公司和其他原非上市公司的股票。这些公司也明白,公司管理层由于拒绝遵守信息披露规定而受到了最严重的猜疑,而声誉良好的公司都审慎地贯彻执行这一规定。纽约证券交易所的各会员经纪行当然对外界支持的改革都不以为然。不过,笔者从未听说他们中有谁建议恢复非上市证券部。

联邦政府的介入

在前面的讨论中我们已经说过,为了保护公众,有必要采取进一步的措施,但绝不是制定任何像蓝天法这样的法规,因为这类法规只能妨碍那些注重诚信的企业,但却不能阻止欺诈行为。在这一节的讨论中,笔者可以简要介绍英国为保护投机者和投资者所采取的健全、成功的方法。根据在英国被称为《1908 年公司(合并)法案》[a Companies (Consolidation) Act of 1908]的法律,任何证券只有在伦敦萨默塞特事务所(Somerset House)注册登记后才能在伦敦证券交易所上市交易。只有在如实、详细地披露公司的宗旨、合同、授权以及其他已做事项以后,公司才能办理注册登记手续。因此,无论上市公司的目标有多么冒险,股票投机者从一开始就能全面了解它们的情况。依据英国《公司法》,古老的普通法规则"购者自慎"依然适用。我们完全可以认为,买家只要在萨默塞特事务所花 1 先令就能获得有关股票历史和现状的全部信息,然后就可以像他们应该做的那样进行自我保护。

随着相关法律的颁行以及通过限制邮件使用来保护公众的措施的实施,联邦政府的这类干预行为无疑会招致各种愚昧无知的反对意见。但是,笔者相信这一切都会得到妥善解决,当然是应该严格本着超越党派的精神来解决。纽约证券交易所竭尽全力地保护自己的会员和客户,但是,纽约场外市场协会本身只不过是一个非上市公司股票交易市场组织。笔者没有任何理由相信,这个组织的治理机构存在能力不济和诚信缺失等问题,也无权对它的会员说三道四。但是,迟早有一天它会被证明是一个危险和丑闻的策源地。如果说纽约场外市场协会的任何一个成员披露其所有交易细节的真相就会遭受损失,那么就是在犯与纽约证券交易所那些不动脑子的会员完全相同的错误。因为后者拒绝强迫很多工业公司遵守上市规则,也没有对不遵守上市制度的公司实施摘牌退市的处理措施。

真正的内部改革

最近几年进行了一些有名无实甚至愚昧无知的"改革",我们为此也付出了沉重的代价。对于这样的"改革",无论目的或者倾向如何,笔者都是绝对不赞成的。就笔者自己的体验而言,证券交易所的标准正在稳步提高,一直在朝着有利于投资者和小投机者(说到底也就是一些入市不久的投资新手)的方向发展。在查尔斯·道生活的那个时代,证券交易所按照惯例来开展业务,在今天也许是不能容忍的。在未来无论怎样的牛市中,像詹姆斯·基恩在发售联合铜业公司股票时实施的大规模操纵都是行不通的。原因就在于,纽约证券交易所现在要求这样的公司披露信息,它们再也不可能说服最不计后果的私人投机者相信新成立的联合企业股票的价格将上涨到其面值的4倍。就是在那个时代,"虚假销售"主要也是公众想象的故事,任何注重声誉的经纪公司都不会接受性质可疑的"对敲委托"。现在,从业人员无论在口头上还是在行动上都要严格遵守纽约证券交易所禁止虚假交易的规定。无论40年前这方面是怎么规定的,即使在那个时代,这方面的规定也不只是一纸空文。更不用说,40年前诞生的美国工业新巨人如今正在觉醒,并且逐渐意识到了自己的实力。

―――― 第九章 ――――

晴雨表中的"水分"

第九章 晴雨表中的"水分"

笔者一直在努力简化我们对这些问题的讨论,并且尽量避免掺杂无关的问题。虽然笔者采用系列形式开展的讨论受到了不少批评和评论,但其中的有些讨论还是阐明了一些问题,并且对于问题的解决有所帮助,当然也难免存在一些先入之见和偏见或成见。有一个批评者,从他对笔者所讨论的主题的一知半解来看,估计他也就看过笔者这个系列中的两篇文章。即使这样,他还是理直气壮地在信中质问道:

"如果我们连证券交易所交易的股票都不能相信,那么,我们怎么又能够相信你说的晴雨表呢?你只字未提估价过高的问题,其中到底掺兑了多少水分?"

掺水劳动

在美国,"水分"从来没有像现在这样不受欢迎。但是,美国的金融中心和眼下的商界对掺水劳动远远比对掺水资本更加关心。我们只有一种方法能够挤出劳动中掺兑的水分(花 100 万美元建造的工厂或者公寓大楼只有 50 万美元的实际价值),这种方法就是破产。远在第一次世界大战前的高工资和"故意怠工"时期,纽约建造了很多公寓大楼,绝大部分由于在建造时劳动被掺进了水,这些公寓大楼远在房租上涨前就经历了财务重组。股票市场是处理股价水分的一个速效、简单的手段。股票市场存在的目的就是要挤出股价中的水分,这个过程并不涉及破产接管问题。

"水分"这个词本身有回避问题之嫌,我们可能会说一家工业公司的股票市值含有水分,因为我们没有发现这种伟大的创造性组织的潜在价值。然而,已故的 J. 皮尔庞特·摩根由于比我们更富有远见卓识,因此能够公正地认为这家公司的股票市值明智地预期到了公司的未来成长。无论股票市值是否能够提前反映公司的未来成长——笔者将以美国钢铁公司这个著名例子为例来说明这个问题,股票市场总是不停地根据股票的价值来调整股票的价格。因此,股价中的水分很快就会被挤干。

如何挤掉水分

笔者在这里重复一下本书的要点,我们是在研究股市晴雨表,并且阐明了已知的股市有序运动趋势——长期基本趋势、次要回调或者反弹以及日常波动——的真相。为了阐明股市的真相,我们还介绍了两个板块股票——20只表现活跃的工业股和20只表现活跃的铁路股——的平均指数。这些股票各自价格的任何调整,首先必然分别以其各自的价值为依据。证券交易所实际上就是一个开放的自由市场,这种市场的职责就是根据一个用价格来表示的共同基准来调整不同的估价。20年前,詹姆斯·R. 基恩通过操纵把联合铜业公司股票的价格炒到了130美元,而最初按股票面值发行但没有成功的那帮金融家认为这只股票也就值100美元。股票市场没能在一天之内完成对股价的调整,但在一个事后看来并不长的时期里,联合铜业公司股票的价格就从牛市期间达到的最高位上下跌了100点。

这就是股票市场的作用所在,它必须兼顾基本价值和发展前景两个因素。在一轮主要下降趋势——熊市——结束时,股票的价格会跌破其价值线。持股人的清盘动机会变得非常强烈,人人都被迫以低于正常价值——甚至低于票面价值(即包含生产能力和商誉价值的公司资产价值)——的价格变卖手中的股票。标准股的价格会受到场外交易市场低值股价格的负面影响,很多低值股是任何银行都不愿把它们作为质押品来接受的。在银行催还交易所证券质押贷款时,那些价值经过评定、基础资产管理良好的股票通常最早受到影响,因为通常是这些股票被用来向银行申请抵押贷款。在场外市场交易的股票不断更新,因此极具投机性。但是,场外市场的成交量总是有限,而且实际上还由更高比例的保证金提供保障。

股票收益与所得税

相反,牛市往往从价格大大低于实际价值的股票开始,肯定也会受到国家一般商业状况普遍改善预期的推波助澜。股票市场在预期到国家一般商业状况普遍改善以后,会提前消化这种预期。随着价格的持续上涨,股票的价值会逐渐被高估;在牛市初露端倪时,不知情的投资大众无力甄别送上门来的赚钱机会,直到牛市接近尾声时,才因为看好未来而刚刚开始买进。华尔街经验丰富的交易员常说,当电梯服务生和街头擦皮鞋的开始索要"牛市小费"时,就说明该卖掉手中的股票去钓鱼了。1919年10月初,我坐船去欧洲了解英国和德国的金融形势并进行报道。当时,股票市场正处在一轮长牛行情的最后高涨阶段。牛市膨胀论在当时非常引人关注。根据这种论调,那些已经获得丰厚账面利润的股民不会也不可能抛掉手中的获利盘,因为账面利润变现后的结果就是大幅度增加当年的个人所得,然后被税务局征走很大一部分的利润。我们在毛里塔尼亚号(Manretania)客轮一个烟雾缭绕的酒吧里议论着这个谬论,至少船上有些商人决定与"山姆大叔"分享利润。这种牛市膨胀论本身极其荒谬,因为它把多头账户描绘成所能想见到的最不堪一击的那种。其实,这种账户是非常醒目的目标,哪怕是最拙劣的射手也能打它个千疮百孔。波涛汹涌的大海不但吞噬了毛里塔尼亚号上的5艘救生艇,还导致船上的无线电通信设备发生了故障,致使我们在那次海上旅行的最后三天里与外界失去了联系。客轮抵达法国瑟堡港后,我们才获悉股市已经走出牛市,获利盘也已经摆脱了缴纳过多所得税的尴尬。到了那年年底,账面利润已经迅速消失,那些"获利盘"的持有人也不必再为要多缴所得税而纠结。

高度分散的股权

超买市场人为制造的价格绝不可能永久维系下去,投资大众的一个重要保护机制就是股权的高度分散。如果华尔街的某个单一群体差不多持有某只股票的全部股权,如斯图兹汽车公司的股票,那么,这个群体就能随心所欲地决定这只股票的市场价格。其实,他们决定的价格并不是什么"市场"价格,因为这只股票根本就没有真正的市场。亚伯拉罕·林肯(Abraham Lincoln)很早以前就已经指出:"您不能因为把狗的尾巴改名叫腿而说狗有5条腿。"各平均指数成分股持有量分布广泛、合理,譬如说宾夕法尼亚铁路公司股票(平均指数中市值最大的铁路股)或者总股数高达550万股的美国钢铁公司股票,每个股东平均持有不到100股。对于投资大众来说,分散的平均持股量就实际意味着安全。

"价值评估"和市场价格

在本章开篇部分,笔者曾援引一个批评者的质问:"股票价格中到底掺兑了多少水分?"我们现在来回答这个问题。那么,股价中到底掺兑了多少水分呢?他没能向我们证明平均指数中含有任何水分。我们可以进一步明确地告诉他,他也无法向我们证明整个证券交易所上市公司的全部股票的价格(而不是名义面值)中含有任何水分。以铁路股为例,就连国会或者州际贸易委员会评估的股票价值,也无法与股票在正常年景的正常月份自行形成的市场价格比较,这里的股票市场价格是指既没有因受高估前景的影响而大涨,也没有因(主要为了保护那些与铁路公司或标准工业公司无关的在库剩余股票和仓单)被迫清仓而受到打压的股票价格。

股票市场价格的调整过程充分利用了一切可利用而且丝毫没有受到操纵行为影响的信息和认知。自由市场在评估价值时已经考虑了再生产价值、房地产价值以及特许经营权、通行权、商誉和其他相关因素,市场的价值评估方式是国会指定的任何估价委员会都无法比拟的。州际贸易委员会评定的某只铁路股票的价格如果真有点什么价值的话,也只不过是一点历史价值。即使该委员会正确地评估了资产价值,并且在评估过程中采用了一种被普遍认为正确的方法,等到公布时甚至在公布前几个月,评定结果也已经过时了。但是,证券交易所的股票价格日复一日、月复一月、年复一年地把股票价值记录下来,从牛市到熊市、从一个杰文斯周期到另一个杰文斯周期从不间断。而且,美国和其他文明国家的银行家都接受股票市场的评价结果,并且根据这个评价结果垫付现金,而从不参考州际贸易委员会的武断估价。

股票掺水迷信

盲目相信股票掺水在美国是一种普遍现象,其滑稽可笑的程度已经到了令人吃惊的地步。按照单位英里计算,美国铁路股和铁路债券的市值还不到英国的 1/5,甚至还不如任何一个欧洲国家或者英国自治殖民地任何由政府或私人所有的铁路。即便如此,还是有人认为,美国的铁路股票是股票掺水的典型代表。笔者斗胆在这里公开表示:美国的铁路,就其实际价值而言,因资本化不足而变得不经济。指责上市工业公司股票掺水也同样荒唐可笑。按照纽约证券交易所 1921 年的市价,股票市场从其总市值中挤出的远不止水分,甚至已经挤出了"血液"。

在笔者写这一节的时候,美国钢铁公司的普通股正在以低于每股 80 美元的价格成交。仔细分析美国钢铁公司提供的世界上最为详细的数据(这一点任何公司都无法相提并论)不难发现,这家工业公司普通股的面值是每股 261 美元。在这家公司创建以来的 20 年里,新建资产投资已经超过 10 亿美元;而且,其资产账户显示由留存收益结转的新增投资只有 2.75 亿美元。可见,这家公司的股票掺水非常之少。它的流动资产主要是现金,仅此一项就超过 6 亿美元,并且足以使公司全部股票的账面价值达到每股 120 美元。请问哪里有水分可言?5.5 亿美元的普通股股本看起来非常庞大,但其实只不过是相对较大而已。请问摩根把这称为"明智地预期到了未来成长"难道错了吗?如果摩根在天有灵,笔者相信,他一定会为自己如此稳健的估计感到惊讶。

然而,美国钢铁公司普通股和优先股的发售是在一轮大牛行情期间,主要依靠由已故的詹姆·R.基恩指挥的规模空前的操纵来完成的。那么,这次操纵的结果又如何呢?这次操纵的目的就是要按每股 50 美元的价格发售普通股,而按面值发行优先股。如果当时按这两个价格买进股票的股民缴清购股价款后就把股票搁在一旁不管,那么,即使按照经历了一轮持续时间非常长的主要下降趋势后 1921 年 8 月的低市价计算,他们又有什么可后悔的呢(见图 9-1)?

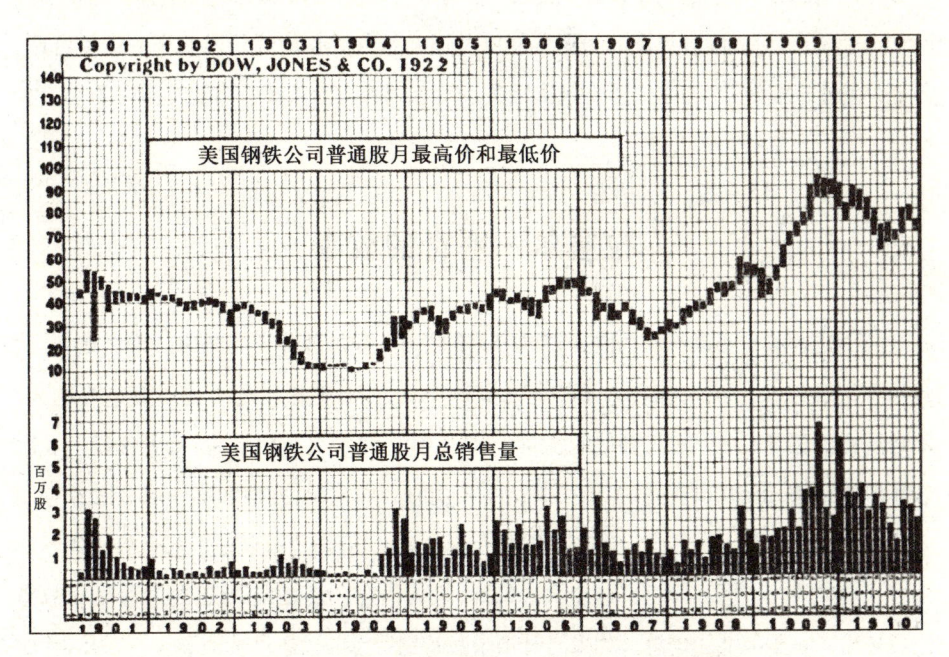

图 9-1 美国表现最活跃的股票——美国钢铁公司普通股比较

根据价值买进

很可能有人会指责笔者在讨论美国钢铁公司普通股时估计太过乐观,就因为笔者向读者做了这么简单的解释。我们再次领教了对华尔街根深蒂固的成见。

笔者以上陈述的事实是以任何人都可查阅的文字记录为依据的,至少那些在1921年卖出美国钢铁公司普通股的人完全知道这些情况。他们当时之所以要卖出这只股票,是因为他们需要资金。那时候,我们大多数人都需要资金。滑铁卢战役期间,罗斯柴尔德(Rothschild)在这场战役结局明朗前的一个星期,以54英镑的价格买进了英国统一公债。当时,他的一位朋友不解地问他,怎么会在战局未定的时候充满信心地购买英国公债。他回答说,如果战局已定,英国统一公债就不会以54英镑的价格发售。他明白,就是因为战局不明朗,公债才必然会按低于其价值的价格发售。那时候人人都需要现钱,而罗斯柴尔德是当时为数不多的有钱人。笔者想没人知道拉塞尔·塞奇(Russell Sage)是如何做到的,但他确实在恐慌期间能够比华尔街上任何人捞取更多的现金。他相信速动和流动资产、可以随时兑现的短期票据以及通知贷款和存款等可以变现的任何资产,倒不是为了积攒钱财,而是为了在别人因失去价值判断力而卖掉手中的证券时能够自如买进。

拉塞尔·塞奇的故事

关于拉塞尔·塞奇本人和他那非同寻常的节俭,有各种各样的故事。确切地说,节俭本不是笔者想用的词,但我也不想用吝啬这个词,因为他根本就不是一个吝啬的人。笔者现在仍记得最后一次见到他的情景。那时,我还是一名年轻记者,或者说是一名比较年轻的记者,正想打听一些关于一家铁路公司股票的情况,而他和另一名金融家控制着这家公司的股票。这名金融家在美国可以说是臭名昭著,也可以说声名显赫。华尔街很少使用(或者说需要)"说谎"这个词。因此,笔者最好还是直白地说,那名金融家故意向我透露了一些编造的信息。如果当时不是我特别警觉的话还真被他骗了。于是,我脑子里闪过一个念头,想看看塞奇先生编的谎话与他的伙伴编的有什么不同,也许他们俩的谎话存在明显的矛盾,没准还能让我推敲出一些有价值的东西。想到这里,我便转身去找塞奇,他这个人向来就乐意接近新闻记者。

他以最友好的方式接待了我,其实只要不是为钱而来,他对什么人都一样。我提出了想问的问题,他很快就转移了话题,话锋一转问我:"唉,吊带裤您知道吗?"我心里很恼火,但没有表现出来。他仍谦恭地说,他对吊带裤的了解并不比任何其他穿吊带裤的人多。"您觉得这条怎么样?"拉塞尔大叔一边问我,一边随手递给我一条吊带裤。这条吊带裤档次很低,肯定没有记者们一般用的好。那时,记者们其实不喜欢在穿戴上太过奢华。"它们怎么啦?"我反问道。"那,您觉得怎样?"塞奇接着又说:"买它,我花了35美分。"我来这里是想挖点新闻,可是一无所获。于是,当时也许有点报复心理,便就冲着他说:"您被宰了。在海斯特大街,花25美分就能买到比这条好的吊带裤。"塞奇满脸狐疑地看着我:"我不信。"但实际上,他的内心并不平静。这可不是10美分的价差问题,而且我敢发誓自己根本就没去过海斯特大街打听过吊带裤的价格。这可是一个原则性的问题——他的价值判断力受到了质疑。

股票价值与平均指数

读者都已经知道,凡是拉塞尔·塞奇买进的东西都是有价值的,他必然知道它们的价值,而且就是凭借在别人看来不再具有价值时他意识到了它们的价值这一点,才能够在去世后留下7 000万美元的遗产。股市晴雨表能显示当前和未来的价值。想要判断一轮长期趋势是否会把平均价格推高到价值线以上或者打压到价值线以下,就有必要认真解读股市晴雨表。自1902年底查尔斯·道去世以来,《华尔街日报》发表了各种各样把股市作为一般商业状况指南来分析的文章,笔者在翻阅这些文章时发现了一个应用平均指数的典型例子。不过,在我看来,这个例子只能说明最基本的常识问题。如果有一个人老是跟您唠叨"我早就说过应该这么做",那么,这个人一定不受欢迎。不过,笔者要援引的例子并非特指某一个人。

谨慎、正确的预测

在几乎可被称为熊市和牛市过渡期的时期里,不会有比平均指数对股市的诠释更加严格的检验。从 1902 年 9 月开始形成的熊市到第二年的 9 月触到了它的最低点,此后几周甚至几个月的盘整才明确显示市场基本趋势发生了变化。1903 年 12 月 5 日,《华尔街日报》在回顾了前几年基本健康的商业形势后评论道:

"考虑到这一时期美国财富的非常规增长;再考虑到美国铁路里程的增长速度无论在哪个方面都赶不上铁路部门盈余的增长速度;最后再考虑到可分红盈余的增长速度一直超过铁路股票的市场价格,现在可分红盈余占股票市值的比例又超过了自上一次繁荣开始以来的任何时候,我们也许可以提这样一个问题:股市下跌趋势是否还没有触底?从目前的情况来看,至少有一些证据有利于对这个问题做出肯定的回答。"

牛市得到了证实

也许有人会轻松地说,即使没有平均指数的帮助,我们也能形成这样的看法。但是,这种看法并非凭空而来,而是根据清晰可见的价格走势推断得出,而且当时还存在大熊行情卷土重来的极大可能性。这种看法正确地预见到了牛市的到来,同时又顾及了为这样的预测所必需的谨慎。再说,当时市场趋势分析还处在不成熟的初始阶段。当时预见到的那轮牛市行情在 1904 年全年不断上扬,并且可以说直到 1907 年 1 月才真正结束。但是,大约在这篇利用平均指数分析商业形势的评论文章发表 9 个月以后,《华尔街日报》又发文阐述了一个难度几乎同样大的问题,也就是当时已经陷入巨幅震荡的牛市是否有望继续持续下去。请读者不要忘记,当时股市已经持续稳步上涨了 12 个月,而且涨势还在不断增强。因此,这种状况至少意味着股票价值多少已经打掉一定的折扣。1904 年 9 月 17 日,《华尔街日报》发文表示:

"目前似乎还没有任何明显的迹象足以令人相信,铁路股的价值已经不再完全维持在它们的最高位上,而且随着时间的推移还会进一步推高铁路股的价格。结果如何在很大程度上要取决于即将到来的冬季。不管届时情况如何,股票价值的总体趋势将会变得明朗。从长远看,股票价值决定股票价格。我们可以有把握地说,如果股票继续维持目前的价值水平,那么,股票的目前价格还没有充分达到其平均高度。

"我们还必须提请读者注意,黄金产量的持续增长是一个非常强劲的助涨因素。将来我们不可能感觉不到,黄金产量的增加会推高固定收益品种除外的证券的价格。"

第九章 晴雨表中的"水分"

理论证明

　　请读者仔细体会以上引文最后一段文字的意思。我们现在已经明白,生活费用上涨时,为获得固定收益而持有的债券的价格就会下降;黄金产量的增加意味着金本位币美元的购买力下降,因为黄金是全世界公认的价值尺度。虽然承销债券的经纪行认为任何妨碍它们业务的言行都是"不友好的",但是,黄金产量的增加会刺激投机,1904年,也就是以上援引的那篇文章发表的那一年,股票市场已经领教过这一点。当然,以上引文绝无教条之嫌,因为当时人们才刚刚开始理解道氏理论。随着岁月的流逝,我们将看到道氏理论对股票市场现状和未来的诠释将变得更加明确。股票市场已经充分显示,自查尔斯·道提出解读股票市场的方法以来,股市晴雨表就迅速地证明了自己的用处。

—————— 第十章 ——————

"海面上浮现出一朵小小的云彩,就如手掌般大":1906 年

第十章 "海面上浮现出一朵小小的云彩,就如手掌般大":1906年

在进行像本书这样的讨论时,必须事先预期到可能招致的异议,并且解释它们与我们的观点可能存在的差异。立论充分、结构严谨的假说最具迷惑性,很多顽固的教条就出自这样的假说。即使理论本身在经过了时间的检验被证明没有根据或者根据不足以后,相关的教条似乎仍能继续存在下去。我们已经证明了包括基本趋势、次级回调或反弹和日常波动在内的所谓道氏股价运动理论,并且从该理论引申出一种解读股市晴雨表的非常贴切的具体操作方法。但是,我们必须告诫自己切忌过于自信,并且还必须认识到:虽然任何规则都有例外,但任何例外都应该能够检验规则。

旧金山地震

1906年就是以这样一种方式呈现了一个值得关注的问题。有人说它是一轮发展势头受阻的主要趋势,也有人说是一次势头得到增强的次要反弹行情,可谓是见仁见智。前面已经说过,无论是大牛市还是大熊市都有超限的倾向。如果股票市场真能无所不知,就能自我保护阻止超买或者超卖,就像它能自动地自我保护免受它自己预见到的任何因素的影响。不过,我们必须承认,即便我们已经考虑到那个已经得到进一步证明的事实,即股票市场代表关于商业状况以及商业状况影响因素的全部可利用知识的总和,股票市场也不能防范它没有预见到的东西。譬如说,它没能预见到1906年4月18日发生的旧金山地震或者随后遭遇的那场毁灭性火灾,当然也就无法进行自我防范。

还是称火灾为好

如果想让好争吵的加利福尼亚"本地人"喜欢你,那么最好不要提到旧金山大地震。在加利福尼亚,谈论旧金山大地震常被认为是一种缺乏教养的举止,旧金山人讨厌这场地震甚至到了只承认火灾而不承认地震的地步。在我们看来,承认发生了地震本应该无

可争议。然而,长期支持加利福尼亚的人绝不允许产生这样一种普遍印象,如旧金山可能发生另一次至少与前一次一样严重的地震。此外,火灾在任何城市、任何地方都可能发生,而且绝不会损害加利福尼亚引以为豪的气候和其他方面的自然条件优势。任何地方的人都没有洛杉矶本地人可爱,他们会说"如果我对自己说今天天气真好,那么,今天就是个好天气"。不过,地震可完全不同了,会把太平洋海岸地区归入另类,一个完全不合当地居民口味的类别。就像英国赫赫有名的花花公子博·布鲁梅尔(Beau Broomall)曾经说过的那样:"衣服上有个窟窿可能是意外事件造成的后果,哪个绅士都可能遇上这种事,但要是穿一件打了补丁的衣服,那一定是贫穷的表现。"

对股票市场的影响

然而,旧金山 1906 年的那场地震犹如晴天霹雳,意外地令已经处于回调状态的股市雪上加霜。读者应该还记得劳埃德船级社船舶保单上把"自然灾害和战争"排除在保险人责任之外的条款。这次大自然的反常行为是一次例外,而且很能说明股市晴雨表对异常年份的记录。从 1903 年 9 月开始,股票市场无疑迎来了一轮牛市行情,到 1906 年 1 月达到最高点。尽管当时没有出现商业衰退的迹象,但是,股市没有守住这个高点。也许有人会认为,一般来说,股票市场在牛市行情的顶部常常不会出现明显的抛售警戒线。这种警戒线特别容易出现在牛市行情超限阶段,就如 1919 年出现的情况。1906 年春季,股市开始下跌,但没有出现急剧下跌的状况,就像牛市行情还会卷土重来,甚至就像在地震发生时股市严重超买那样。我们肯定还记得当时的损失有多惨重。

那场地震还在大量倒塌房屋的废墟或者摇摇欲坠的房屋上引发了一场火灾,火灾迅速蔓延开来,很快就达到了被保险公司称为"特大重灾"的程度。美国保险公司没有采用结果例外条款,和英国保险公司一起,出于帮助灾民的考虑迅速付清了赔款。实际上,这些保险公司完全可以拿地震本身作为理由拒绝赔付。我们也许从几家汉堡保险公司的行为中领教过一点德国人的行为方式。这几家汉堡公司采取了完全相反的策略,拒绝承担赔付责任。我们也许能够从中领略到一些德国人在战争和外交方面的行为准则以及德国人对契约精神和体育精神的认识。至少从那以后,汉堡火灾保险公司在美国只拿到了很少的保单。

第十章 "海面上浮现出一朵小小的云彩,就如手掌般大":1906年

困难条件下做出的合理预测

  股市在遭遇了这样严重的意外打击以后,就会出现一种近似于恐慌的暴跌。经过分析不难发现,造成恐慌的主要原因基本上就是突如其来的意外打击。我们不能说,在1906年4月的最后几天里,股市已经失控,但下跌已经相当严重。20只铁路股票的卖出价平均指数在1906年1月22日是138.36点,而到了5月3日已经下跌超过18点;当时只有12只成分股的工业股卖出价平均指数从1月19日的103点回调到了5月3日的86.45点。像这样的下跌似乎都有某种共同点:经验告诉我们,在经历了作为恐慌性暴跌组成部分的回调之后,大盘会出现速度慢得多的下探,并且实际考验市场强度。事实上,《华尔街日报》曾经根据平均指数的表现预测到过一次这样的回调,并且在1906年7月6日载文评论说:

  "在我们记录平均指数的这些年里,我们总结出了一条始终不变的经验:在恐慌性下跌之后会出现一波明显的反弹行情,幅度从相当于其所属主要下降趋势的40%~60%不等,然后又出现不规则的下跌,最终把股价带回到了原来的旧低。这样的震荡似乎为借助于市场恐慌把实力不济或者心理素质差的持股人逐出市场所必需。因此,我们几乎不能据此认定,旧金山地震造成的股市暴跌就是属于恐慌性暴跌那一类别的暴跌;再说,铁路股平均指数在反弹以后已经重返131.05点,只比地震导致股市刚开始下跌时的价格指数低1.61点。不管怎样,这次反弹幅度相当于自1月22日以来下跌幅度的60%左右,这次反弹过后的大盘走势出奇地类似于恐慌性反弹后出现的走势。据此,我们似乎可以合理地把这样的大量抛售变现视同恐慌后出现的抛售变现,并且推定这两种抛售变现都是不可或缺的。"

灾难的严重性

  在间隔了这么长的时间以后,我们也许已经轻松地忘记了旧金山大地震的严重程度。这次地震造成的直接损失估计高达6亿美元。安泰火灾保险公司(The Aetna Fire Insurance Company)承认,这次特大火灾花费了该公司40年的积累。如果说这场灾难

导致美国实力最雄厚的火灾保险公司(也是世界实力最雄厚的火灾保险公司之一)付出了如此沉重的代价,那么可想而知,它在其他方面必然也造成了严重的后果。那些不明事理、浅薄的乐观者完全有可能说,窗玻璃震碎了,能为装窗玻璃的工人和玻璃制造工人创造就业机会。但是,为窗户安装新的玻璃总得花钱,就如巴斯蒂亚特(Bastiat)曾经说过的那样,如果窗户完好无损,那么就完全可以把安玻璃的钱用在其他方面。如果那些不明事理、浅薄的乐观者的推理是正确的,那么,美国通向繁荣的捷径就是放火烧毁全国的城市。

我们可以看到铁路股受到的损失要比工业股严重,而且还应该注意到铁路股无论是绝对价格还是相对价格都要比工业股高出一个等级。但是,在突如其来、大伤市场人气的暴跌行情中,持股人总会卖掉一点手中还能找到买盘的筹码,而留下自己手中已经找不到买盘的筹码。就如《华尔街日报》当时指出的那样,"在一次恐慌中,第一波下跌反映的是股民们的恐惧,但第二波下跌却是证明市场信心遭遇了普遍打击"。在谈到7月2日的股市走势时,该报又表示,大盘当时的价格线大大低于价值线,这是牛市回归的迹象。

牛市中的下跌反弹

这一推断后来被证明是正确的。通过这些讨论,我们习惯地认为,这轮牛市行情始于1903年9月,真正结束并由牛转熊的时间并不是1906年1月,而是1906年12月。在以上援引的牛市评论文章发表时,市场正在形成一条曲线,正如市场分析人士正确地推测的那样,这是一条证明筹码集中的曲线。这一预测很快就得到了证实,而《华尔街日报》于8月21日再次发文从平均指数的角度讨论了股市的走势。当时,市场表现非常活跃,《华尔街日报》评论指出,那种认为单个利益集团就能在星期六2小时的交易时间里独自操纵160万股股票的观点有多么滑稽可笑。这是一个基于过去15年的经验得出的有益论断,我们在证明操纵行为的相对不重要性时已经得出过相同的结论。在这篇评论文章中,《华尔街日报》继续指出:"我们只能假设从1月22日到7月2日的长时间下跌代表着牛市中出现的下跌趋势在某种程度上的延续。"

第十章 "海面上浮现出一朵小小的云彩,就如手掌般大":1906年

基于平均指数的推断始终正确

请读者记住,这个正确的推断是在事中而不是事后得出的。笔者能够依据查尔斯·道提出道氏理论以来20多年的市场实践轻而易举地证明这些推论的可信性。如果有人认为道氏理论能够准确预测股市基本趋势转折点的观点是荒唐可笑的,那么这些人肯定会认为这种理论能够预测意外事件的观点也是荒唐可笑的。但是,从那些天天使用晴雨表的人的角度看,这些有关价格运动的研究确实非常有用:虽然具有迷惑性的次级趋势让那些肤浅的观察者把牛市误判为熊市,或者把熊市误判为牛市,但是,这些研究得出的基本趋势正在形成的分析结果始终是正确的。

坊间曾流传过一个关于詹姆斯·R.基恩的传闻,但据笔者判断很可能是杜撰的。根据这个传闻,基恩说过,只要能达到51%的判断正确率,他就心满意足了。笔者不相信基恩说过这样的话。他肯定早就知道必须大幅提高判断正确率才行,不然就无法收回运营成本,更不用说有闲钱经常参加赛马了。就像记录数据所证明的那样,根据股价走势证据做出的全部推断在绝大多数时间里是正确的。在查遍历史文献以后,笔者可以问心无愧地说,本人没有发现任何完全错误地诠释股市晴雨表含义的例子。所有基于股市晴雨表的研究无一例外地都能在公众明白自己的想法之前就预见到了他们对商业状况的真实看法。如果说出现过什么差错的话,那主要是因为预测股市次级趋势几乎是不可能的事。预测股市次级趋势要比诠释股市基本趋势困难很多,这就像气象局能够比较容易地预报大范围的天气变化,但要预报明天早晨纽约是否会下雨就不那么容易了。

熊市初露端倪

在这轮牛市接近顶部时,《华尔街日报》发出过警告,并且在1906年12月15日发文指出,大盘尤其是20只表现活跃的铁路股的走势已经形成一条"曲线",一旦平均指数向下突破这条曲线,就可以认为是大盘发出即将下跌的警示。这种预报只是说明,已经持续3年的长牛有可能出现下行趋势。总的来说,此时认为出现了真正的转折点还为时尚早。铁路股的高收益从哈里曼(Harriman)铁路公司1906年公布、当时曾轰动一时的分

红方案可见一斑，但到了 1907 年初已经被高利率所抵消。就像我们很快就要看到的那样，高利率已经开始警告股市和整个商界这一年晚些时候将会发生严重的危机。在全美银行体系原先的储备差不多濒临枯竭时，即使以空前高的利率也几乎无法获得同业短期拆借。自 1893 年恐慌以来，美国银行第一次求助于票据交换所的流通券。

在 1907 年 1 月，表现活跃的职业交易员开始抛售股票，而政治干预又吓跑了投资者。而且就在这一年年底甚至发生了相当于资方罢工的事情。其实，股票价格早已开始下跌，但值得关注的是，人们在过了很长时间以后才决定接受此前已经持续很长时间的牛市行情已经被一轮大熊行情所取代。1 月份的股价下跌始终困扰着股市，因为在正常情况下，每年的这个时候股市通常会出现上涨趋势。在正常情况下，这个时候利率较低，上一年的利润被用于再投资。此外，这个时候，在华尔街谈论熊市特别不受欢迎。就像笔者已经多次强调的那样，预见厄运的预言家在美国的某些地方是完全得不到尊重的。

繁荣时期与晴雨表"失灵"

在这轮长牛行情中发行了大量的新股，也就是在那个时候，已故的 J. 皮埃庞特·摩根首次提出了"市场无法消化的证券"这个新词。美国人喜欢听中肯的话，摩根提出的这个新词就很受欢迎。工业部门的收益，特别是美国钢铁公司的收益一直很高。铁路部门的总收入和净收益屡创新高。然而，1 月份这两个板块的平均指数急剧下挫，使我们的评论员变得非常谨慎，特别是在股市大跌时不敢轻言反弹，更不敢把这波下跌行情说成只是一次已经得到确认的次级回调。总的来说，肯定这是一个基本趋势还为时尚早。事实上，股市严重下挫弄得人人都在猜测，但从历史数据中可知，主要下降趋势在 3 月初已经初露端倪。《华尔街日报》和任何其他报纸一样，一直在报道股市中出现的真正令人满意的特征，旨在尽一切可能提升情绪低落的投资者的信心。

熊市的影响因素

不过，市场一直在关注所有的事实，其中某些事实意义深远的影响会反映在股票价格上。1907 年 3 月 15 日《华尔街日报》载文评论了以下各种熊市论点，现在看起来十分

离奇。它们分别是:

"1. 繁荣过度;

2. 主要由于黄金产量高对物价产生了影响,因此生活费用高企;

3. 股票价值根据上涨后的利率做出了重新调整;

4. 土地投机占用了本可供商业企业使用的流动资本;

5. 罗斯福(Roosevelt)及其政府规制企业的政策;

6. 各州发生反对铁路公司的骚乱;

7. 社会主义情绪的发展和仇富的煽动性攻击;

8. 哈里曼调查揭露了巨额融资方面的不良做法;

9. 大金融集团之间的争斗;

10. 证券超发;

11. 旧金山大地震的影响。"

报纸还列举了其他一些产生短暂影响的因素,其中被排在末尾的是可能的卖方做空操纵。我们已经在前文说过,任何熊市都会被事后披露的事实证明其存在的合理性。我们难道就没有理由认为,以上某些影响因素会成为永久性因素;虽然我们承认至少从理论上讲,股票市场比我们中的任何一个人都看得更远、更广,但它也无法预见到这些因素的影响到底有多久远? 正如后来发生的事件所证明的那样,无论投资者保护自身利益的行为会对股市产生什么影响,仅对铁路行业的过度管制这个因素就足以证明投资者自我保护行为的正当性。

反常的货币市场

现在回想起来,1907 年对于笔者来说,好像是本人在华尔街度过的最值得关注的一年,并且或许也是最具教益的一年。这一年充满了教训和警示,笔者衷心希望我们讨论的范畴能够允许我们比较详细地谈谈这个难忘的 1907 年。对于学者们来说,关于 1907 年的故事,亚历山大·德纳·诺伊斯(Alexander Dana Noyes)在他的《美国金融 40 年》(*Forty Years of American Finance*)里描述得最生动、精彩。当时,诺伊斯在《大美晚报》当财经编辑。我记得,1907 年初,工业开始繁荣,铁路部门的总收入和净收益双双又创历史纪录,股票市场经历 3 年的上涨行情以后仅仅是在小幅回调,而且至少按照账面价值计算,股票价格还没有超过股票价值。可是,诺伊斯和笔者一样,突然为反常的金融市场感到不安起来。年初应该是一年中资金最充盈的时候,而这一年的 2 月出现了几乎是严重到令人烦恼的资金短缺。就如 1907 年出现的大熊行情所显示的那样,远在我们明白之前,股票市场早已预先知道了那年 2 月发生资金短缺的真实含义。

并不比手掌大

当时有一名经纪人,后来去世了。自他去世以后,每当笔者伏案写东西时,他的容貌总浮现在眼前。他习惯用华尔街的行话谈论问题,不过,他的解释形象生动,他的智商远在一般人之上。他是一名受过专业教育的音乐爱好者,他内心对音乐的热爱远胜过他的言语。一天,他跟我谈起门德尔松(Mendelsson)的《伊利亚》(*Elijan*)。他曾听过这部歌剧,剧中担任主角的就是有史以来最伟大的神剧艺术家已故的查尔斯·桑特里(Charles Santley)。我的这个朋友已经被这部歌剧的故事情节所深深打动。他对我说,"太阳神的祭祀们"正在"被由伊利亚控制的股票逼空",然后又"发疯似的回补空仓"。他对伊利亚采用的手段留下了深刻的印象,就像他所说的那样,采用他们(祭祀)的非常手段来"戏弄"他们,并且让他们时刻想到他们的神灵也许正在小睡片刻或者可能"恰好外出旅行"。他突然想起了一句多年来一直铭记心中的歌词"瞧!海面上浮现出一朵小小的云彩,就如手掌般大小",正好可用来描绘 1907 年初的境况。到了 1907 年秋天,"倾盆大雨"从而天降。

这次崩盘不但对商业产生了巨大影响,而且以简直令人吃惊的速度迅速蔓延开来。那年年底,笔者和萨缪尔·雷(Samuel Rea)先生一同坐火车在宾夕法尼亚铁路公司的铁道线上旅行,他当时是这家公司的第一副总裁,现在已升任总裁。宾夕法尼亚铁路公司当时和现在的货运量都要占到美国铁路总货运量的 1/10。途中,他告诉笔者,就在他们公司的货运量达到巅峰后仅 1 个月,从表面上看,他们还能指望匹兹堡地区工农业物资和产品运输,但生意几乎就在一夜之间戛然而止。从费城到匹兹堡的沿途,我们一路上几乎到处可以看到铁路尽头线和堆货场上停满了空车皮。往年这个时候,除了在修理厂维修的车皮,铁路公司会调用全部的车皮。

第十章 "海面上浮现出一朵小小的云彩,就如手掌般大":1906年

致命的政治干预

　　自1893年股市崩盘以来,还从来没有发生过类似的事件。1893年,美国国会通过了《谢尔曼白银收购法案》(Sherman Silver Purchase Act),此举反映了美国国会对经济的无知以及美国各州愚蠢的地方保护主义倾向,最终导致了一场有史以来最混乱、影响最深远的恐慌,对于我们的立法者来说似乎也是一个沉痛的教训。在那场恐慌后一连好几年的萧条岁月里,铁路公司几乎全部破产,而他们的雇员则全部失业,政客们终于也开始敬畏上帝。在1907年前的10年繁荣岁月里,他们停止了对商业活动的频繁干预,但就在1907年,他们又故技重演,完全恢复了那套代价非常昂贵的虐待商业的勾当,而就在那年年底发生了一场"资本罢工"。每一个有可能蒙受损失的人都感到惊慌;每个明事理的人都能预见到官僚政治干预和愚蠢的管制会给我们国家的商业造成什么样的后果。也许笔者现在有点偏离主题,但在本人看来,不管是否发生战争,我国目前的形势在很多方面与当时的状况非常相似;而且在过去的两年里,股票市场也已经预见到了一些这种愚蠢的政治会进一步产生的影响。也可能在平均指数和债券投资潜在需求已经预见到了商业形势即将向好以后,股票市场又预见到了理性回归的迹象。但是,国会现在的表现丝毫都不能令人感到鼓舞。

第十一章

无可挑剔的周期

第十一章 无可挑剔的周期

我们已经相当详细地考察了股市晴雨表的历史记录,并且还要进一步研究从1910年熊市探底到第一次世界大战爆发这段值得关注但又鲜为人知的历史。到现在为止,我们几乎还没有关注论述人类活动尤其是商业活动的颇具吸引力的"周期理论"。在本书前文的讨论中,按照杰文斯的研究列出了18世纪和19世纪发生恐慌的年份,同时还介绍了查尔斯·道对美国在19世纪发生的历次恐慌的简要阐述。不过,我们仍有必要创建某种属于我们自己的论述不规则股市周期的理论,当然不一定都涉及恐慌,而且即便涉及也只是附带涉及恐慌的周期。因为我们已经不止一次地证明,恐慌实际上仅仅是晴雨表基本趋势中出现的干扰因素。

我们自己的适中周期

查尔斯·道在他的股市价格趋势理论中,根据证券交易所价格平均指数的历史数据阐述了股价走势中存在的主要上升或者下降趋势、次级回调或者反弹趋势(具体视情况而定)以及日常波动趋势。我们已经运用道氏理论证明了股市具有某种不规则的周期性。但是,解释期限更长的有节奏周期的理论仍然有它的市场,我的读者和批评者似乎对这种理论情有独钟。但是,他们当中并没有人透彻地剖析过自己相信这种理论的原因。他们普遍觉得,这种理论"具有一定的道理";即使还没有被证明是正确的,也应该是正确的;世界上发生恐慌的年份本身也显示了惊人的周期性;基于过去的恐慌周期性,我们可以预测未来发生类似事件的某种周期性;根据历史数据来判断,人们在处理自己的问题上永远像以前那么愚蠢。

周期理论的基础

追随者们之所以不愿意透彻地分析恐慌理论,是因为根据杰文斯的研究,18世纪正好发生了10次值得关注的危机,而且平均每隔10年发生一次。笔者无意纠缠于杰文斯遗漏的那次危机——苏格兰入侵英格兰的1715年发生的那次危机——不放,因为那年太阳没有出现足够多的黑子证明他那大胆假设太阳黑子数量与经济危机之间关系的理论。我们可能已经注意到,杰文斯把1793年和1804~1805年也作为危机年份列出。但是,根据相关记录,1814年,美国发生了19世纪的第一次恐慌,造成这次恐慌的原因是英国人攻占了华盛顿城。这可是一个任何周期理论都没有预测到的事件,除非我们认为杰氏周期理论能够预测到后来爆发的战争。但是,如果把1814年和发生查尔斯·道所说的"准危机"的1819年也算在内,那么美国在19世纪也发生过10次危机。

下面让我们来看看周期论者(如果这个词没有用错的话)是如何处理这个问题的。英国的1804~1805年危机和美国的1814年危机之间正好有10年的间隔期,这可能是首次让周期论者感到振奋。随后,1837年和1857年各发生了一次非常严重的全国性危机,这又大大增强了周期论者的信心。这时,周期论者可能回想起了杰文斯的危机10年间隔论,截止到1837年,也就是差不多在这个新世纪的前40年里,美国已经发生了4次这样的危机。虽然1847年欧洲发生了一次严重到足以在美国人记忆中留下印象的恐慌,但实际并没有严重影响美国。但是,当周期爱好者们发现1857年美国发生过一次名副其实的恐慌时,不禁惊喜不已地欢叫"哈哈!我们终于发现了这个秘密。这是一个为期20年的周期,两头各发生了一场严重的危机,中间又发生了一场小危机。现在,我们可以信心十足地着手用以上事实来佐证这个美妙的理论了"。

年份不相匹配

根据杰文斯的周期理论推断,1877年理应发生一次具有全国性影响的顶级恐慌。可是,杰文斯周期理论这部机器的哪个齿轮显然是滑牙了,结果导致这次恐慌提前发生在了1873年。如果不是那年俄罗斯粮食几乎颗粒无收,而美国小麦丰收并且在世界市场上卖出了好价格这一意外事件,那么,由于美元计价的贸易过度泛滥造成了毁灭性影响,这次恐慌恐怕会提前到1872年爆发。于是,大危机之间的间隔时间从20年缩短到了16年。虽然1866年伦敦奥弗伦—格尼公司破产案在不经意间填补了这两次大危机之间缺少的一次危机,但周期论者仍难以从中得到很多安慰。1866年伦敦发生的恐慌伴随着美国证券交易所股票价格的大跌。同年4月,美国股市发生了密歇根南方铁路公司(Michigan Southern)股票逼空战,而且投机十分猖獗。当时,老实而又谨慎的查尔斯·道表示,投机卷土重来"是再正常不过的事"。

但是,1873年、1884年和1893年发生的3次恐慌在一定程度上恢复了10年和20年周期论者们的信心。这其中的第一次和最后一次恐慌几乎是世界性危机,并且产生了意义同样深远的影响。我们的周期论者们表示:"1857年和1873年两次危机的间隔时间缩短到了16年这个小小的失误纯属偶然,或者说,至少在对支配恐慌或者危机的规律做一点演绎后,我们就能令人满意地解释这个失误"。而20年周期论者们则预言表示:"1873年与1893年之间正好相隔20年。我们的晴雨表变得越来越成熟了。1903年前后会出现一次小危机,而1913年则会发生一次大危机,或者最迟不会超过1914年。"

途中丢失

周期理论倘若不能作为最起码的预测的依据,那么还有什么用呢? 但是,1893年和1907年之间有14年的间隔时间。那么,这14年的间隔时间是20年版间隔时间的缩短还是10年版间隔时间的延长呢? 恐慌或者危机这类事件到底有没有可靠的周期性呢? 我们看到,对于周期论者推测到的1903年或者1913年危机就连最细小的原因也不存在。实际上,就是把这两年世界投机交易加在一起,也不足以引发一场危机。我们可以合理地肯定,只有投机大厦建到一定的高度以后,它的倾倒才可能产生响声,才可能造成巨大的冲击。

那么,所有这一切对于商业预测具有什么价值呢? 反正,我是看不到任何价值。这一理论必须做出那么多的让步,也就是要让事实做出那么多的迁就,因此最多也只有一些文献价值。我们也已经看到,基于周期假说得出的普遍结论不得不一而再、再而三地变动。那么,周期理论真的仍很有用吗? 对此,笔者绝不是怀疑论者,但在我看来,提出这种周期理论的整个方法就像一个人玩纸牌接龙作弊那样荒唐可笑。对于任何游戏,无论规则多么严格、多么专断、多么不合理,笔者都能够理解,但就是不能理解你一边独自做游戏,一边又改变游戏规则。

作用力与反作用力相等吗？

"作用力等于反作用力"这个重大命题正确吗？作用力与反作用力真的相等？在有文字记载的人类活动历史上找不到多少真正能够证明这个假设的证据。当然，支持这一假设的人也许会反问说："是啊，就算不等，也必须相等。"当然，笔者是一个基督徒，笃信人性的完美，但就是不明白为什么就不能彻底消除危机。显而易见，危机的周期起码看起来已经变得越来越长。1893年的危机和1907年的危机之间的间隔时间是14年，而1920年也根本不是恐慌年。

我们很难把1920年发生的降价抛售视为一次典型的危机，除非真想歪曲1920年以至于凭空捏造危机的构成条件。1920年在造成破坏性影响方面无法与1893年、1873年、1857年或者1837年相提并论，根本就没有恐慌年的任何特征。笔者敢在这里公开表示，本人认为，如果5年内发生严重的经济萎缩和通货紧缩，那么，对于我们来说是能够遇到的最好情况，因为它们肯定应该能够减弱未来各种各样的麻烦。

我们需要的商业病理学

我们需要某种科学的商业事务病理学，或许更应该称它为"商业病态心理学"。笔者已经在本书的前面章节里说过，在探讨重大商业问题及其成因时，绝对不应该仅仅依靠历史文献。不过，我们已经开始掌握一些有关商业病症的科学知识。在过去的1/4个世纪里，我们在这方面已经取得了很大的进步，很可能超过了从迦太基人把提尔港的紫色织物卖给罗马以来所取得的全部进步。我们可以满怀希望地相信，我们正在发展一种诊断商业病症的科学方法。1893年那时候还没有这样的方法，因为当时没有我们现在拥有的历史数据记录。

但是，我们为什么一定要假设每隔10年、20年或者任何其他长度的时期，人类最聪明的那部分人就会失去理智，并且忘记过去的全部经验教训呢？关于恐慌，有一点倒是确定无疑的，那就是恐慌如果真能预测，那么就绝不可能发生。我们难道不是一直在努力积累知识和提高分析精确度，并且采用可信赖的方法来预先知道未来的风险吗？当然，这不包括不可保风险，也就是"天灾和战争"险。

联邦储备体系的保障作用

在联邦储备银行体系中，笔者能够看到实在是太多的政治因素，而且还能发现它存在很多缺陷。在这样的银行体系下，我们难以想象还会出现迫使美国像1893年和1907年那样再次求助于票据交换所流通券的状况。我们可能需要超常的智慧来设计一种完善的银行体系。然而，在设计者看来完美无缺的银行体系，很可能在别人眼里存在大量的缺陷。从原来的国家银行体系发展到今天的联邦储备银行体系，已经是美国在商业实践领域从未取得过的最大进步。联邦储备体系本身难道不是一个周期论者们应该考虑的全新因素吗？

我们一刻也不能掉以轻心，绝不可以认为未来就不再会发生危机。恰恰相反，未来肯定会发生危机。那么，难道我们就不能希望，随着相关知识的积累和丰富，我们至少能够部分预测到危机及其最严重的后果，并且从根本上减轻危机的危害？

教会老师

如果以上研究能够让一个还算得上聪明的人(即便他在华尔街没有经济利益)明白，在华尔街就像在任何其他地方一样，知识具有保护作用，那么，我们就在很大程度上实现了我们的教育目的。当然，笔者希望，通过这个系列的研究，在教育他人的同时自己也能明白还有多少关于股市走势的问题以前从未采用任何有效的方法探讨过。抓住这个命题的根本方法应该注重实效，也就是天天关注股市。从道氏理论的角度来考察，股市问题实质上非常简单。只要老师不是怪人、冒牌货、赌徒或者骗子，就能采用十分有效的方法来说明有关股票市场的问题。哈佛大学正在完成一项广为需要的工作，就是绘制和发表许多关于一般商业状况问题的表格和指数图。图表制作者们并没有把自己束缚在一些危险的假设上，也没有把自己捆绑在一条假设的国民财富"中线"上。根据假设，无论是在繁荣还是萧条时期，这条国民财富"中线"始终呈现以相同的速度持续上行的态势，但一旦遭遇残酷无情的战争就会丧失其一贯的确定性，并且歇斯底里地改变自己的行进路线。

这条物理定律适用吗？

哈佛大学的一般商业状况知识普及系统并不是根据人类活动的作用力与反作用力相等这个命题开发的。"人类活动的作用力与反作用力相等"是一句非常动听的话，但要想说服我们把一个物理定律应用于某种像人性这样如此变化无常、难以捉摸的东西，还必须提供更多的证据，光靠现有的证据是远远不能说服我们的。在很多被我们的股市平均指数所证明的现象中，有一种现象显而易见，那就是价格运动的作用力与反作用力并不相等。我们确实没有实例可以证明某个牛市的价格上涨幅度正好被某个熊市的下跌幅度所抵消。如果说就像事实表明的那样，股市基本趋势中的价格上涨和回调幅度或者价格下跌和反弹幅度确实不同，那么，价格上涨和回调或者价格下跌和反弹所用的时间就相差更大。我们已经看到，牛市的持续时间通常要大大长于熊市的持续时间。在这里，两者之间并不是自动平衡方程关系。笔者也不相信，在其他方面的人类活动中就存在这种方程关系。当然，历史上也没有这方面的记载。因此，笔者不得不求助于别人编纂的表格数据文献，但绝不修改别人的表格和数据。不过，在为履行职务而使用这些数据的研究中，笔者没能发现作用力与反作用力相等的现象。

无法估计的波动幅度和持续时间

当然，股市晴雨表也没有显示过这种现象。无论在幅度还是速度方面，股市运动具有近似于钟摆摆动的规律性。我们能够看到的只是熊市下跌了40点，然后持续时间要长1倍以上的牛市上涨了50点，接着熊市又下跌了近60点，随后牛市收复了45点，后来熊市又下跌了不到30点，尔后一波主要上升趋势上行了20多点，再后来工业板块股票上涨了近60点，而铁路板块股票同期上涨不到30点，而且每波行情的持续时间各不相同。近1/4个世纪里纽约股市的数据记录大概就是这样。这一时期的股市走势明显存在大致的周期性。但是，如果我们硬把它们往在数学上可计算的定期重复的"周期"上靠，那么，下一个基本趋势的出现，无论是上升还是下降趋势，都将使我们不知所措、随波逐流，而结果只能是守住了空洞的理论和空空的钱包。

第十一章　无可挑剔的周期

虚假的神秘

虽然说教总是受到欢迎,笔者也试图通俗、具有趣味性地解释一个本质上属于科学范畴的问题,但还是不想把这作为说教来宣传。必须赋予技艺传授者的权威,使得他们把自己的技艺当作某种神秘的东西,这是各行各业在技艺传授方面都存在的问题,也是每个技艺传授者都要面临的道德危险。技艺传授者会下意识地希望排除一切令他们尴尬的竞争,从而导致他们夸大掌握某种技艺会遇到的困难。就像一切人类活动,用不了多久就会导致一种故意夸大某种简单论点并使其复杂化的迷信。每种宗教都要供养神职人员,而神职的传承则变得比救世更加重要,或者至少受到更加小心翼翼的保护。无论在英国的普通法中还是在教规法中,手艺都被作为某种神秘的东西。来您家上门服务的水暖工总希望您相信,他所做的精心准备工作以及在现场的忙碌能够证明他给您家做的活有多难(而您作为一个外行是根本没有能力评估的),因此有充分的借口向您索要很高的修理费。

信息贩子与内部人

笔者认识一些与股票信息交易机构有联系的人,他们还非常讨人喜欢。他们提供的东西还很有市场,而他们都深谙人性,善于察言观色。他们绝不会看跌股票市场,常常能在牛市中大赚一把、发财致富。笔者猜想,他们在丰年赚钱攒下的积蓄足够他们在小年挥霍。他们向那些不懂行的投机者透露他们希望(而不是必须)知道的信息。有时,他们也能蒙对,但总让人联想到读懂股市走势的确非常神秘。他们不但能蒙对大盘的走势,而且还能更准确地预测个股的走势。有了他们提供的准确信息,"知情人"就不断地买进。笔者由于工作的缘故认识许多这样的知情人。作为小投机者,他们买错的时候绝对多于买对的时候。

事实上,这些所谓的知情人都是些在某家公司担任实际职务的大忙人,他们实在太忙根本没有时间老盯着股价收录器。他们太过局限于自己的特定专业,甚至太受自己专业的影响,因此根本不可能正确判断股市是否会发生方向性变化。他们通常看好自己手中持有的股票,因为他们相信这些公司极有可能持续成长。但考虑到影响他们手中股票的商业状况变化,再加上同一市场同一板块其他股票或者所有其他铁路和工业股票,他们的视野就显得非常狭窄。因此,如果有人说太多的内部信息能够毁掉华尔街上的任何人,这并不是玩世不恭,而是说了大实话。

这不但是说了大实话,而且还做一件真正的大好事。当然,大公司的执行官们应该对自己分管业务以外的一般商业状况有一个全面的了解,而且还应该接受正确的指导。如果他们看了本书以后只是明白应该更加客观地看问题,那也算是一种收获。即使在名牌大学受过良好的通识教育,并且打算日后再专修法律或者外科的人,他们的职业也会不适当地影响他们的主次观和分寸感。

值得信赖的指南

这就是股市晴雨表有用的原因所在,它可不相信什么周期或者体系,也不太重视那些有趣甚至很有道理的推论或者流行的时尚。它会利用一切有用的因素,并且还会充分利用每一条可以收集到的信息。股市走势能够反映一切可利用的真知灼见,而日常交易则"把麦粒从麦糠中筛选出来"。如果结果显示麦粒很瘪,那么,市场就会以较低的价格来反映对其的估价;如果扬场后显示麦粒饱满,那么,远在最勤奋、消息最灵通的一般商业状况研究者估计小麦的剩余量并把结果记在表格上之前,小麦的市场价格早已上涨。我们中间很少有人能够成为开普勒(Kepler)和牛顿那样的数学家和物理学家,但有可能总结制定出一些可行的规则,帮助和保护那些在其生活的每一天都必须预测未来的人。其实,这就是股市晴雨表所做的事。股市晴雨表从不自作主张,更不会提出错误的主张,而且还存在一些高度人为、显而易见的局限性,但即便如此,它仍能如实展现它所具有的预测特性。迄今为止,任何其他商业记录仪都不能望其项背。

―――― 第十二章 ――――

预测牛市:以 1908～1909 年的牛市为例

第十二章 预测牛市：以1908～1909年的牛市为例

在继续讨论股市晴雨表预测价值这个重要甚至至关重要的问题前，如果我们想要证明道氏股价运动理论的效度，也许有必要在这里回顾一下《华尔街日报》在1907～1908年间不定期发表的股市平均指数分析文章。由于这些文章具有档案文献的价值，还由于我个人的原因，因此，它们在我的记忆中应该是留下了深刻的印象。已故的塞雷诺·S.普拉特（Sereno S. Pratt）是一个经济知识渊博、品德高尚、能力超群的报业人士。1907年底，他辞去《华尔街日报》社论撰稿人的职务，到纽约商会担任秘书这个有尊严但不费力的职务。

不代表个人观点的社论

报纸的社论除了不署名外，还有不掺杂任何个人观点的特点，而且即使掺杂一些个人观点，也远比公众或者政客们想象的要少。当然，报纸的社论撰稿人要对自己撰写的社论负责，他们不但要向报纸的老板负责，而且还要依法承担民事和刑事责任。社论撰稿人写的社论稿子，必要的话，要给报纸负责某个专题的专家审改，而专题专家写的社论稿子也要交给社论撰稿人修改。在社论发表前，任何一家运行良好的报纸都会派多名称职的业务骨干审改和讨论社论稿子。笔者从1908年初接替普拉特的工作。虽然问题并不涉及任何程度的机密，但笔者还是不能披露关于股价平均指数社论的讨论会在多大程度上掺杂了个人观点。不管怎样，社论撰稿人的工作方法总会不自觉地对他的合作者产生影响。无论怎样，至少笔者和普拉特在解读平均指数的方法上观点是一致的，这种方法是从《华尔街日报》创始人查尔斯·道那里传承来的。

如何发现熊市的底部

在上一章里，我们讲述了一个持续时间较短（1907年一整年）但跌幅很大的大熊行情,这波熊市行情于 1907 年 11 月 21 日探底。在这年 11 月的最后一周里,工业股票强劲反弹,就如在一轮熊市的一波次级趋势行情中的表现那样。这波次级趋势行情引出了股市晴雨表全部问题中最难解决的问题,那就是识别市场是否发生了方向性变化。12 月 5 日,《华尔街日报》载文指出:

"11 月 21 日,20 只铁路股平均指数在 81.41 点上探底。昨日大盘表现强劲,铁路股平均指数报收于日最高价 89.11 点,总共反弹上涨了 7.70 点。在最近 10 个交易日里,只有 2 个交易日下跌。这可是一波名副其实的强劲反弹行情。但从各方面看,这次反弹或许过于强劲,尽管股价仍处在低位。目前的价格似乎在很大程度上已经考虑到未来成交量的合理收缩。"

12 月 23 日,评论文章的作者在一周大盘走势评论中顺便提到了平均指数的走势,但他好像只是隐约感觉到而不是断定大盘走势会发生方向性变化。此时做出这样的预测未免太过轻率,作者只是表示:

"我们已经注意到,铁路股的平均价格呈现出一种相当典型的走势,从 7 月 20 日到 11 月 21 日下挫了 26 点,但又在此后的 2 个星期里反弹上涨了 9 点,在随后的 10 天里又回调了 4 点,并且在上星期又反弹了 2 点。实际上,这是一种趋向于均衡的摆幅不断缩小的钟摆摆动趋势。"

自动调整的晴雨表

在继续深入讨论之前,有必要先谈谈次级趋势问题。上一节已经介绍了一个简单而又具体的例子,足以满足我们目前讨论的需要。我们已经观察到,熊市低点反弹后的回调在重回旧低之前受到了抑制。而且,根据数据记录,我们可以说,当时采用平均指数表示的 12 只工业股的走势大致相同,可以相互验证。如果我们打算在这一章里进一步阐明次级趋势的含义和作用的话,那么,上一节的后一段引文最能说明问题。我们可以认为,我们的晴雨表就是按照这种方式进行了自我调整。在熊市的转折阶段,各种信息杂乱无章,对市道的看法非常混乱,市场只能做自我调整,逐渐走向有序。随后,投机者和投资者往往会预测市场走势,而且常常是看得太远。

第十二章　预测牛市：以1908～1909年的牛市为例

预言太快成真

很多人由于预言太快成真而在华尔街赔了钱,这样的例子举不胜举。笔者想起了一个很能说明问题的牛市形成例子。记得事情发生在1900年麦金莱再次当选总统前的夏天,有一名非常出色的场内交易员,当时是一家套利公司的合伙人。这家公司曾经非常活跃,但很早之前就已经关门歇业了。在外行人看来,套利公司就是(或者说曾经是)一种通过海底电报往来与伦敦市场进行交易的公司。由于纽约和伦敦存在时差,纽约证券交易所的早市就相当于伦敦证券交易所的午市,这种套利公司就是利用纽约证券交易所早市价格与伦敦证券交易所午市价格之间的浮动性价差来套利。但那年夏天,市面冷清,套利公司和其他公司一样没有多少生意可做。它们有据可查的总成交量在生意兴隆时每天要超过300万股,而那年夏天严重萎缩,已经减少到了大大低于10万股的水平。

然而,我们这个例子中的主人公路易斯·沃尔姆瑟(Louis Wormser)就是在当时的情况下仍然能保持交易员应有的活跃性。那年夏天,他一直在做多。其他交易员都抱怨说他抢走了仅剩的一点还有交易的股票的市场。公平地说,他的行为完全没有超越场内交易员和证券交易所会员的权利范畴。直到总统竞选前的最后几周,市场才开始恢复一点活力,或者说成交量才开始回升。沃尔姆瑟此前显然判断对了市场走势,并且一直密切关注着市场。据笔者猜测,他不会自负地认为是他在引领市场。在总统大选结束后的3天里,股市表现非常强劲,以至于沃尔姆瑟认定麦金莱连任的选举结果已经提前在这波牛市行情中充分释放了它的能量。于是,他转而改做空头,并且在短短几天里就赔掉了之前5个月做多所赚的全部收益。就如我们已经指出的那样,这轮牛市虽然其间受到了北太平洋铁路公司股票逼空战和恐慌的严重干扰,但还是在1902年9月成功登顶。这个例子绝好地说明了一个问题:投机者仅仅看到了很多影响因素中的一个因素,而且还不满足于信任晴雨表,但市场却能一个不漏地看到所有的影响因素。在市场受到抑制时,沃尔姆瑟的表现还真的挺出色,就像一只趴在小水塘里的大青蛙。正是他的这种出色表现毫不奇怪地使他觉得他独自一人就促成了这轮牛市,就像他在股市高企前交易冷清的日子里有时做出的表现那样。

令人鼓舞的预测

现在,回过头来再看1908~1909年的那轮牛市。其实,《华尔街日报》在1907年12月25日显然已经开始预见到了这轮牛市。就在这一天,该报发文指出:"我们极有可能已经看到了今年的最低价格。"1908年1月10日,当时美国上下还在为1907年遭受的打击胆战心惊,而且票据交换所的流通券交易仍相当活跃,《华尔街日报》单单根据股市晴雨表做出了判断,明确表示市场将出现一波明显的反弹行情。在谈到初露端倪的反弹行情时,《华尔街日报》认为,市场给人的感觉是"这是多次剧烈波动中的一次,这次剧烈波动始于一个极端的低点,在持续一段或长或短的时间后会发生永久性的趋势变化"。《华尔街日报》的预测似乎相当令人鼓舞,而且意思明确。就是这个预测让那些保守的商界人士猛然醒悟,觉得应该重新全面评估股市晴雨表的价值。我们应该还记得,道氏理论并不是为了在投机游戏中取胜而设计的,也不是一种驾驭市场的有效工具。实际上,我们必须认认真真地解读平均指数。只有在我们的思想被欲望所左右时,平均指数才会变得不再可靠。我们都听说过"新祭司乱动巫师的魔杖就会招来魔鬼"的故事。

崩盘回顾

牛市初露端倪时不会得到任何人的认可,这时进行预测绝不是一件容易的事情,要进行具有一定准确性的预测那就更加不容易了。在本书较前面的一章里,我们曾经特别强调1907年商业崩盘的突然性。《华尔街日报》在1908年1月24日发表的社论中回顾了当时的状况和惊人的突变:

"例如,我们来看看商业钟摆的摆动速度。美国商业差不多在一夜之间从极度繁荣这个极端突然就走向了严重衰竭的另一个极端。就在恐慌以令人恐惧的气势席卷华尔街以后,一家主要铁路公司的高管评论表示,就在爆发恐慌的前一天,他们公司经营的铁路线的货运量还达到了历史高位。3个星期以后,还是这位公司高管再次公开表示,他们公司线路上的货运业务急剧下降。这样的事情实在是多得举不胜举。

"虽然华尔街被恐慌笼罩才3个月,但是,就在这么短的时间里,国家的经济状况发生了巨大的变化。3个月前,货运车皮供不应求,而现在铁路尽头线和终点站停靠着数万空车皮。3个月前,钢铁交易极其活跃,处在行业历史巅峰时期;这才相隔五六个星期,需求就荡然无存,工厂纷纷关门歇业。如果我们画一张图来表示过去10周钢铁产量减少的情况,那么很可能就得画一条几乎垂直的线条,可见钢铁生产的萎缩是多么突如其来、多么严重至极。"

一轮得到确认的牛市

1907年冬季和1908年春季,虽然美国的商业还明显处在萧条最严重的阶段,但是,根据股市晴雨表得出的推测一致认为市场将迎来一轮牛市。这一牛市推测可以补充上一节的引文,两者还可以互相对照比较。当时,大家都已经认定美国经济陷入了萧条,但还不能接受股票市场的表现并不是取决于当前事件,而是取决于它能够预见到的客观情况这一事实。我们在上一节的引文中可以看到,《华尔街日报》已经陈述了股市预先知道的客观事实,而且用大家熟悉的图表展示了当时还处在萧条的最低点;股市走势曲线还没有穿越其中线,直到11月才开始进入随后的扩展区域。但是,股票市场早在12个月前就已经预期到了这张图表上的记录;当一切还处在朦胧状态时,股市这只准确可靠的晴雨表已经预测到了经济复苏。

拒不接受"无聊"的复苏

回过头来看看自己当时承担的责任,笔者真要好好感谢道氏理论,也庆幸自己掌握了这个可靠的理论,是它帮助笔者顶住了令人难以相信的恶毒攻击。在那些善于蛊惑人心的政客们看来,华尔街永远也不能得到饶恕,因为在他们犯错误的时候,华尔街却总是正确。当时,美国全国上下到处充斥着各种焦虑和躁动,不满情绪笼罩着整个国家,有人甚至主张要抑制、控制、管制和全面遏制商业活动。那年冬天失业严重,报社收到了很多读者来信,有些来信用非常极端的言辞谴责《华尔街日报》所表达的牛市观。现在,可能会觉得非常可笑,但在当时可一点都不好笑。我们当时的处境就像是从前乡村集市上的"黑奴"靶子,脑袋暴露在卡住颈脖的薄板上,不管谁只要愿意掏5美分就可以对准靶子打一枪。当时对华尔街最轻的指责是"罗马都着火了,华尔街却还在闲逛",而最普遍的指责则是"一帮赌徒在违法操纵市场"。

笔者在前面的讨论中引用了 25 年前公布的图表,如果读者去查阅这些图表就能注意到,当时记录下来的销售量是自 1904 年以来最小的,这说明市场已经严重收窄,因此,即便还能操纵,也是徒劳无益。不过,只要市场处于熊市以及主要下跌趋势及其后主要上涨趋势之间的过渡期,总会有人这样指责华尔街。即便笔者提出的论据还不够多,因此无法证明市场操纵行为是一个微不足道的因素,成交量本身也足以证明笔者的观点。但是,这些顽固的异议者总有自己的另类想法。随后几个月,他们辱骂华尔街的来信不断塞满我的废纸篓。当时至少有一段时间,牛市肯定是不受欢迎的。

成交量的相关性

在这里,有一点值得注意,那就是牛市的成交量始终大于熊市的成交量。成交量会随着价格的上涨而扩大,并且随着价格的下跌而缩小。细想一下,道理很简单。当市场长期处于萧条时,很多人实际和在账面上赔了钱,投机资金或者投机性投资相应就会减少。而当市场在上涨时,很多人实际和在账面上已经赚到钱。而且,一条几乎普遍适用的经验就是在牛市的最后阶段,股民的实际成交额会超过他们的实际财力。在大牛行情中,情况都是如此,而在次级趋势中就大打折扣。牛市中的一次大幅回调常常会刺激成交量,这里举一个这种惊心动魄回调的生动例子。1901 年 5 月的月平均成交量至今仍没有再达到过,每个交易日的成交量都在 180 万股以上,包括只开市 2 小时的星期六。北太平洋铁路公司股票逼空战引发的恐慌就发生在这一年的 5 月 9 日。我们在下文还有机会详细讨论这波次级趋势行情,现在没有必要展开讨论这个问题。

不偏不倚

笔者始终觉得有必要列举这些例子来说明股市晴雨表的实际用途,这倒不是要自寻烦恼,而是为了根据事后证据回击别人对我说"我早就对你说过"的指责。实际上,进行这样的预测,并没有什么值得自我吹嘘的。任何一个研究平均指数的人只要智力正常,在预测时不带任何偏见,那么,一旦掌握了股市晴雨表的工作原理,就能自己进行这样的推测。但是,任何与股市有利害关系的人,几乎可以肯定都会因此而影响自己的判断力。心想什么就预测什么,甚至在自己看涨买入或者看跌卖空时期待什么就预测什么,这可是一种我们人类常犯的错误。但是,价格走势分析人士在撰文指导别人时必须绝对的公正无私。如果他们做不到这一点,尤其是如果他们此前曾经做出过未被前提条件明确证明的推测,就有可能掉入等待着他们的各种陷阱。过于自信、固执己见是股市投机的大忌,被这个因素毁掉的股市投机者比被所有其他因素加在一起毁掉的投机者还要多。

一次非常失败的预测

在股票市场上犯错误的最简便方法就是接受一个平均指数的指证,而不管它是否被其他平均指数明确验证。1921年5月10日,纽约《美国人》(American)杂志在其财经栏目中大胆发表了一篇预测文章。为了佐证自己的预测,文章作者还复制了一张道—琼斯指数走势图。当这张走势图和相关数据在事先未征得我们同意的情况下刊载以后,一些认为不能靠发不义之财致富的利他主义者心满意足地听说,在赫斯特(Hearst)出版集团旗下《美国人》杂志上发表那篇预测文章的作者甚至连他盗用的资料都看不懂。他在文章中预测工业股将迎来一波牛市行情,甚至还给出了这波行情的上限,这可是迄今为止股市晴雨表都没有达到过的预测精确度。据这名作者预测,铁路股将"原地踏步"。这可是一次非常失败的预测,因为工业股实际又下跌了13点,并且在6月创下新低;而铁路股则根本不是"原地踏步",而是出现了大幅回调。

平均指数必须相互验证

在上一节的例子中,工业股平均指数的表现没有得到铁路股平均指数的验证,而观察者则被工业股平均指数反映出来的牛市迹象所误导。工业股平均指数的走势画出了一条我们在前面讲过的曲线,并且在经历了一波次级反弹行情以后显示出一定的强度,在图上表现为突破了刚才所说的那条曲线,如果铁路股也有证据表明出现了相同的迹象,那么就可被认为意味着股市正在积聚力量。但是,铁路股的走势根本就没有显示出这种迹象,因此,我们能做的也只有希望《美国人》杂志发表的那篇文章的读者没有受到误导。就如平均指数所显示的那样,直到 7 个月以后,也就是 12 月份的第二个交易日,工业股才突破那篇预测行情看涨的文章发表当天的收盘价。

不管怎样,我们都可以宽容地认为,这个股市晴雨表的解读者没有看上去那么浅薄。可能他的脑袋里装满了对 1919 年那轮完全由工业股促成的牛市的记忆。如果读者能认真研究本书后面章节给出的名为"可反证规律的例外"的图表,就能明白这种事情不可能重复发生,除非铁路股重新由政府持有,铁路部门由政府担保——这个条件在当时让铁路股完全不再属于投机品种,价格随着债券和其他固定收益证券一起下跌。就像我们所知道的那样,随着生活费用的上涨,这些证券的价格势必会下跌,这在当时是一种普遍现象。

这个例子可用来说明这样一个事实:虽然工业股平均指数和铁路股平均指数的走势有可能强度不同,但不可能出现实质性的方向差异,在基本趋势方面尤其如此。在有这两个平均指数数据记录的这么多年里,这个规则被证明完全可以信赖。这个规则不但完全可适用于市场的基本趋势,而且还能近似适用于次级回调和反弹趋势,但就是不适用于日常波动,而对于个股只会产生严重的误导作用。就像笔者付出代价后才发现的那样,单个指数的指证能够并且确实会以假乱真。因为,笔者在根据单个指数的指证分析很久以前所写的文章后发现,自己曾不止一次地犯过错误。关于股市晴雨表的价值,我们完全可以说,我们之所以出错,是因为对它信任太少,而不是太多。

言归正传

有读者建议,笔者应该探讨与股市基本趋势有关的原因——商业萧条、复苏、假定或者实际的过度扩张。关于 1907 年那次恐慌的成因,笔者有自己的看法。本人不同意有些被认为能力与我相当的作者的观点,他们把那次恐慌归因于 E. H. 哈里曼(E. H. Harriman)和美国铁路行业从 1901~1906 年间的"过度扩张",并且认为英格兰银行在 1906 年底把利率提高到惊人的 7%,是罗斯福(Roosevelt)所说的"拥有巨大财富的坏人"进行美国铁路股票投机的直接结果。不过,无论如何,笔者也不会相信哈里曼凭借一己之力能够制造出 1907 年 4 月埃及的亚历山大恐慌、1 个月后的日本恐慌、被英国《经济学人》

第十二章 预测牛市:以1908~1909年的牛市为例

杂志称为"这个城市自1857年以来遭遇的最严重的金融灾难"的10月汉堡恐慌以及同月的智利恐慌——所有这些恐慌都发生在美国10月底的恐慌之前。詹姆斯·J.希尔(James J. Hill)在1906年曾经指出铁路行业应该以每年10亿美元的速度发展,但实际上,恐慌发生以后铁路业几乎完全停止了发展。在笔者看来,铁路业随后出现的瘫痪状态对于美国来说是一个非常严重的问题,而相比之下,E. H.哈里曼的铁路交叉持股计划就算不了什么。对于公众来说,这不会构成任何威胁,因为他们由州际贸易委员会通过规定运价来保护。

不过,这些讨论有点跑题,笔者现在谈论的是晴雨表,而不是天气。对于那些能够了解事实真相的人来说,事情已经过去了14年,但是,对于其中至少在某种程度上亲历这段历史的人来说,重温这段历史一定会有奇妙的感觉。不过,无论重温历史多么有必要,我们仍然还得围绕本书的内容来展开讨论。

第十三章

次级趋势的性质和用途

第十三章 次级趋势的性质和用途

在继续这几章的主题——用史实来证明股市晴雨表的作用和效能——之前,现在是一个谈谈股市次级趋势的很好机会。前面几章的讨论告诉我们如何在其刚开始时就成功地识别股市的基本趋势。但是,道氏理论提到的次级趋势是一个不同的问题。道氏理论认为股市包含三种明显不同但在某种程度上同时发生的趋势——主要上涨或下跌趋势、次级趋势(表现为牛市中的回调以及相对应的熊市中的反弹)以及日常波动。我们已经通过分析证明了道氏理论这一观点的正确性。本章的讨论内容可能主要是针对股市投机者或者刚入市不久的投资者,而不是针对那些考虑把股市晴雨表作为经商指南和警示的人士的。

如何识别转折点

我们应该毫不迟疑地承认,虽然指出次级趋势何时结束和主要市场趋势何时重启并不是什么不能克服的困难,但是,如果说识别主要牛市趋势或主要熊市趋势转折点不易,那么判断次级趋势的出现时间就更加困难。在判断次级趋势的持续时间或者程度方面,我们不能教条、自以为是。通过前面的研究,我们已经看到旧金山1906年发生的天灾是如何实际加剧一波牛市回调行情的;这样的一种回调足以以假乱真,让人以为一种新的基本趋势正在形成,而且看上去就像北太平洋铁路公司股票逼空战引发的1901年恐慌那样强劲有力、令人信服,以至于就连经验丰富的交易员也会冒失地误以为牛市已经结束。

据查尔斯·道估计,一波反向次级趋势行情大约能持续40~60天。但随后的经历表明,60天这个持续时间的上限极其罕见,反向次级趋势行情的持续时间可能明显短于40天。如果我们要全面考察次级趋势,那么就不能忽略日常波动,因为日常波动有可能规模非常大,几乎能够形成一波次级回调趋势行情。1917年12月底,在政府有可能接管铁路行业的消息传开以后，铁路股平均指数单日上涨就超过了6点。有些真正的次级趋势上涨幅度甚至也没有达到这个程度。有一条屡试不爽的法则可用来指导我们的次级趋势研究。这条法则告诉我们，当基本趋势的恢复速度明显放慢时，市场走势就有可能突然改变方向。牛市的集中线或者熊市的分散线常常能够预示基本趋势的恢复。

流星多于恒星

那么，怎样才能预测市场基本趋势的突然转变呢？这要取决于一系列完全不同于价格根据价值调整的因素，而价格根据价值调整则是基本趋势的主要功能和意义，并且更多地反映市场的技术面状况，而不是对基本面认识的概括和反映。就像股市从业人士所说的那样，这意味着有太多的股民在做多；如果情况相反，就意味着有太多的股民不顾股票流通供应量的减少而一味地在熊市中卖空。笔者曾不止在一个场合拒绝建议任何人从事投机交易。采取这种善意的态度既容易又省事，但是，如果有一个自由的美国公民觉得自己具备了成功所需的基本素质，或者觉得自己是属于稳操胜券的那种人，那么，笔者认为劝他从事投机交易更有意义。如果在其他地方，而不是华尔街，这可是在所有的考验中最严厉的一种考验。金融的天空上有太多的流星一闪而过，而永恒不变的恒星则寥寥无几。

在股市的次级趋势中，专业人士较之于业余股民具有实在且持久的优势。次级趋势是一种市场突发事件，专业人士的专业经验能使他们及时发现这种市场突发事件。"盘口分析"是他们的第六感官，如果场内交易员真正具备过硬的业务能力，那么就能感觉到即将来临的变化，甚至比最好的盘口分析师还要灵敏。有些游戏业余玩家可能比职业玩家玩得更好，还有很多游戏业余玩家至少能与职业玩家一较高下。但从长远看，几乎所有的游戏职业玩家取胜的几率都要大于业余玩家。当赌注很大时，职业玩家就会赢得更多；而当输钱不可避免时，他们则输得较少。

行家里手的优势

据一些竞叫桥牌的权威玩家估计，在打竞叫桥牌时有一手好牌就有了80%的胜算。

第十三章　次级趋势的性质和用途

如果一个牌手手气不错,牌运又好,再有一个好搭档配合,那么就算本人心不在焉或者状态不佳也能打赢,甚至说不定还能连赢几把。不过,剩下的20%才是真正区别不可救药的平庸牌手和行家里手的关键。如果打牌时间足够长,因此能剔除运气的成分,那么,一流牌手必赢无疑,而且是在没有任何不公平优势的情况下取得胜利。当然,如果一个牌手,譬如说与搭档串通暗递信息,那么,他只能算是骗子,而绝不是真正的一流高手。骗子的优势常常被高估,但骗子的心态多少有点失常;否则,就不称其为骗子了。无论是专家级骗子还是业余级骗子,笔者在华尔街都很少遇到,而且是出奇的少。骗子很快就会被识破,而且当他们仅有的那点有利条件消失殆尽以后,他们就会发现自己的骗术在骗子堆里只够垫底。"没人会突然变成坏人",实际上,骗子的确很少。

专业人士有高低之分

很多投机者通过单打独斗取得了成功,他们当中有些人既不是证券交易所会员,也不是任何经纪行的合伙人,就像文德家族的哈尔(Hal)那样,因此不得不放弃经纪人的佣金和市场价差。虽然他们的目的各不相同,但迟早都会成为专业人士。他们把自己的全部心血倾注在了投机事业上,就像成功人士对他们自己的事业那样。对股市一时心血来潮的圈外人,无论多么精明机灵,无论多么消息灵通,只要是在次级趋势行情中与专业人士较劲,那么必输无疑。他们不可能迅速识别次级趋势变化,并且尽快调整自己的看法;他们通常从心底里讨厌之前自己在看准市场走势的情况下还赔了钱。专业人士只要发现一点蛛丝马迹就会立刻采取行动,而回调或者反弹行情也只会显露丁点迹象。

华尔街通常看多

当牛市出现回调,市场变得冷清时,聪明的业余股民会紧跟着专业人士做交易。华尔街过去曾经制定过很多行为准则,其中有一条就是"绝不在股市不景气时卖出股票"。这在大熊行情中可是一个糟糕的建议,因为市场在大幅反弹以后很快就会变得冷清,而经验丰富的交易员就会因此而再次卖空股票。不过,华尔街天生就喜欢牛市,其中的一个原因就是,华尔街在熊市中赚不到钱,而不像人们认为的那样,熊市正是华尔街收获的季节,也是华尔街居心叵测地趁火打劫的大好机会。其实,华尔街是靠挣佣金而不是卖空自己发行的证券来谋生的,做成大买卖才能赚到大佣金。只有牛市才具备这些特点,而熊市绝不可能具有这些特点。因此,在一般正常情况下,华尔街确实喜欢牛市。而且,凭个人经验,笔者也确实从来没有听说过哪个杰出的交易员,在树立了卖空操盘手的声誉以后就不会转而做多,或者干脆就清仓出局。

在研究基本趋势时,我们已经知道牛市持续的时间比熊市长。而且,我们也可能已经明白,在一个充分长的时期里,牛市和熊市的持续时间会趋向于均衡;而且,随着美国财富的增加,市场会呈现出上涨趋势,至少迄今为止一直呈现出这种趋势。笔者个人并不认为,战争已经改变了这个基本事实,至少对于充满活力的美国来说就是这样,尽管铁路板块的一波特殊行情(我们将在后文讨论这个问题)至少一度曾经改变笔者的看法。

詹姆斯·R. 基恩

说到空头交易商,笔者完全能够肯定,詹姆斯·R. 基恩在空头交易上赔多赚少。他之所以有钱花在他的赛马训练场上,是因为他购买了后来增值的证券。笔者与他从未有过深交。过了这么久以后,笔者可以坦率地说,有责任心的报业人士不会与显赫的大职业投机商建立亲密的关系。不管个人间的交往多么单纯,这种亲密关系总会被人误解,而且容易招来是某个操盘手利益代言人的骂名(因为华尔街是一个流传八卦和丑闻的场所)。当然,这可是没有一家清白的报纸能够或者应该容忍的状况。

基恩在其女婿塔尔伯特·J. 泰勒(Talbot J. Taylor)位于布罗德街(Broad Street)的办公室里有一个常人难以进入的套间。当然,这并不是说,记者或者那些能够出入基恩那间套房的人都不是什么正人君子。我们有充分的理由喜欢基恩,他绝不是像有些人想象的那种冷酷无情的坏人,这些人对金融家的看法主要来自耸人听闻的报纸或者电影银幕。他有极具魅力的人品,是条说话算数的汉子,但对那些与他交往但不守信用的人倒真是绝不心慈手软。我们大家都非常欣赏他对儿子福克赛尔(Foxall)令人羡慕的父爱以及那种赛手对优良赛马的钟爱。在股票市场上,他树敌不少,而且经常受到他们的攻击,但这些打击都不及他最心爱的赛马赛松比(Sysonby)的夭折(这是一匹他亲自喂大的最优秀赛马,比赛总是勇往直前,死时只有3岁)。在记者当中,能称得上了解基恩的也就是埃德温·拉菲尔。那时，他在纽约的《环球》杂志任职。不过，与其说拉菲尔是基恩的朋友，还不如说是基恩的仰慕者。他采用一种非常有趣的方式研究基恩，目的就是为了在他那部愤世嫉俗、给人留下深刻印象的《华尔街故事集》(Wall Street Stories)的《华尔街铺路碎石》(Samson Rock of Wall Street)《金色光芒》(The Golden Flood)和其他故事中塑造一个像基恩式的人物。现在，这些故事多少有点过时，但对于那些了解20年前不同于今天的华尔街的人来说，应该还是值得一看的。

爱迪生·柯马克

还有一个原因可以解释为什么人们总把那么多卖空和"打压"市场的账算在空头操盘手头上（而其实他们并没有做那么多，甚至也没有想那么多）。这些操盘手在哄抬股价时可以躲在幕后，而在卖空股票时常常动作很大，主要人物非常惹人注目。爱迪生·柯马克(Addison Commack)出名时，笔者还没有到《华尔街日报》工作，但经常听到熟悉他的人说，柯马克发起逼空战喜欢速战速决，有时能够成功，有时也会失败；如果他没有卓越的价值判断能力，如果他在经济上对美国兴旺发达的兴趣大大小于他阻止美国兴旺发达的努力，那么，他早就破产或者会遭遇另一种境地。在北太平洋铁路公司重组后，他以每股7美元的价格买进这家公司的股票着实大赚了一笔。他很可能比某些随时都会指责华尔街缺乏爱国主义精神的批评者更加相信美国的伟大。基恩虽然没有柯马克成熟，哄抬南太平洋铁路公司(Southern Pacific)股价的行动不幸流产，但他的做法是正确的。

大宗商品卖空

卖空者几乎没有朋友，道理很简单，别人不赔钱，他们就赚不到钱。这种不利于卖空者的感觉甚至非常不合理地扩展到了他们放弃股票去做小麦或者棉花这样的大宗商品卖空交易的例子。股票的多头与小麦的空头毫无抵触之处，也绝不会对我们国家的进一步繁荣产生任何负面影响。如果消费能力很低的工人能够以较低的价格消费更多的面粉或者面包，那么应该认为有利于我们国家的繁荣昌盛。小麦或者棉花市场的走势绝不可能与股票市场的走势同步，当证券价格上涨时，这些大宗商品的价格常常会下跌。虽然以下并非是一种普遍观点，但在笔者看来，做空小麦的人即便是出于自利的目的，也仍有助于打破对小麦的垄断，并且压低小麦的价格，因此，他们的行为仍具有某种公益性。

当然，农场主不会欢迎这种观点，而他们的政治盟友就更不会欢迎了。在他们看来，每蒲式耳小麦能卖 5 美元才算繁荣，才能超越他们贪婪地梦想的财富，但这很可能就意味着导致饥荒和普遍贫困。1919 年，农场主和他们的政治盟友为了把小麦价格提高到每蒲式耳 3 美元自己创建了小麦联营体（这种从道德上讲与其他任何企图垄断生活必需品的行为没有什么区别），但在无党派联盟没有出息的领导人的领导下，又在美国参议院"农业党团"某些成员道义上的支持下，小麦联营体很快就分崩离析。从那以后，农场主和他们的政治盟友们就变得非常敏感。1920 年，股票市场对农场主们发出了警告，这种以垄断为目的的联营不可能成功。后来，过了很长时间，他们才终于明白他们的小麦能卖到每蒲式耳 2 美元已经是很不错的了。

股市晴雨表如何自我调整

我们现在并没有偏离正题，仅从金融的角度看，棉花或者谷物市场的疲软可能与股票市场的次级回调有很大的关系。实际上，股票市场的次级趋势更容易受暂时条件而不是基本趋势支配因素的影响。现在，我们可以贴切地提出这个问题：平均指数是否能够以某种可靠的方式预测次级回调行情？当然能够做出这样的预测：如果在主要牛市趋势的发展过程中，两个平均指数的走势都形成了曲线，那么，价格位于曲线以下就表示市场已经达到饱和；而熊市的情况正好相反。不过，经验告诉我们，这条曲线通常不是出现在次级回调或者反弹之前，而是在它们之后。所以，这条曲线对于已经清仓但又想再次入市的投机者来说非常有用，原因在于：出现在集中线之后的牛市指证说明平均指数还会走高，并且会超过次级回调开始时的水平。从我们掌握的历史数据看，这个新高可能就是一个表明牛市行情卷土重来的确凿证据。

不过，以上讨论的针对对象不是投机者，而是那些想把股市晴雨表作为国家一般商业状况指南来研究的人。这些研究者可能会问，次级趋势具有什么实际意义和用途。如果我们可以进行比喻，那么就可以说与一种有时用来调整罗盘的工具没有什么不同。读者中有很多人都见过轮船下水时在海港巡逻的汽艇，但并不想知道这样做有什么意义。

笔者非常清楚,这个比喻非常糟糕,但可以清楚地说明次级趋势的重要之处就在于调整我们的晴雨表。至少这样一来,我们的导向仪能够自我调整。请读者注意,我们现在研究的对象不是像晴雨表中的水银柱那样确定的东西,毕竟我们大家都知道水银的各种性能。股市晴雨表要考虑每一种可以想象的因素,包括最容易变化、最变化无常和最不可预料的因素,而且还包括人性本身。因此,对于股市晴雨表,我们不能要求像物理学那样的机械精确度。

并非好得不像真的

我们很可能会怀疑我们的晴雨表,它是不是太精确了?我们的态度就如同一个城市法官对待警察提供的证据,而且每个证人都用相同的话讲述了完全相同的证词。总之,证据好得不像真的。笔者反复自问,自己是否能够确定某个股市走势转折日的顶部或者底部。例如,我们还在经历的熊市实际上是在1921年6月探底的,还是应该认为是在工业股平均指数单独创下新低的来年8月触底。我们在前面已经说过,平均指数应该相互验证。但是,如果读者愿意采取这种观点,而且它也符合读者的思维习惯,那么,读者完全有这种自由。反正,笔者是看不出这会导致什么实质性的区别。笔者已经看过很多股市数据图表,单从像美国钢铁公司普通股这样表现长期活跃的股票的走势看,它们就能非常准确地预测牛市或者熊市行情。笔者并没有因为有这样的图表而感到欢心鼓舞,并且也不相信它们能像我们的晴雨表那样经得起时间的考验。

还有一些批评者,他们很不友好,根本没有帮助别人的诚意。他们不厌其烦地对我们的理论吹毛求疵,因为他们不愿意相信我们的理论,他们就是喜欢争辩,他们当然能够找到很多他们认为我们的晴雨表没有预见到的股市运动趋势,主要是一些次级趋势。然而,这又能说明什么呢?无论多么精确的仪器都无法满足这些人的要求,因为他们的要求超越了人类力所能及的范畴。实际上,笔者认为,在人类道德发展到今天这个水平后,我们中的任何人都不可能相信这样的确定性。有一种方法能够彻底粉碎我们这个世界,那就是让一些心地善良的彻底利他主义者来管理我们这个星球,让它完全摆脱造物主的控制。

―――― 第十四章 ――――

1909 年与一些历史性缺陷

第十四章　1909年与一些历史性缺陷

我们已经把理解股市晴雨表作为目标,所以不应该因为仍然存在真正和假想的困难而丧失信心。我们总能通过回顾已经克服了那么多困难来振作精神。重要的或许是我们所经历的过程,而不是所取得的结果。这并不是说,读者在读完本书以后,即使在认识上没有任何收获也算取得了成就。但是,如果我们回过去看,就能发现我们不但创立了道氏股价运动理论,并且据此构建或者演绎出实用的晴雨表——一种具有不可多得的长期预测功能的晴雨表。我们应该把自己创建的理论牢记在心。我们的理论认为,股票市场会呈现三种趋势:基本上涨或者下跌趋势,它们的持续时间从1年到3年不等;次级回调或反弹,根据具体情况而定,持续时间从几天到多个星期不等;最后是日常波动。这三种趋势同时并存,很像涨潮时也会出现回波,但是,后浪总是推着前浪拍向海岸。或许,我们也可以说,次级趋势会暂时中断基本趋势一段时间,但是,即使我们违背自然规律,自然规律仍会发挥作用。在地球引力的作用下,我们松开手中拿的钢笔,钢笔就会落到书桌或地上。即使我们没有松手,钢笔也没有从我们的手中掉落下来,但地球的引力仍然在发挥作用。与这个道理一样,我们可把股市的次级趋势看作一种与基本趋势同时存在的趋势,但基本趋势仍然起着支配作用。

不平衡的等式

笔者在前文已经提到过商业图表和商业数据记录,这些文献都是必不可少的。笔者无意质疑这些有用文献的编纂者。笔者想说的是,从实用的角度看,这些图表和数据根本不能与股市晴雨表相提并论。关于未来,它们模糊不清,尽管它们对未来的假设是建立在一个重要的物理学定律——作用力与反作用力相等——之上的。它们还应该告诉我们,它们已经包含这个等式的所有因子。当然,这些商业图表没有包括 1918 年德国赢得战争的可能性。但是,1917 年股票市场出现的熊市不但反映了这些图表所披露的全部信息,而且也没有遗漏这个不可抗拒的战争结局。的确,如果我们不了解过去,那么就不可能在脑子里就未来可能发生的事情形成任何概念,因为同因同果这是一个千真万确的道理。但是,如果只根据这些商业图表进行预测,那么就有可能做出错误的预测或者很不成熟的预测,足以导致任何一个商人破产。就在不久前,一名商业图表权威根据过去 10 年的收益和红利状况还在建议买进某只股票。但是,商业状况发生了基本变化,而且判断失误的政策变化又加剧了商业状况的恶化。结果,买进这只股票的股民损失惨重。譬如说,如果有人根据美国糖业公司(American Sugar)的派息记录,在 1920 年买进这家公司的普通股并且一直持有到现在,那么他们会有怎样的结果呢?

不充分的前提

以上这种推理基础太过狭窄,缺乏前瞻性,就好像不顾病人的症状就说这个病人会痊愈,理由就是 10 年来他身体一直很健康。这就是一个根据不充分前提进行推理的例子。毫无疑问,管理层或者其他方面一旦变更,有时会严重影响以前派息记录良好的公司,但数据统计机构只能在它们制作的图表中反映发生这类事件的平均可能性。即便这类事件的平均可能性也仅仅是历史记录,而不是晴雨表。气象局存档的数据有很大的价值,但它们不可能预测出干旱的夏季或者温暖的冬天。大家根据个人经验都知道,纽约 1 月份天气较冷,而 7 月份可能非常炎热。我们不需要气象局的帮助也完全能够推测出这样的结论,气象局只能告诉我们非常短期的气象观察结果,不可能告诉我们后天天晴朗,适合我们去野餐;更不可能告诉农场主来年夏天会有怎样的温度和湿度,适合种植土豆,而不宜种植玉米。气象局只能提供历史气象数据和未来出现什么天气的概率,农场主必须做出自己的判断,而我们也只能碰运气,不知后天的天气是否适合野餐。

再聪明的人也知道不了多少

我们已经知道,股市晴雨表确实能够预测,它能够提前好几个月告诉我们一般商业状况将发生什么变化,甚至还能提醒我们国际事件的危害。我们通常根据历史记录来推测未来的商业形势,很多重大国际事件会导致我们关于商业形势的推测失效。笔者已经再三强调股市晴雨表是根据一切可获得的信息来做出反应。笔者最近请教过华尔街一位非常杰出的金融家,他深受那些热衷于轰动效应的报纸的追捧。据说,他最了解金融形势及其对未来事件的影响。笔者问他,他觉得自己掌握了多少可利用的信息。他回答我说:"我从来不考虑这种问题。但是,如果能掌握50%股市所反映的全部信息,那么,我确信就能比华尔街上任何人掌握的信息都要多。"这可是一位银行家的话,他负责大铁路公司和大工业公司的融资业务,并且保持着高端关系。他在回答我说这番话时不会有虚假谦虚的成分,他也不会傻到要骗我的地步。可见,政客们那么热衷于炫耀的无所不知的"金融章鱼"假设是多么荒唐可笑!

不必要的精确度

在如何根据道氏理论来解读股市晴雨表方面,我们已经花了不少笔墨。我们已经发现,平均指数曲线——在正常成交量下达成的充分多交易日的收盘价格在一个狭窄的波动区间内形成的曲线——必然能够反映筹码集中或者分散状况。平均价格涨破或者跌破这条曲线的走势就明确预示着大盘将发生至少次级趋势甚至基本趋势性质的方向变化。当然,到底是次级趋势还是基本趋势,最终还要根据平均指数是否相互验证来确定。

我们还高兴地发现,两个平均指数必然会相互验证。虽然两个平均指数有可能不在同一天或者同一周突破各自的曲线,但只要它们保持同向的走势就行。就像经验所显示的那样,两个平均指数绝对没有必要在同一天达到一波主要趋势的低点或者高点。我们只是认为,两个平均指数相互验证说明大盘已经出现转折,哪怕其中的一个指数随后又创出新低或者新高,而另一个指数则没有。两个平均指数之前创下的低点或者高点可被作为反映大盘出现转折的最好指证。

这似乎是一道仍然令很多人不解的难题,他们希望平均指数具有数学的绝对精确度,但笔者绝对不主张这种精确度,因为没有这个必要。笔者曾断定,最后一轮熊市行情的低点出现在1921年6月。有一个批评者认为笔者判断错了,因为工业股平均指数在此后的8月创下了更低的低点。但是,工业股平均指数8月份出现的新低并没有得到铁路股平均指数的验证。因此，这个低点在我们看来可以忽略不计。但如果这位绅士一定要把上升趋势的起始点设定在 8 月份，而不是 6 月份，那么他犯的错肯定还不是太大。

1909 年出现的双顶

说明 1909 年市场转熊的转折点，对于我们现在的讨论会有帮助。但是，那些谨小慎微的批评者有可能因此而感到困惑，因为铁路股平均指数在前一轮牛市中于 1909 年 8 月创下了 134.46 点的高点，而工业股平均指数则分别在随后的 9 月底、10 月初和 11 月初连续创下了 100.12 点和 100.50 点的高点以及 100.53 点的年度最高点。工业股平均指数的最后一个高点与前面铁路股平均指数的高点一同构成了一个所谓的双顶。这虽然绝不是总是正确的，但常常有用；而且经验已经表明，当市场出现双顶或双底时，我们就有充分的理由推测上升趋势或者下降趋势已经结束。但是，如果笔者说那轮牛市于 1909 年 8 月见顶，并且从那时起开始转为熊市，那么肯定会有人告诉笔者，可不可以说熊市在 11 月初以前已经形成。这又有什么关系呢？如果我们把当时的情况与我们之前讲过的分散线或者集中线联系起来，那么就能发现，至少在 1909 年 11 月第一个交易周结束之前，市场已经出现了筹码分散现象，并且确定了不可避免的结果，随后才发生了大幅下行的转折。这种下行转折可能是一波次级回调行情，但在本例中则被证明是一波基本趋势行情。

被充分预警的牛市

在笔者看来，由于股市晴雨表已经考虑到了人性本身的所有不靠谱性，因此，我们应该大胆地认为股市晴雨表作为一种测量仪能够提供最充分的股市指证。股市的牛市行情从来也没有像 1909 年那样在顶部或者低于顶部几点的价位上提供过这么多的盈利机会。笔者在前面的讨论中已经说过，始于 1907 年 12 月的那轮牛市实际上几乎是不受欢迎的。股市已经预测到此前的熊市会迎来一个由罗斯福总统引发的"公司停顿"期。罗斯福本人绝不可能预料到他对"罪恶的大富豪"的非难被引申到了如此荒谬的地步，或者说，他绝不可能预料到那些比他本人还要无知而且更加不诚实的人竟然借机制造了毁灭性的影响。

对批评者的批评

1908~1909年的牛市令很多可敬、称职的批评者不快,笔者非常欣赏亚历山大·D.诺伊斯的《美国金融40年》,并且在其他场合向读者推荐过这本书。根据此书结尾部分的内容来判断,诺伊斯对历史的回顾似乎只包括1909年初之前发生的事件,他好像斥责了当时还在发展的牛市。他肯定没有看到,在这轮牛市中,铁路股在8月前走势一直十分强劲;而工业股的强劲走势则一直持续到11月份。而且,他也没有看到铁路股平均指数在12月31日仍没有跌破130点,而在那年的8月中旬也只不过在134点上;工业股平均指数仅比它的最高点就差那么1点。诺伊斯先生在谈到那轮牛市时表示(其实可被公正地视为不太成功的预测尝试):

"随着1909年的到来,这场奇特的市场秀也落下了帷幕,所有的真相突然大白于天下,钢铁和其他大宗商品价格下跌,证券交易所的闹剧也已经谢幕。随着1908年的结束,这段历史可能也该告一段落了,因为它标志着一个篇章的结束。"

不过,我们从平均指数的历史数据中看到的是,这段历史并没有像诺伊斯先生所认为的那样立刻结束。出于方便的考虑,我们可以说那轮牛市直到1909年8月——或者愿意的话,也可以说是到11月份——才耗尽了自己的势头。然而,预示下一个萧条期的熊市直到1910年1月仍没有"如期而至"。在这里,我们再次看到了一个有造诣、有才干的观察家把历史数据作为晴雨表的结果。

太过简单的历史数据记录

对于研究历史的学者——笔者认为自己就属于这样的学者——来说,常常会因为真正可以研究的史实相对较少而后悔不已。我们的平均指数汇总表也就真正覆盖了1/4个世纪多一点的实际时间。当我们说20只表现活跃的铁路股必须与20只工业股相互验证时,在笔者看来,这至少是部分意味着股票数量少于40只就不能反映股市的全貌。在以后的一些讨论中,笔者会提供部分不完整的数据记录,其中包括15只不同板块股票从 1860～1880 年的月度平均指数高点和低点。笔者现在就可以说明，本人并不认为这些数据记录具有任何重要的示范价值；如果它们是在当时相关事件发生时记录下来的，而不是事情发生几年以后编纂的，那么就能像我们今天的双重平均指数晴雨表那样，可向商界提供一些完全可信赖的指证。

历史怎么记错了历史

不过，笔者对历史的评判要更加深入，绝不会局限于我们现在讨论的历史数据，而是扩展到从古埃及和被认定的小亚细亚人种发祥地开始的一切可追溯的历史。所有相关的历史文献都错误地记录了历史。历史文献给我们讲述了有关古埃及法老王朝的一切，但就是唯独没提富有成效的中产阶层管理精英。其实，就是这些中产阶层管理精英使各法老王朝变得富有，并且使它们真正有臣民可以统治。我们知道，历史上有统治者和战争，奴隶和自由公民享有不同程度的自由。我们现在还知道，非但不是劳动创造了一切——卡尔·马克思学说的重要前提，与脑力创造的成果相比，劳动只创造了一部分人类财富。关于"人民"——取布尔什维克们用这个词的意思，我们知道很多东西。牛津大学的索罗尔德·罗杰斯（Thorold Rogers）教授很多年前制表介绍过从都铎王朝统治时期开始的英格兰工资收入状况。但是，这一历史文献对社会底层工资状况的介绍简直就是惜墨如金，对上层社会收入状况的描绘不惜浓墨重笔，而对中产阶层的收入状况则几乎只字未提。其实，只要一个国家还存在任何形式的商业活动，中产阶层就是国家的脑力中坚力量。

商业记录在哪里

关于迦太基人，我们又真正知道多少呢？迦太基人是他们生活的那个时代最伟大的商贸民族。我们愿意牺牲有关汉尼拔征战的详细记录，丢弃我们已经掌握的关于第二次迦太基战争的史实，甚至抛弃绝大部分记载那段历史的文献，以换取一个典型迦太基商人从事对外贸易的一年账册。虽然这些迦太基商人生活在公元前 250 年，但是，我们从他们的账册上可以了解到很多有用的信息。这些信息对于解决今天的问题仍然具有价值,远远胜过一部《罗马帝国衰亡史》。《罗马帝国衰亡史》虽然附带提到了迦太基,但只字未提那个时代的商业行为。

那么,迦太基商人到底是怎么做生意的呢?他们经营康沃尔(Cornwall)产的锡器和提尔(Tyre)产的染料。他们的贸易关系遍布当时已知的世界各地,从西方的不列颠到东方的印度。那么,他们在收到了锡器或者染料以后是否就只用金币或者银币支付货款呢?他们可能用自己的某种商品去交换另一种商品,或者用其他什么东西换取锡器和染料。他们如何付款?他们如何结清自己的贸易差额?他们是否使用票据?笔者倾向于认为他们自有他们自己的方式。但是,我们无从知道他们究竟采用什么方式,因为没有记载这些情况的莎草纸或者羊皮纸文献存世。很遗憾,历史文献不能告诉我们任何我们想知道的东西。迦太基人如何调整他们的国际贸易差额?他们肯定也会出现贸易差额。雅法(Joppa)、西顿(Sidon)或亚历山大的商人肯定都记账或者做类似的工作,他们记下了从迦太基进口的商品以及他们出口到迦太基或者其他地方的货物。在三角贸易中,罗马人欠下了迦太基人的账。而做这种三角贸易必然需要一定的复式簿记知识以及多少有点正规的一种货币兑换成另一种货币的汇率标价方法。关于这一切,历史文献又告诉我们些什么呢?绝对是什么也没有。但是,对于我们来说,这方面的知识不知要比色诺芬(Xenophon)率领 10 000 希腊人大撤退这个不朽的故事有价值多少倍,因为它们能够帮助我们少犯错误。

谁为薛西斯一世融资?

上天不容我们忘记塞莫皮莱(Thermopylae)大战的深刻教训。我们在第一次世界大战中已经看到,人类仍然能够表现出像斯巴达300勇士那样的英雄气概。但是,负责为战无不胜的薛西斯(Xerxes)一世率领的 500 万大军提供给养和武器装备的承包商他们的情况又如何呢?"马拉松平原依山傍海,山海对视,直到山崩地裂,但就是没有告诉我们吃了败仗的波斯军舰队消耗的船用物资值多少钱。"比鲁斯(Pyrrhic)战舞今犹在,但比鲁斯王的步兵方阵又在何方?"如果能够知道比鲁斯王步兵方阵如何获得他们的一日三餐,他们又是从哪里进口食品,那么,我们情愿不跳比鲁斯战舞。对于亨利·福特(Henry Ford)对历史的批判,笔者绝不敢苟同——历史绝不是"骗人的鬼话"。我们为什么就不能对戴克里先(Diocletian)在公元301年颁布的价格垄断敕令造成的经济后果进行令人信服的分析呢？

古希腊人在哪里采购海军给养？如何集中海军给养？如何结算货款？是用铸币还是使用羊皮纸票据，把一个商人的欠款转给另一个商人来完成三方结算？这一切都没有写入古代历史，而现代历史也令人遗憾地把它们给遗漏了。直到19世纪中叶，格林(Green)才写了一部《英格兰人简史》(Short History of The English People)，而不是讲述英格兰历代国王的史书。可是，这本简史实在是太简单，有关英格兰人的最重要部分——那些值得尊敬但不善言辞的民众，那些一心扑在自己的生意上、"远离报纸"的普通人——被作者傲慢地简化到了不能再简单的地步。没有人会轻视记述《大宪章》签署事件的历史文献，但是，笔者对约翰王毫无兴趣，倒是很想通过历史文献来了解那些约克郡沃尔特·斯科特(Walter Scott)笔下描写生动的商业和金融人物。就真正的历史价值而言，即使备受折磨的犹太人所说的只言片语也比金雀花王朝国王的权杖更加重要。

中世纪的银行业

我们研究早期历史学家的著作越透彻，就越对他们不能看到不证自明的事情而感到惊讶。除了政治原因，这些历史学家自己几乎都出身于那个没有被载入史册的阶级。佛鲁德(Froude)在他的历史著作中用很大的篇幅记述了阿拉贡(Aragon)王国凯瑟琳(Catherine)的离婚事件，但关于凯瑟琳女王嫁给亨利八世时嫁妆征收和缴纳所涉及的财政金融事务，没有留下任何真正有价值的东西。笔者曾经听到一些经验丰富的记者说过，"最能引起读者兴趣的新闻绝不会出现在报端"。这句话不乏愤世嫉俗的意味，但却是一句实话，最具教育意义的史实很少被载入史册。

塞缪尔·佩皮斯(Samuel Pepys)在写日记时根本就没想公开发表，但他的日记却向我们讲述了很多我们想知道的真人真事。关于查理二世复辟时期的史实，我们从他的日记里得到的信息比当时或者后来出版的史书中的信息要多得多。几乎就是从佩皮斯的日记出版之日起，我们开始多少知道一些两个半世纪前伦敦城银行业的状况及其运营方式。单从我们能够收集到的史料来看，我们对银行业的实际了解不会早于17世纪末英格兰银行创立一事。我们几乎没有任何希望获得记录早期商业和金融实务的文献。关于荷兰、西班牙和葡萄牙的殖民扩张,或者再向前追溯若干年,关于热那亚人和威尼斯人的贸易,应该有一些相关历史文献存世。但是,在那些非常令人尊敬的历史学家看来,国王私生子的出生要比商业大街的开张重要很多,尽管商业大街的开张能为王国的发展创建必不可少的金融机构。

信用有多新?

笔者可靠地得悉早在2 000多年前中国就已经有银行业,甚至开始实行分行制,同时已经签发汇票,开展信用业务并推行正常的银行制度,不过形式非常简单。我们必须承认,现代信用体系从根本上说是近代的产物。不过,如果仅仅就是因为我们对历史知道得太少,所以认为它就是现代发明,那么未免就太荒唐可笑了。那时候,迦太基、热那亚和威尼斯的贸易主要是易货贸易,但我们可以肯定也不完全都是易货贸易。不但教规法,就连《圣经》本身以及类似的基督教经典也都多次提到高利贷的罪孽。不过,高利贷意味着利息,而利息就意味着信用,就如同铸币意味着汇兑。高利贷并不就是典当业,也不就是中世纪的银行业。有证据表明,那时候有同一批人他们既收取利息也支付利息。当时的商人就像现在一样,要比神学家务实得多,也更加清楚合法利息与高利贷之间的区别。问题出在历史学家那里,他们直到很晚一直受到教会对借贷态度的影响。他们也承认对自己不懂的东西就死守教条。笔者越来越怀疑中世纪早期并不"黑暗",而只是历史学家们太黑暗,甚至倾向于赞成本人的朋友詹姆斯·J. 沃尔什(James J. Walsh)博士的观点,就艺术和文学两个领域的真正文明和成就而言,13世纪的欧洲绝对能把现在的我们比下去。遗憾的是,就连我的这位朋友也没能从商业机制中发现任何有用的东西。

合理而又保守的预测

关于股市晴雨表在1909年市场转向时期的使用问题,《华尔街日报》在9月11日,也就是在铁路股平均指数创出新高1个月以后发文表示:

"铁路股平均指数在星期四突然下挫,这通常标志着下降趋势的开始。虽然这一指证到目前为止还缺乏权威性,但不管怎样,我们都可以考虑牛市的回归。'由于利空消息接连不断'，因此，铁路股和工业股平均指数确实看起来比它们的以往长期表现更像熊市。

"悲观从来就不是本报的风格，但在大盘位于顶部时，本报非常诚挚地恳请诸位采取保守态度。只要不过分强调这种态度，就不会出任何问题。"

就像我们已经看到的那样，从那以后，虽然大盘的走势非常稳定，只出现过几次比较缓和的次级下降趋势，并且基本持续到那年年底，但是，《华尔街日报》根据铁路股和工业股平均指数的走势，继续发出警示。10月28日，该报在指出了为恢复原有牛市所必需的反弹幅度以后评论道：

"从铁路股和工业股平均指数多年的记录数据所反映的价格走势来看，除了从纯粹的技术面角度外，我们在此无意从任何其他角度对大盘妄加评论。但现有证据表明，晴雨表上反映出来的萧条迹象非常值得有头脑的交易者认真思考。"

晴雨表不断增长的效能

虽然当时人们普遍认为牛市行情会在1910年持续下去，而且两个平均指数都离顶部只有那么几点，但是，1909年12月18日《华尔街日报》仍然表达了不受欢迎的熊市观点。值得一提的是，当时讨论引用的一个熊市论据(不是平均指数)竟然是高生活费用！1月的上涨行情是永恒的年初谈论话题，可就是在1909年12月28日，一切幻想都残酷地破灭了。这样的例子比比皆是。在开始讨论第一次世界大战前4年无法确定的大盘走势之前，我们有充分的证据可以证明，股市晴雨表早在12年前就已经忠实地在为实现自己的目标服务了。

第十五章

"曲线"与实例:1914 年

第十五章 "曲线"与实例:1914年

股市晴雨表记录了很多经过挑选的工业股票和铁路股票的日平均收盘买入价,这两个不同板块股票的走势可以相互检验并验证。在以前的股市晴雨表讨论中,我们一直在强调一个所谓"曲线"的概念。不用说,从单日交易中无法得出任何有价值的推断。单日交易无论规模有多大,都不可能体现大盘的总体趋势。这种日常波动仅仅是道氏平均指数理论定义的第三种而且是最不重要的一种价格运动趋势。我们完全可以把这种价格运动趋势想象成每日出现的不规则的潮汐运动。大海平面不会因为芬迪湾(The Bay of Fundy)或者中国某条大江出海口出现反常的潮汐而发生变化。海平面是否真正升高或下降需要时间来证明。

定 义

因此,我们所说的曲线可以表示通常出现在大熊行情之前的大幅反弹或者大牛行情之前轮廓清晰的回调,在少数情况下也可以表示基本趋势行情的可能转折。在本书中,我们几乎可以作为公理记住,这条曲线是且必定是筹码集中线或者筹码分散线。但有时,买卖双方的实力暂时处于均衡状态。在有据可查的平均指数历史上,曾经出现过一些意味非常深远的曲线,我们已经多次提到它们。

预测战争

平均指数作为晴雨表,能够预测到就连华尔街一般都无从知道或者无论如何不会明白的事件。为了说明平均指数的这种特殊价值,我们这里介绍在第一次世界大战爆发前的1914年5~7月这3个月里工业股和铁路股平均指数走出的非同寻常的曲线。当时,这两个平均指数的曲线经历了前所未有的严峻考验。世界大战一触即发,令全世界大为震惊。股票市场是否预见到了这场战争呢？公平地说，它在 7 月底以前确实预测到了这场战争或者说性质极其严重的问题，而德国军队在 8 月 3～4 日入侵比利时。

请注意，从 1912 年 10 月开始股票市场进入了一轮正在形成的基本熊市行情。到了 1914 年 5 月，铁路股和工业股两个平均指数的走势形成了长度异乎寻常的曲线。铁路股平均指数在 101～103 点的区间内窄幅盘整，而工业股平均指数则在 79～81 点的区间内窄幅波动。其间有一次，也就是 6 月 25 日，铁路股平均指数跌破了它的盘整区间的下限，在 100 点上发出了预警信号，但第二天就恢复了原状，两个平均指数在它们原来的区间内窄幅盘整，铁路股平均指数一直持续到 7 月 18 日，而工业股平均指数则一直持续到 7 月 27 日。也就是在 7 月 27 日后的 1 个星期，德国军队入侵比利时，而工业股平均指数验证了铁路股平均指数发出的预警。

"曲线"的定义

表 15－1 记录的是 1914 年 5 月铁路股和工业股收盘买入价平均指数的数据，仔细观察这张表格就能找到很多问题的答案。用这些数据绘制的曲线就像用平均指数其他记录数据制作的曲线一样，应该就是筹码集中线或者筹码分散线。到 4 月底，熊市行情已经持续了 19 个月，因此，我们可以合理推测，如果没有爆发战争，就可以证明这条线就是筹码集中线，接下来就是一波牛市行情。这波牛市行情实际始于 12 月，也就是证券交易所重新开张营业后不久。

表 15－1　　从 1914 年 5 月 1 日到证券交易所关闭期间铁路股和工业股平均指数走势数据

铁路股平均指数
5 月
103　103　103　103　103　103　103　103　103　103
102　102　102　102　102　102　102　102　　　　102　102　　　　　　　　　　102
101　101　101
6 月
103　103　103　103　103　103　　　　　　103　103
102　102　102　102　　　　　　　　　　　　　　102　102　102　102　102　　　　102

第十五章 "曲线"与实例:1914 年

续表

铁路股平均指数

| 101 | | | | | | | | 101 | 101 | 101 | 101 |
| | | | | | | | | | 100 | | |

7月

		103									
102	102	102	102	102	102						
			101	101	101	101					
							100	100	100	100	
										...	
								98	98	98	
									97	97	97
											96
											...
										...	94
										93	

工业股平均指数

5月

			81	81	81	81	81	81	81	81	81	81	81
80				80	80	80	80		80	80			80
79	79	79	79	79	79	79							

6月

	81	81	81	81	81	81	81	81	81	81	81	81	81	81
80	80									80	80	80	80	80
									79					

7月

	81	81	81	81	81	81	81						
80	80							80	80	80	80	80	80	80
												79	79	79

* 表中每个数值表示 20 只铁路股票和 12 只工业股票每个完整交易日的平均收盘买入价格。

这张表还能回答像曲线的长度或者幅度这样的问题。当然,用这些数据绘制的曲线从理论上讲可以无限延伸,而且在本例中,工业股平均指数的下行走势已经实际持续了 66 个交易日,而铁路股平均指数则已经实际持续了 71 个交易日。我们可以看到,工业股平均指数的极端波动幅度是 3 点,而较为稳定的铁路股平均指数的波动幅度则达到了 4 点。因此,这条曲线可以被证明是一条分散线,而事实上,股票市场上股票已经极度饱和，结果导致自 1873 年发生黄金恐慌以来，证券交易所第一次关门停业。

到底发生了什么？

那么，到底发生了什么？美国股票的德国持有人以及欧洲消息最灵通的银行家已经在美国股票市场上抛售他们手中的股票。如果没有发生战争，美国投资者就会以这种没有代表性的熊市盛行的低价悉数吃进他们抛售的股票。到了 1914 年 7 月，熊市行情已经持续了 22 个月。美国投资者还是在第二年把这些股票给全部消化了。由于战争迫使海外持有者抛售手中的股票，再加上战争贷款又迫使其他投资变现，因此，华尔街通过集中机会和储蓄或者两者的组合来创造新的投资证券的正常工作就被欧洲人抛售的股票所取代了。现在，我们已经认识到对铁路业的过度管制是一种经济犯罪。但是，远在战争爆发之前，这种过度管制早已导致铁路行业丧失了创造新资本的能力。早在这场灾难发生前 5 年，公众的注意力已经转向了工业股的投资机会。其实，工业股的有些投资机会带有危险的投机性质，如通货膨胀时期名声不佳的石油股促销。由于美国的证券失去了海外销售市场，再加上战争，因此，美国从债务国实际变成了债权国，从而也失去了筹集资金的机会。正是由于这个原因，股票市场在 7 月下旬经历了众所周知的大跌以后，到证券交易所 12 月重新开张营业时只是出现了较小幅度的下跌，然后就立刻上扬迎来了一轮大牛行情。

与成交量的关系

知识之所以宝贵，不仅是因为它能告诉我们该做什么，而且因为它会告诉我们应该避免什么。所谓的内幕消息在华尔街是一种危险的商品，特别是如果您根据内幕消息来做交易。不过，内幕消息至少会提醒您提防那些似是而非的消息。认真研究平均指数，就足以使我们知道"曲线"处于什么状态，证明它是集中线。掌握含义明确的信息，这不仅对交易商有所助益，而且对于那些把股市作为国家一般商业趋势预测手段的人来说也具有重要价值。

下面正好有适当的机会来补充一些有关成交量的知识。成交量的意义远没有一般认为的那么大，成交量完全是相对的，一个在某种市场供给状态下可算作很大的成交量，对于一个交易非常活跃的市场来说很可能可以忽略不计。如果平均指数曲线意味着市场还有吸收能力，那么，无论股票供给是 30 万股还是 300 万股，市场都能把它们全部消化吸收。阵雨的强度、覆盖区域和持续时间都可能不同，但是，阵雨的成因都是空气中的湿度达到了饱和点。雨就是雨，不管它的覆盖区域是一个国家还是一个州，持续 5 个小时还是 5 天。

如何识别牛市

可能有人会问，我们如何知道（譬如说）一个次级上升趋势正在发展成为一个基本上升趋势呢？其实，答案就蕴含在平均指数曲折的连续运动轨迹中。如果这波次级上升趋势在基本上升趋势的形成过程中登顶后出现了小幅回调，但没有跌破旧低，而且随后又恢复到超过前次反弹所创下的新高的水平，那么，我们就可以有把握地认定一波基本牛市行情已经形成，但持续时间无法确定。当然，股市晴雨表不可能预测这波基本牛市行情的持续时间，就如同无液晴雨表不能告诉我们 10 月 30 日选举日那天将是什么天气。

晴雨表的局限性

我们没有必要期待无液晴雨表能够无所不知，因为我们知道无液晴雨表也经常会出错。即使无液晴雨表没有经常出错，水手们也不会把它作为一种非常值得信赖的参考依据。其实，股市晴雨表的情况也是如此，我们必须善于解读它才行。X 光片让我们这个时代的外科医生和内科医生受益匪浅，也给人类生命和人体舒适带来了持久的福音。但是，这些医生会告诉您，X 光片必须请专家分析，不经常看 X 光片的一般执业医生有可能看不懂片子甚至造成误解。举例来说，X 光片显示患者牙根旁长了个脓包，但外行根本就看不懂片子，就连有些牙医也不一定能看懂。但是，任何牙科医生能够通过培训掌握看懂 X 光片的技能，也就是说，任何智力正常的外行人只要对股市走势抱有很大的兴趣，但绝不能只有起码的投机心理，都能够读懂股市晴雨表。

投机的必要性和功能

对于很多人来说,华尔街就是一个谜。他们由于缺乏专门知识,在华尔街投机没有取得成功,并且认为自己只是不小心在一种类似于赌博的游戏中上当受骗。本书的目的并不是讨论伦理道德问题,如投机的道德性、投机与赌博的区别、赌博在"十戒"中的位置或者卖空是否有罪等问题。在笔者个人看来,在个人财力允许范围内的投机不涉及任何道德问题。也许换一种说法,我们可以认为,投机的道德性是不言自明的,就如同人们守法做生意一样。如果我们选择把投机作为自己的事业或者自己事业的一部分,那么,其中的伦理道德问题就变成了一个纯粹的学术问题。在一个国家的发展过程中,投机是最重要的基本要素之一。激发投机行为的精神可以用更加美妙的词语来表述,如"冒险精神""企业家精神"。如果没人愿意为赚取更多的投资利润而承担更大的投机风险,那么,美国的铁路就可能会在阿勒格尼山脉东麓停下前进的步伐;而我们孩提时代的地图所标注的"美洲大沙漠",现在已成为巨大的小麦和玉米产区的各州,可能仍然是一片与我们现在看到的景象完全不同的茫茫沙漠。

鲁德亚德·吉卜林(Rudyard Kipling)曾经说过,如果不列颠军队始终等待支援,那么,不列颠王国将永远止步于马尔盖特海滩。股票市场或者说任何自由市场上都有投机者,这是事实,而不是什么理论。他们是不等待支援的初期投资者。如果有一天,美国放弃了自由市场及其不可缺少的自由投机,就是美国的不幸,也将标志着美国将停止发展,并且开始走向衰退。

困难但并非不公正

有人认为,外部投机者即使长期在华尔街做投机生意,也肯定必赔无疑。其实,这种观点并不正确,因为笔者(虽然没有做过保证金交易)可以举出很多例子来反驳这种观点。但是,如果有人想在一场需要资本、勇气、判断力、谨慎以及通过研究才能获得的信息的角逐中游刃有余,那么就得像从事任何其他事业那样投入专注。对于华尔街来说,把投机比作一种靠运气的赌博,是一种非常蹩脚并且容易产生误解的比喻。不过,我们可以肯定地说,对于那些与行家较量不愿或者不能遵守游戏规则的人来说,在华尔街进行交易就是一种纯粹的赌博,最后输掉的肯定是玩家,而不是庄家,而且后者绝对不需要玩弄欺骗手段。在没有学会叫牌并且从中做出正确判断之前,没有人能够与打竞叫桥牌的行家较量。除非他毫不怜悯自己的潜在搭档,否则就不会冒险做这种事。但是,那些不愿拿自己和伙伴的钱财以这种方式冒险的人毫不犹豫地去华尔街做投机交易,他们赔钱有什么值得大惊小怪的呢?

谁造就了股市

现在似乎到了回答一个可以说是根本性问题的时候了,这个问题就是"谁造就了股市",是市场操纵者?是发行新证券流通的大银行?是证券交易所场内职业交易员?还是那些向报纸记者大谈自己盈利、向国会委员会讲述自己如何赚钱,但就是闭口不谈自己赔钱的大"操盘手"?当然全都不是。美国的股票市场从头到尾始终都是由美国储蓄、投资的公众造就的。在投资大众凭借集体智慧发现价格、收益和成交量有可能要下降并且决定就此收手时,任何金融联盟都不可能通过宣传或者任何其他方式来操纵制造一个牛市出来。就算是操纵股市的行家里手,充其量也只能刺激市场某只个股或者某个小板块股票的交易活跃程度,就这还要趁它们因自己的价值而处于价格上涨的状态,而且还要趁投资大众情绪向好时。在美国,我们听说过一些成功操纵股市的案例,如已故的詹姆斯·R. 基恩在1901年和1902年成功操纵了美国钢铁公司和联合铜业公司股票的发售活动。其实,还有几乎无数次的股票发行操纵努力由于市场一般趋势导致它们既无利可图又十分危险而付之东流,只是我们无从知道而已。私人大金融机构通常是有价证券的卖家,因为它们的业务就是发行证券,推销新企业,并且把公众的资本储藏引入市场。华尔街的个人资本所有者们为了私人投资而买进股票。笔者从一些申请公证的遗嘱中得知,已故的J. P. 摩根和E. H. 哈里曼(这里仅列举他们俩的大名)这样消息灵通的人物也会犯一些令人难以置信的判断小失误。

投机行为的合理依据

笔者以前曾经说过,股票市场是美国上下了解美国和邻国商业状况具体表现的工具。当商人或者工厂主发现自己的批发生意或者工厂出现盈余时,往往会把盈余投资于流通便利的证券。如果厂商普遍都这么利用自己的盈余,那么,股票市场就会完全反映并预见到他们的这种行为,因为厂商们可以在 7 月份根据年底能分得利润时的支付能力,通过保证金交易大量买进股票。但是,他们不会等到年底再买进,因为他们明白自己在 7 月份掌握的信息到年底会人尽皆知,而且到时候股票价格也会大幅上涨。他们会在股票看起来比较便宜的时候提前买进,就像他们在原材料比较便宜时提前为自己的工厂采购那样。重要的是应该注意,情绪是表述厂商们这种行为最合适的词语,情绪这个词源自于拉丁语动词"sentir",这个词的意思就是"通过感官和心智来感觉、思考"。但是,这绝不是情绪至上,华尔街可不欢迎情绪至上。

情　绪

　　华尔街明白什么叫情绪,它是一种高尚的冒险精神,是为有价值的目的做出的崇高努力。就是在这种精神的作用下,布恩(Boone)翻越了阿巴拉契亚山脉,1849 年前往加利福尼亚淘金的英雄们穿越了落基山。这也是我们从莎士比亚时代的先辈那里继承来的一种品质,我们的先辈就是凭借这种精神驾船驶向茫茫大海,勇敢地去迎战西班牙战船,并且在一个不知名的大陆上用他们童贞女王的别称命名了一块种植园。弗吉尼亚今天犹在,就像奥斯汀·多布森(Austin Dobson)高歌时所唱的那样,就像杜威(Dewey)海军上将可能曾经设问的那样,西班牙的无敌舰队今安在? 就是这种情绪成了促进美国发展的不朽精神,但绝不能把这种精神与凭情绪制定的"正式州花""微笑周"和跨越州界的"母亲节"法规混为一谈。对于英语国家的民众来说,情绪这个词语通常是在经过了重大场合后才有的那种感觉。就是情绪破天荒地第一次为那个无名战士举行了国葬,并且为他在伦敦威斯敏斯特教堂竖立了纪念碑;也就是情绪在宣布停战协定以后,让整个伦敦城每年要肃立默哀 1 分钟。1919 年 11 月,笔者在伦敦城市长官邸的街角口静静地肃立了 2 分钟。这的确是一个令人激动的场面,让我这个一直比较坚强的新闻记者也是热泪盈眶。

　　重要的股价运动趋势并不是哪个人明智选择的结果,甚至也不是哪个领导英明决策的结果。它是远比这更加宏大、更加令人印象深刻的东西,至少对于一个在华尔街内外有过亲身体验的人来说就是这样,真可谓是:智者多么无力,伟人何等渺小。

第十六章

可反证规律的例外

第十六章　可反证规律的例外

格言可以说是民众集体智慧和提出者个人聪明才智的共同结晶。有时，好争辩的人会对格言吹毛求疵，认为格言就是文饰美化的产物或者老生常谈的自明之理。法国的一位哲学家曾经说过，凡是一般化的概括都是靠不住的，"也包括本人的这个概括"。不过，老生常谈的自明之理想必是靠得住的，即便因老生常谈而显得有点平庸俗套。我们常说，有规则必有例外。但是，当例外很多时，就有必要总结新的规律，尤其是在经济领域。虽然科克(Coke)说过的"例外足以根据例外的情形来证明规律的存在"并不适合我们，但所谓的"例外可以反证规律"倒是非常适合本书。这句格言是对所谓的"股市平均指数的重要例外"的真实写照，真实得简直令人吃惊。

我们所说的"铁路股平均指数和工业股平均指数必须相互验证"的规律，为根据股票价格运动趋势进行推断提供了有力的证据。就如很多年来股票价格平均指数数据记录所显示的那样，股票市场的历史最终证明这两个平均指数会同步同向运动。但是，这个规律也有一个例外，而且是一个对于我们来说很重要的例外，因为它能反证我们总结出来的规律。

一些有必要了解的历史知识

为了提高我们研究问题的兴趣，有必要先偏题回顾一下当代史，然后再说明股票价格运动趋势的含义，因为股票价格运动趋势通常要经过很多个月以后才能完全显示它的含义。1918年，也就是美国参加第一次世界大战9个月以后，铁路股和工业股价格平均指数都迎来一波主要牛市趋势，并且出现了一次持续到年底的深度回调。1918年全年，铁路股也一直呈现出这种上升趋势，但随后遭遇了压价抛售，以至于在1919年几乎转入了熊市；而工业股在1919年仍然继续表现强劲。在笔者发表现在成书的连载文章时，很多人纷纷撰文加以评论，以这个众所周知的事实为由全盘否定了基于股票价格平均指数的理论。其实，如果有什么例外能够反证规律的话，这便是一个例子。

读者应该注意，工业股和铁路股价格平均指数的成分股本质上都具有投机价值，它们的持有者经常变换，只有少数比较关心本钱安全的股民才为了赚取固定收益持有它们。如果这些股票没有投机价值，那么对于股市晴雨表就毫无用处。1919 年，铁路股之所以没有出现像工业股那样的牛市行情，其原因就在于：在政府所有制和担保下，铁路股至少在当时已经实际丧失了投机价值，无论是遇到牛市还是熊市，铁路股的价格最多只能上涨到政府担保的预期值。

功能受损的晴雨表

因此，在一年多的时间里，工业股和铁路股两个平均指数作为晴雨表只有通常一半的价值，甚至连一半都不到，因为工业股的运动趋势没有得到具有投机价值的铁路股相应运动趋势的有效验证。如图 16－1 所示，在整个考察期内，铁路股的运动趋势不是随着股市，而是随着债市同步波动。只有那些眼光长远的持股者能够预见到政府所有制造成的巨大浪费以及随后的破产会摧毁铁路公司的盈利能力。除了政府担保的预计收益外，股民不可能对铁路股再有任何指望。图 16－1 还显示，在铁路业实行政府所有制期间，铁路股偶然也会和具有投机价值的工业股平行波动，但由于原因不同，只能体现政府担保的认定价值。随后，铁路股重又下跌；接着基本上是在完全不同的债市约束条件的支配下，价格又出现了回升。

重要区别

这里有必要指出股票与债券之间的一个根本区别。股票是代表合伙义务的凭证，而债券是一种债务凭证，代表一种约束性义务，一种清偿顺序优先于股票的负债。股东是公司合伙人，而债券持有人则是公司的债权人。债券持有人把自己的钱借给公司购置固定资产，如铁路公司的不动产或者制造商的工厂。债券的投机性特点对于债券持有人来说是次要的，或者甚至就是不存在的，债券持有人是为了赚取债券的固定收益才持有债

第十六章 可反证规律的例外

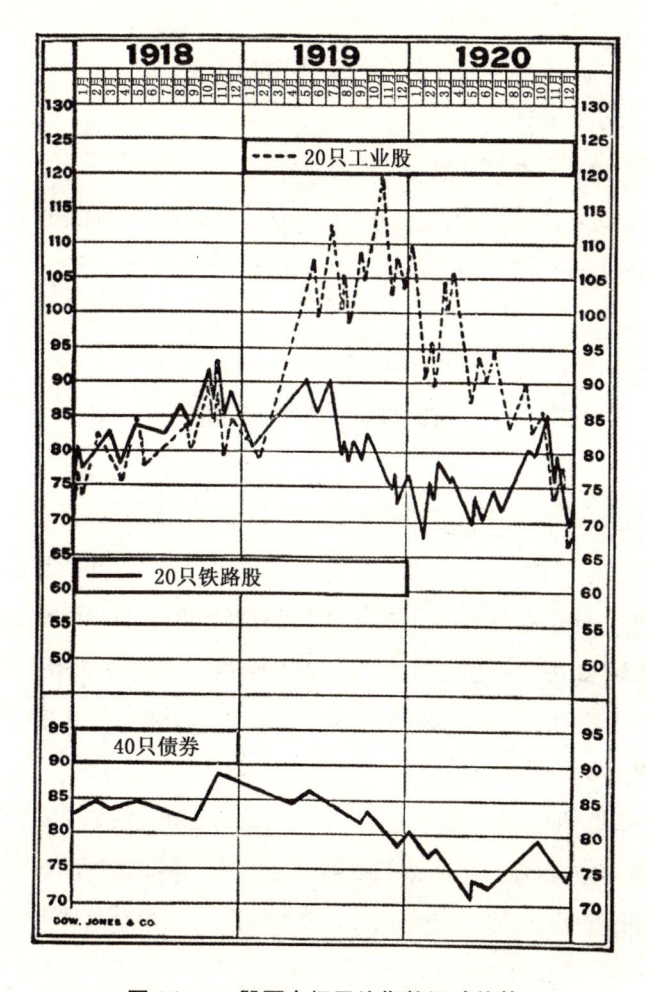

图 16—1 股票市场平均指数运动趋势

券。债券的价格严格随着债券收益的购买力波动。当生活必需品的价格处于低位时,债券的价格就会高企;随着生活必需品价格的上涨,投资性债券价格就会下跌。人们很容易认为债券价格受货币价值的制约,但这绝对是一种误解。利率天天都在波动,只有通过长期债券的发行条件,我们才能了解货币价值在几年里的变化。但是,我们最多也只能粗略地估计货币价值变化,而且还常常会估计错误。

为外行人下的定义

用最简单的话来表述,固定收益证券的价格与生活费用呈反比关系。如果生活费用上涨,那么,债券或者其他固定收益证券的价格就会下降,而它们的美元名义收益就会增加;如果生活费用下降,那么,固定收益证券价格就会提高,它们的美元名义收益就会相应减少。

政府担保的影响

显然,在政府担保的最低收益率根据铁路公司1917年6月30日以前3年的平均收益来计算的情况下,铁路公司的股票就成了固定收益类证券。如果铁路公司不实行政府所有制,也没有政府担保,那么,它们的股票就仍有投机价值,价格的波动也不会受生活费用的约束,而是受它们自身的收益能力主要是预期收益能力的影响。因为,就像我们多次重复指出的那样,股票市场反映的不是当前状况,而是我们国家集中体现在股市上的集体智慧所能够预见到的状况。

由于第一次世界大战对铁路股产生了影响,因此,现在让我们来看看这段历史。美国是在1917年春季参战的,当时,政府和各铁路公司之间的安排还完全处在试行阶段。股东们所知道的就是,他们的投资仍然具有投机价值,而且继续呈现出投机趋势。直到1917年圣诞节第二天的晚些时候,政府才明确公布了接管全国铁路的公告。股票市场在公告当日还没来得及消化铁路公司所有权变更的消息,但到了第二天,也就是12月27日,20只表现活跃的铁路股价格平均指数收报于78.08点,比前一交易日的收盘价上涨了不少于6.41点。虽然华尔街此前一直以为政府会出钱偿还快到期的债务和投资改善设备,但是,在不到两个交易日的时间里,华尔街认真地考虑了政府永久性接管铁路公司的可能性。就在接管公告发布当日的上午,纽约一家深信威尔逊政府的报纸报道称,政府接管铁路的计划将根据铁路公司过去5年的平均收益进行补偿。我们无从知道威尔逊先生心里是怎么想的,但在当时和之后相当长的一段时间里,有人认为,这种新的所有制无论从意图还是目的看终将造就永久性的政府所有制。

第十六章 可反证规律的例外

两个平均指数如何分道扬镳

第一次世界大战期间出现的第一轮牛市于1916年10月达到了顶点，接着就出现了一轮熊市行情，后来又于1918年出现了一波反弹行情。从图16－1可以看出，在这波持续了1918年一整年的反弹行情中，铁路股平均指数陪伴着工业股平均指数一路上扬。从铁路公司股东的命运由政府管理和担保支配起，这两个平均指数就开始分道扬镳。铁路股平均指数在1918年10月就达到了它的顶点，而工业股平均指数的牛市行情直到1919年11月才达到最高点。在政府第一次以担保价大量买进铁路股后，铁路股价格突然下跌，但又在1919年仲夏前后收复了一些失地。从那以后，铁路股价就一路下跌，而工业股价格则大幅上涨，并且一路走高，直到1920年大跌行情初露端倪。1920年，铁路股与开始下跌的工业股背道而驰，一路稳步上扬，在1920年秋季实际上行攻破了一路下行的工业股走势线，与此同时也验证了债市的复苏。

《埃斯克—康明斯法案》

我们已经看到，铁路股在1919年出现的大跌行情和在1920年的复苏，实际上与40只具有代表性的债券在那两年出现的日均价格走势是平行的。此外，铁路股和债券价格的平行走势与当时生活费用先涨后跌紧密相关。1919年春季和夏季，威尔逊先生远在欧洲期间，经常有报道称，他对政府所有制预想不到的高成本和低效率感到失望，他会找机会尽早把铁路公司归还给它们的私人业主。因此，我们有理由相信，他确实准备或者至少希望在1919年8月1日归还铁路公司，因为他预计国会届时可能会通过适当的法案。当时，国会正在为制定《埃斯克—康明斯法案》(Isch-Cummins Act)[也就是现在的《运输法案》(Transportation Act)]忙碌。但一直拖过夏季甚至秋季，众议院才在11月16日表决通过了这项法案。就在这个时候，也就是12月初，威尔逊总统明确宣布他会在来年1月1日归还铁路。但是，参议院直到1920年2月下旬才审议通过《埃斯克—康明斯法案》。因此，威尔逊总统不得不把归还铁路的限期又往后推迟了2个月。

"管制解除"的卖点

其实,在9个多月之前,也就是1919年5月,铁路股平均指数初现"双顶"形态,并且在7月完成了"双顶"的构筑过程。当时,《华尔街日报》发文表示,铁路股虽然面对令人气馁的收益报告,但仍表现出强劲的走势,原因可能就是"解除管制"正开始成为卖点。毫无疑问,铁路股从(7月)进一步反弹到一路跌到1920年初的低点的原因,就是政府所有制造成了令人震惊的损害。实际上,铁路的营运成本在大多数情况下已经超过营运收入。由于管理层重政治轻财务,结果导致铁路行业的主要支出项目,也就是工资,已经上涨到了不可理喻的水平,而其他各种营运成本也成倍增长。战时政府这个当时唯一的买家把缅因州铁路枕木的价格从每根37美分哄抬到了每根1.40美元的水平。值得注意的是,当时才刚刚开始讨论关于为私营铁路自负盈亏所必需的运价大幅提升的问题。事实上,州际贸易委员会直到错过了大幅提高运价的最佳时机以后才勉强同意提价。

"本质上的区别"

联邦政府直到1920年2月28日(也就是在《埃斯克—康明斯法案》签署2天后)才真正撤销对铁路业的管制。但是,《埃斯克—康明斯法案》不但把政府赔偿又推迟了6个月,而且还授权创立劳工委员会,同时还制定了新的铁路运价规定,即铁路公司得向州际贸易委员会上缴6%的净收益。铁路行业直到8月才提高运价,而华尔街早就预料到铁路运价必然会上调,而且就像往常一样按照自己能够预见的期限提前消化了这个利好因素。

在审视第一次世界大战对企业和生产造成的影响时,我们可以完全肯定地认为,从性质或者仅仅从程度上看,与以往的其他战争相比,这场战争造成了多么不同的后果。这场战争造成的后果具有本质上的区别:在没有其他板块帮助的情况下,工业股独自促成了一波牛市行情,以前从来没有发生过这种情况。我们之所以要在这里强调这个本质性区别及其成因,原因就在于,如果未来的教师和学生不能全面领会和解释这个本质性区别及其成因,那么在遇到无法克服的困难和难以调和的矛盾时必然会感到困惑和气馁,就不能像笔者所希望的那样,与本书的读者一样对我们的讨论表现出极大的兴趣。下文,笔者还将提供另一个类似的验证例子。

"分寸感"和幽默感

我们没有必要爱上自己的理论,但也不要像时尚跟风者那样错误地对待自己的理论。如果您伸直手臂把1枚1美元银币放在自己的面前,那么就能看清银币与周围事物的正确关系;如果把银币移近些,那么,银币就会被放大,而它与周围事物的关系就会被扭曲;如果把银币贴近眼睛,那么除了银币其他什么都看不到了。上天不允许笔者创立一个经济学派,以誓死捍卫世界按照平均数理论运行的论点,而笔者也无意通过本书来招募信徒。我们常会原谅某个学派的创始人,但却几乎不能原谅他所创立的学派。因此,我们必须与股市晴雨表保持必要的距离,好让我们看清晴雨表,但又不会把它看得比它要预测的"天气"还要重要。我们已经有了可以依赖的可靠理论,不然的话,这一章以及前面各章的讨论就毫无意义。我们也千万不要像那么多的统计学者把这个理论使用过头。科学家——哪怕是最伟大的科学家,往往都会偏爱自己的假说,而这样做的结果只能是威信扫地。伟大的合成哲学家赫伯特·斯宾塞(Herbert Spencer)曾经对已故的赫胥黎(Huxley)教授说过:"你可能不会相信,但我确实是在写一部悲剧,已经完成了整体框架的构思和开头部分的写作。""我完全相信,"赫胥黎回答说:"我还知道故事情节,讲述的是一个完美无缺的理论如何被一个令人作呕的细节给毁了。"

我们大多采用全新的素材

我们总觉得有那么一点遗憾,查尔斯·道本人几乎没有明确阐述他的股市运动理论,也没能从他自己的理论中引申出什么推论来,更没有通过应用自己的理论总结出任何实际有用的真知灼见。我们也难免会发出一些惊叹,他总能在当时资料严重缺乏的情况下看得如此深远。在查尔斯·道于1902年下半年去世时,工业股平均指数只有12只成分股。目前20只工业股平均指数成分股中只有6只是当时工业股平均指数的成分股。10年前,根本就不可能找到足够数量的具有代表性而且表现一直活跃的工业股票来编制平均指数。当时的平均指数并没有现在二重形式的优势,但笔者还是多么希望能够找到远至1860年的股市运动趋势实例,哪怕仅仅包括15只成分股的单一平均指数的实例。我们现在知道有两个能够相互纠正和验证的平均指数是多么重要。但是,在麦金莱再次当选总统时,由于没法凑足表现持续活跃的股票,甚至把西部联合公司(Western Union)这样的股票也作为铁路股平均指数成分股来凑数。我们既没有必要贬低开拓者,也无须过度夸奖他们,他们必须为自己开辟前行的道路,改进自己的工具,而我们却能大大得益于他们的经验,并且有太多的时候是在做一些创造性肯定较小的工作,而且还常常缺乏诚意。

第十七章

最有力的证明：1917 年

第十七章　最有力的证明：1917年

如果股票市场在1917年没有出现熊市行情，那么，现在成书的那组系列文章就很可能不会与读者见面了。那样的话，笔者就会觉得，根据由股市走势所代表的全部知识和智慧得出的推断都是一些经验性推断，或者是一些根据不充分的前提得出的推断；笔者就会认为，由于某些难以理解的原因，股票市场无法看到美国以外的世界。道理似乎非常简单，因为股票市场无法采取一种健康、自我保护的态度来看待国际事务。由于我们的推理链的强度取决于它最薄弱的环节，因此，股票市场的发现有可能还没有街头食品杂货店萝卜价格的变动更有价值。但是，从1916年10～11月到第二年的12月，股票市场出现了一波主要熊市趋势，这也许可被正确地看作股市晴雨表做出的最有力证明。

战局不明

当时有一些鲁莽的批评者，其中有一名批评者没等自己领会我们在书中反复强调的基本原理（也就是本书所分析的股市三趋势及其对未来事件的影响）就提出了一连串的问题：虽然1917年和随后一年的商业走势图连续显示出强劲的繁荣势头，而且巴布森商业走势图中那块表示商业繁荣的阴影区域从1915年下半年到1920年底从来就没有落在经他修订后的增长曲线上，但是，股票市场为什么还是在1917年发出了主要熊市趋势的预警？但是，在战争爆发后的前几年里美国商业难道没有出现过剩？美国企业难道没有给参战部队提供给养？我们难道没有赊账给参战部队提供军需物资和武器装备，然后凭欠条收回货款？我们难道不是还有好几十亿美元的欠款没有收回吗？其中的一些欠款难道就没有可能永远也收不回来吗？

这些问题确实非常重要，必须加以注意。但是，撇开股票市场自己能保持冷静，并且不会把战时所赚的利润全部用来补偿战争对我们过去和未来客户造成的损失这个事实不谈,1917年出现熊市还有一个特殊的原因,那就是这一年全年战争的结局一直不明朗。根据全部的市场信息和对市场的认识,也不能排除德国最终赢得这场战争的可能性。一直到1917年底,股市晴雨表才开始预测到协约国将赢得这场战争。那年12月初露端倪的牛市行情提前11个月预期到了停战,并且提前6个月预见到了德国最后一次大规模反扑的失败。无论我们多么大胆地相信我们必定会胜利,但是,在1917年人们有太多的想法。当时,股票市场出现熊市行情,其实是一种保险措施。但是,对于那些没有能力把一种"繁荣"与其他繁荣区分开来的人说,股票市场不可能告诉他们什么。这可是股票市场显示的最明智的运动趋势,这一运动趋势证明了股票市场的预测力要大于我们之前所分析的任何东西。

如果德国赢得战争

很多读者肯定这样想过:如果德国及其盟国赢得战争,那么,世界将会变成什么样子?更多的读者必然会觉得这种可能性太恐怖而不敢多想。说实在的,现在的状况已经够糟糕的了。法国已经被打垮;比利时已经被征服;意大利已经陷入了无政府状态;英国已经成为一片废墟,国力衰竭、自顾不暇,商船遭到了彻底的摧毁。在这样的情况下,这些国家又能怎样呢?如果德国战胜,然后向全世界勒索几千亿赎金,这将是压在全世界人民身上多么沉重的负担啊!我们怎么会愿意在加勒比海地区有它这么一个邻居?一些国家会四分五裂,或许也会出现一些新的国家(有些可能是伪政权),但也可能会造成相当严重的后果。如果大英帝国就此一蹶不振,那么,世界又会出现什么状况呢?

以上种种可能出现的情况都有可能令最坚强的人不寒而栗。但是,股票市场在1917年就勇敢地面对了所有这些可能出现的问题,并且逐一认真加以思考。海军上将西姆斯(Sims)后来告诉我们,当时的形势是多么危急,我们不得不孤注一掷;其实,各协约国当时也都认识到了这种局势。虽然我们是在那年春季仓促参战的,但到了年底,我们的援助开始发挥作用。当时,股票市场并不知道(因为没有任何人知道)我们是否应该这么晚参战。毫无疑问,我们完全可以明哲保身,不参加这场战争。但是,如果我们不能拯救盟军,那么,股票市场就得设法消化失败的后果。我们在前面已经说过,除了考虑问题最周全的情报部门为了编制图表和分析局势而精心筛选的因素外,股票市场还要考虑很多其他因素。诚实的股市档案文献编纂者绝不会认为,股票市场的警示性行情仅局限于反映美国一个国家未来的商业状况。

英国国债

我们将另辟一章专门讨论从1908～1909年牛市结束之后到战时繁荣出现之前那段商业收缩的不景气时期,这必定很有启示意义。战前出现的熊市与战争这一种彻底颠覆一切计算结果的事件之间存在着明显的联系。这场战争造成了如此巨大的影响,以至于我们到目前为止还没有在历史上找到先例。继那场持续了1/4个世纪、最后以滑铁卢战役告终的战争以后,倒是出现过一些不完全相同的先例。如果我们接受"持续时间长度可在一定程度上弥补激烈程度上的欠缺"这种观点,并且采用卷入战争的冲突人口和国民财富的相对规模,那么很可能就能够对这几场不同的战争进行比较,这样的对比结果要比某些观察家认为的要好。据笔者所知,有一个很能说明问题的实例还没有在其他场合提起过,也就是英国在历次拿破仑战争遭遇巨大损失后欠下的国债。当时(1815～1816年),英国国债占其国民财富(估计数)的31.5%。在19世纪的大部分时间里以及维多利亚女王统治时期,英国逐渐偿还了大部分国债。到布尔战争(1899～1902年)爆发之前,英国国债占国民财富(估计数)的比例已经降到了略高于4%的水平。

粗略估算,布尔战争导致英国付出了10亿美元的代价,并且把国债占国民财富的比例提高到了6%以上。在1902～1904年期间,尽管生活费用和税收都稳步增长,但英国的国债却再度减少,但国债占国民财富的比例仍没有达到1899年的低水平。英国目前的国债估计要占到国民财富的33%,这个比例比历次拿破仑战争(从1793年一直持续到1815年,其间停战3年)结束时的比例还要高1.5%。毫无疑问,这个比例高得惊人,但还远没有达到令人绝望的地步,这也是在战争导致其他国家货币纷纷贬值的情况下,英镑的对外信用仍能体面地接近于美元的一个基本原因。

我们自己的负债

1917年,股票市场一直在自问,如果德国取胜,那么,英镑和其他一切事情会变成什么样子。如果德国1918年春季发动的反攻取得了成功，如果德国的印钞机一直在加班加点地赶印德国马克，那么，现在会是哪种货币在协约国流通呢？通过分析，我们已经满意地发现股市晴雨表的基本特性就是先知先觉。当我们自欺欺人地为账面利润增加、工资和物价双双上涨感到沾沾自喜时，还有什么更加显著的例子能比这波有利于股市健康发展的熊市行情更能凸显股市晴雨表的先知先觉特性呢？1916年，在没有得到相应的增产保证的情况下，我们通过颁布《亚当森法案》（Adamson Act）把增加工资的权力拱手让给了工会。国会由于总统选举在即而忙于拉票，不惜哄骗消费者和纳税人；而消费者和纳税人则要为减少工作时间、提高铁路旅客安全保障的美好愿望埋单。《亚当森法案》当然不是意味着工作时间的减少，而只是意味着提前上班，但更多是意味着加班加点。实际上，铁路工人的工作时间有所延长，因为该法案严格要求拿工人的利益与工作时间挂钩，一天最多可工作16小时，从而把每个工作日的工作时间延长到了法定工作时间的上限。现在，我们知道这在不同工业部门产生了挫伤工人积极性的不利影响。有了铁路部门这个先例，不管怎样的工资要求都不会显得太过荒唐，1917年初的参战又捆住了我们的手脚。国会这种耻辱的投降行径造成了致命的后果，我们国家几乎使每一个制造商都深受其害，当然，每一个消费者都不能幸免。

劳动掺水的后果

在第九章中，笔者已经提到过劳动掺水的杀伤力是资本掺水无法比拟的。如果没有这种掺水的稀释效应，我们就能减少好几十亿的国债，甚至根本就不会欠下国债？据战时出任紧急物资船运公司总裁的皮兹（Piez）先生估计，由于个人产出减少、工资上涨，劳动效率已经下降到了危险的地步。提高工资的理由是商品价格上涨，而商品价格上涨的必然原因则是工资上涨。皮兹说道：

"战争期间，劳工已经在有意识地消极怠工。在大西洋沿岸的船厂里，工作同样的时间，工人们可领取2美元的工资，而在1年前（也就是1916年）只能挣到1美元。但是，个人产出现在只有1年前的2/3。"

盖伊·莫里森·沃尔克（Guy Morrison Walker）在他的《恺撒的东西该归恺撒》（*The Things That are Caesar*）中援引皮兹总裁的话说，我们参战期间的单位成本产出只有战争初期的 1/3。据估计,我们的国债有 240 亿美元,扣除协约国欠我们的借款 110 亿美元,还剩下 130 亿美元。在这剩下的 130 亿美元中,有一大部分,可能有一半是由劳动掺水造成的。不过,我们应该还记得,在协约国所欠的借款中有一部分是非现金战争必需物资借款,而在这部分借款中有最昂贵的劳动力成本,其中也被掺兑了相同比例的水分。劳动掺水不但体现在现金工资上,而且更多地表现为消极怠工、逃避责任和粗制滥造。即使我们把冷酷无情的股票市场从公司资本市值中挤出的水分全部收集起来,它也无法与厚颜无耻的劳动掺水相提并论,而我们和我们的子孙后代还必须在未来半个世纪里为掺水劳动中的水分支付利息。

粗制滥造的代价

不难说明,资本市值掺兑的水分在很大程度上可以说是有名无实。与劳动掺水造成的难以弥补的损失相比,资本市值掺水几乎就没有对任何人造成实际损失。当我们从这些水分中扣除战时繁荣虚高的三重价格以后,统计图表所记录的战时 5 年的工商业活动必然无法令人满意,而我们今后还必须为战时繁荣付出代价。所有这些美元"假钞"都要兑换成货真价实的美元,而粗制滥造或者偷工减料所浪费的每一个小时则都要用高效的劳动来补偿。

二次通货膨胀及其后的岁月

如果非要对未来的股市基本牛市趋势以及可能造成的二次通货膨胀幅度(有可能比战时通货膨胀小得多但迹象已经相当明显)进行预测,那么,笔者宁可拿它与滑铁卢战役结束 6 年后的英国情况进行比较。1821 年,英格兰银行重新恢复了金本位制,黄金溢价随之消失。1819 年,历来自欺欺人的英国议会下院也不得不承认,著名的《黄金报告》(*Bullion Report*)是正确的,而不可兑换的法币是错误的。在战后年代里,这个国家每六个人就有一个要靠救济生活,但就是这样一个国家解决了战争遗留下来的通货紧缩问题。我们是否敢想象,有朝一日我们迟早也会以这样的方式来偿还我们相对较少的欠账吗?停战已经快 4 年了,笔者写这段文字时正在形成的牛市行情,也不知道会不会把我们带回到那种类似于欧洲1821年的岁月。我们现在的境遇没有当年英国的境况那样令人失望，但我们的外国消费者却要偿还大得几乎无法计算的欠账。这可不是一种能用江湖郎中的偏方能够治好的疾病。要想治愈这种疾病，必须扔掉江湖郎中的偏方，因为我们的病人已经病入膏肓。

股市晴雨表不为人知的特点

迄今为止，我们已经遭遇了太多的不幸。股市晴雨表完全能够满足我们的需要，其中包括提前很多时间预测到萧条和繁荣时期，就像我们已经看到的那样提前发出清晰的趋势信号和险情预警。目前，我们股市的两个平均指数正在表明，到1922年夏季，一般商业状况将变得更加活跃，不断向好。虽然经过仔细观察，我们发现股市晴雨表似乎显示了它预测到的繁荣和萧条特征相当清晰的指证，但是，股市晴雨表不会自诩能够预测这次繁荣的持续时间。1907年的熊市所预示的1908~1909年的商业萧条程度比较严重，但持续时间不长。1909年下半年和1910年的繁荣则持续时间较长，但程度较低；而之前的牛市持续时间长于这轮熊市，但发展速度较慢，而且涨幅也相对较小。幅度收窄这一点在随后的股市和商业波动中表现得令人惊讶的相似，并且呈现出前者先于后者的特点。只有在战争时期，之前的股市基本运动趋势才呈现出与商业发展一样强劲的势头。

同样值得关注的是，就如我们为期25年的股市成交量图表所显示的那样，在战前商业窄幅波动的冷清年份里，股票市场的成交量同样是在收缩。总体而言，月均成交量已经少于麦金莱1900年再次当选总统之前的成交量。1911年、1912年、1913年和1914年的成交量都分别低于1897年、1898年、1899年和1990年的成交量，而且，1899年的成交量高于我们在这里比较的其后各年中任何一年的成交量。

如何预测战争

由上，我们可以认为，股票市场的确有一定的预测功能，虽然是采用一种可能很多实际用途还不够明确的方式，但确实能够预见到它所预测到的事物的特征甚至规模或者程

第十七章　最有力的证明：1917年

度。据我们作为人类所知,股票市场预见到了第一次世界大战。有人认为这场战争很有可能发生,但先于这场战争出现的熊市并不是偶然形成的,甚至也不是巧合。我们应该还记得,1912年下半年出现的那波熊市行情,与以往发生过的大多数熊市行情,尤其是我们特别关注的那些熊市行情相比程度要温和许多。1914年发生了程度不是很严重的商业萧条,但为之前的主要熊市趋势提供了部分令人信服的证据。当时,那些从德国对其他国家的态度中感觉到战争危险的股民纷纷清仓变现,他们的这种行为无疑也加剧了股市的下跌。从某种意义上说,战争的危险应该始于基尔运河通航,因为该运河流经德国,战略性地把波罗的海和北海连成了一体。

我们有充分的理由认为,除股市预测到了商业萎缩外,这轮熊市也是股市消化战争可能性的结果。在前面研究战前1914年出现的分散线时,我们已经提到过,在3个月左右的所谓均衡期内,外国持股人抛售股票变现的行为把正常情况下应该出现的集中线变成了一条分散线。有些人因为股市基本运动趋势不能总是根据商业走势图进行及时调整而感到不满。对于这些人,笔者只想说,这不是晴雨表的错。我们的晴雨表是一种世界通用表,能够注意到各种国际因素,而商业走势图根本就做不到。因此,如果商业走势图不适当地验证了我们的推断,那么说明商业走势图更加不如股市晴雨表。我们已经发现,我们对股市晴雨表实施越严格的检验,它就越能成功地证明自己的用途。无论是在第一次世界大战以前还是在这场战争期间,股市晴雨表都充分体现了自己的预知能力,我们想高估它的预知能力可能也难以做到。如果这场战争是在一轮牛市行情登顶时爆发,那么情况又会怎样呢?

―――― 第十八章 ――――

管制对铁路公司的影响

第十八章 管制对铁路公司的影响

不需定性描述又能以偏概全的论断很可能只有两个,其中之一就是不证自明、本身就包含了证据的公理,例如"任何三角形的内角和等于180°";另一个就是没有很多东西需要说明的自明之理。笔者在前文进行必要批评时已经指出,无论什么表现形式的列表商业数据文献,不管它们质量有多高,充其量也只是文献资料,只有很小的预测作用。不过,这是一种至少需要做一些限定的表述,因为一些最新也是最科学的商业数据文献具有一定的预测功能。哈佛大学经济研究委员会编制的指数图表就具有商业预测的功能,因为这种指数图表采用了股市晴雨表的思想。在过去的20年里,《华尔街日报》及其联合出版机构成功地采用了这种指数图表。

具有预测功能的图表

熟悉哈佛大学经济研究委员会这项研究成果的人都应该记得,该委员会在自己编制的商业走势图中采用了代表投机、银行业和一般商业状况的3条曲线,但没有勉强自己去证明"作用力等于反作用力"这个命题。该委员会直到战后才开始正式工作,但它发布了1903~1904年的商业走势图。这种商业走势图对于证明我们一直在这里讨论的股市晴雨表具有极大的价值。在该图涵盖的12年里,投机线始终领先于商业线和金融线。换句话说,投机活动预见到了商业的发展趋势,这正是本书致力于证明的问题。

哈佛大学经济研究委员会根据股市平均价格来制作投机线。他们发现,战争使得很多计算结果错误百出,因为它破坏了计算所依据的数据基础。因此,他们没有发布战时任何年份的商业走势图。在重温了自己相关笔记和当时的报纸评论以后,笔者发现关于股市行情及其与美国商业预示性关系的结论几乎全部由于同一个原因而大幅降低了价值。我们已经看到,在政府采取担保方式接管铁路公司以后,我们就只剩下工业股票还有投机性行情,而没有任何相应的铁路股走势可用来检验和验证工业股的走势。在分析哈佛大学经济研究委员会并非不明智地不理会的战时状况时，我们也已经看到股票市场非常难能可贵，它尽其所能地提醒公众爆发战争的可能性。这一点在1917年的熊市中表现得淋漓尽致。而且，股票市场还在战争爆发前3个月就以分散线的形式预告了这场战争。

一波比主要趋势更大的行情

其实，当时我们的两个平均指数还给出了另外一个指证。这个指证在今天看来极具重要性，但却基本上一直不为人所知。我们已经看到，在铁路私营的年代里，铁路股还有自己的自由市场。当时，铁路股随同其他板块的股票也会出现主要运动趋势。此外，我们还看到，在一轮牛市于1909年登顶以后，股市又在第二年迎来了一轮熊市；此后，特别是铁路股又出现了一波涨幅极其有限、发展缓慢的慢牛行情，并且一直持续到1912年的下半年才告结束。再后来股市又迎来了一波熊市行情，但在战争爆发18个星期后，也就是1914年12月证券交易所重新开张后不久就迅速探底。

从1906年到1921年6月，铁路股价格呈现出总体下行的趋势，这个趋势具有深远的历史意义，也是极其重要的经验教训和警告。这波下跌行情持续了将近16年，不但长于一般主要运动趋势，甚至超过了我们之前讨论过的任何一个股市周期。在即将到来的1922年，铁路股总体向好，这不但是可能的，而且几乎是板上钉钉的事，就像是人类事务中最能确定的事。近期内铁路股还不会恢复原来的自由交易和高位运行行情，就是在像詹姆斯·J.希尔(James J.Hill)和爱德华·H.哈里曼(Edward H.Harriman)这样伟大的铁路建设者后半生里铁路股所经历的那种行情。当然，这里有一个根本的原因：铁路业所处的状况不但导致铁路股票丧失了很多投机价值，而且还丧失了很多永久性价值。与此同时，这种状况不但导致铁路公司失去了当年的雄风，就此一蹶不振，而且还致使它们丧失了"雄性生殖力"。

罗斯福与铁路公司

如果西奥多·罗斯福(Theodore Roosevelt)能够预见到由他鼓动的反对铁路公司的

骚乱会导致致命的后果；如果他能够认识到他对暂时的邪恶采取了非暂时性遏制措施；如果他能够意识到，为了惩治少数滥用为成功所必需的权力的铁路公司，他采取了所谓的政策(按照逻辑推理应该被称为"政策")，并且导致铁路业陷入了瘫痪，而且不知道需要多少年才能恢复元气，甚至永远也不能恢复元气，那么，我们可以肯定他会选择完全不同的其他措施。在过去的14年里，政府的改革权力被构建成了破坏力。过去，铁路的发展不但伴随着人口的增长，而且至少在我们这个大陆上超前于人口增长；而如今，铁路业停滞不前或者奄奄一息。美国还没有通铁路的地方，更不用说那些没有较大终点站的地方，非常需要发展铁路设施，但就是无法获得新的资本。交通线就是文明的动脉，但是，对罗斯福理论的篡改，或者更确切地说，对他的理论的误解(有可能罗斯福本人从未有过这些思想，而是别人强加给他的)导致我们的交通动脉患上了硬化症，从而削弱了依靠它们输送血液到中央心脏的功能。

发展受阻

在美国10年一次的统计普查中，有一个铁路里程的调查项目。我们可以采用这方面的统计数据来看看美国不同时期的铁路发展状况。1910年，当时美国有240 830英里的铁路，与1900年相比增加了将近25%，比1880年增加了1倍多。如果我们能够保持这个增长势头，那么在1920年的普查中应该看到比1910年多90 000英里的数字，但实际增加的铁路里程不足15 000英里，还不到90 000英里的1/6，只达到了仅够铁路业勉强维持生存的最低限度。"怕大"的懦夫心理影响到了我们的政治家们。他们宁可阻止美国最重要行业的发展，也不允许个别显赫人物通过把伟大的理念转化为巨大的需要来发财致富。哈里曼和希尔在去世时都非常有钱，笔者认识他们俩，并且知道他们俩都是意外发的财。他们之所以希望有钱，是因为没有足以让自己独立自主的财力，他们就无法做任何具有创造性的事情。不过，哈里曼从未控制过他管理过的任何一家铁路公司的股权，他理所当然地受到了股东们的信任。他从来没有掌握过南太平洋铁路公司、联合太平洋铁路公司(Union Pacific)甚或芝加哥奥尔顿公司的多数表决权，但是，他和希尔为数百万素不相识的美国人带来了舒适、收入和富裕，而且捎带为自己创造了财富。我们的晴雨表记录下的数据和我们用它记录的数据制作的图表都非常清晰地反映了从标志着铁路重建结束的 1897 年到标志着铁路遭遇破坏时代开始的 1907 年期间美国铁路的发展状况。总的来说,这个时期是美国历史上最伟大、当然也是最成功和最有创造力的时期。

人类犯傻周期

我们已经看到并且证明了道氏股价运动趋势理论的正确性,并且还知道股票市场会同时出现基本上升或者下行趋势、次级回调或者反弹以及日常波动。那么,我们难道就不能更进一步地证明一种属于我们自己的周期(尽管这种周期与我们之前根据令人印象深刻、颇具启示意义的恐慌年代表考察的那些周期没有丝毫关系)?哈佛大学经济研究委员会编制商业走势图,就是这方面的一个明智、有益的尝试。"萧条""复苏""繁荣""紧缩""危机"等阶段构成一个商业周期,但是,其中的任何状态都无法确定其绝对时间长度,而且在有些情况下,"紧缩"和"危机"、"危机"和"恐慌"或者"紧缩"和"恐慌"甚至是同时发生的。其实,我们还能从平均指数数据记录中推导出另一种周期。这种周期几乎可被称为"人类犯傻周期",而且只能出现在美国这样的民主国家。因为,在民主国家,拥有自治权的民众过于鲁莽地行使并误解民主制度赋予的最大特权——犯错误权。

考克西失业请愿大军

笔者的意图不难说明。1890 年,当时的美国政坛是共和党总统和共和党占据多数的国会的一统天下,而美国社会被笼罩在不确定性和地方主义猖獗的氛围中。立法历来就是一定程度上的妥协,但在那时的美国已经发展到伤天害理的地步。真正的政治家能在不实际牺牲重大原则的前提下,成功地就一些非本质性的问题做出一定的妥协。可是,《谢尔曼白银采购法案》不但牺牲了原则,而且还因此造成了最严重的后果,因为该法案竟然在美国金融体系的命脉中掺假。要不是 1892 年我们取得了小麦的特大丰收,又碰巧我们唯一的重要国际竞争对手俄罗斯农业全面歉收,随后的通货膨胀和投机过度很可能在那一年引发一场不可避免的大恐慌。结果,恐慌还是在 1893 年发生了。

在之后的 4 年里,有一种思潮在我们国家泛滥,它与目前猖獗的人民党运动毫无区

第十八章 管制对铁路公司的影响

别。1894年,考克西(Coxey)率领的失业请愿大军从俄亥俄州的马西伦出发,一路向华盛顿挺进。当时考克西的主要主张——只要无限制地发行不可兑换的纸币就能恢复繁荣——也传遍了全美各州,但又以中西部地区受影响最大。由威廉·艾伦·怀特(William Allen White)执笔的那篇著名社论《堪萨斯怎么啦?》(*What's the Matter with Kansas*)成了这场运动的转折点。在那几个可怕的年份里,铁路公司的经理们已经陷入了绝望的深渊。除了很少几家实力雄厚、经营稳健的铁路公司外,其他铁路公司纷纷宣布破产。到了1896年,美国多达87%的铁路处在破产管理状态。直到麦金莱第一次当选总统后,美国才变得神志清楚、神态轻松。

繁荣年份

在摆脱了人民党愚蠢主张——自由铸造银币及其他主张——的纠缠以后,美国人才发现人民党的主张会把国家引向破产,政治家们对自己不顾后果的立法行为造成的后果也感到后怕。在从1897~1907年的10年里,美国商业终于摆脱了政治这只逮到谁毁掉谁的臭手的控制。无论是在之前还是之后,我们都没有遇到过这样繁荣的时期。我们的铁路在这个时期获得了规模空前的发展。也是在这个十年里,美国诞生了规模最大、效益最好的工业联合体,美国钢铁公司就是它们中的显著例子。这个十年生活费用总的来说处于低水平,尽管在它的后半期生活费用也有所上涨。这个十年也同样是工资丰厚的时期,无论用美元来表示还是用购买力来衡量。

"耶书仑养胖了就翻脸不认人"

可是,"耶书仑(Jesurun)养胖了就翻脸不认人"。难道民主制度就不能容忍繁荣?或者说,现在难道仍没有必要做出这样宽泛的假设?无论是工会发挥重要作用或者根本就不存在的不景气年份,还是劳工奇缺、工会领导人活动经费多得花不完的繁荣年代,劳工骚乱都达到了它的最高潮。劳工骚乱其实并不像我们很多人认为的那样,是商业萧条的结果。实际上,它就是美国"耶书仑养胖了就翻脸不认人"的最好例子。人民党已经给19世纪90年代打下了它不可磨灭的烙印,但早在之前的年代里已经打下了危险的基础。我们似乎再次回到了人民党分子活跃的年代。战争打乱了任何可能的"周期"的正常运行轨迹，但是，反对私人产权的骚乱已经在易受影响的公众心中埋下了邪恶的种子，在未来几年必然会结出有毒的果实。

深思熟虑后表达的民意

如果笔者斗胆冒险根据公众犯傻周期进行预测，就可以扩展股市晴雨表的用途，而我们的讨论也会超越其原来的范畴。我们能够看到真正繁荣的黄金十年已经被我们甩在身后有多远。我们能够明确地指出它的顶点，并且也看到了它在1907年的意外暴跌。战争诱发的狂热性生产活动并不是一次公平的检验，原因就在于它没有合理的依据。在我们能够迎来像1896～1907年黄金十年那样的另一个十年之前，难道美国还要经历一个到头来不是应该自问"堪萨斯怎么啦"而是"美国怎么啦"的时期？如果笔者不相信美国人民在一个这样的时期到来之前能够凭借自己的智慧找到正确的答案，那么，笔者真是一个可怜的美国人。关于民主的谬论，最不靠谱的莫过于"民意总是正确"。这个命题的正确与否取决于怎样理解"民意"。过分嘈杂的声音表达出来的民意最初一般都是错误的，或者相对于错误的原因而言是正确的。不过，就像历史所证明的那样，伟大的美国人民经过深思熟虑后表达的民意通常是正确的。

罢免林肯

我们每年都要重复葛底斯堡演说中的豪言壮语。林肯声称(请注意，他当时没有被看作那个重要场合的主要演说者)，与在那里所做的事相比，在那里所说的话几乎不能在人们的记忆中占据什么位置。林肯以他特有的谦逊低估了他在这个神圣的场合表达的伟大思想的不朽性。几百万美国人除了认为不朽的联邦一定能够坚持下去外，几乎都不知道那场会战的状况，也不知道哪方会获胜，不过他们就是记住了林肯在1863年发表的葛底斯堡演说。但是，如果当时有一部联邦法律允许"罢免"联邦民选官员的话，那么，林肯极有可能被罢免，并且不会再次当选总统。林肯连任总统的事到第二年才确定下来，本书年长的读者一定还记得1863年美国社会情绪低落的情景及其对民心的影响。

第十八章　管制对铁路公司的影响

政府干预的代价

这方面的例子比比皆是,但通过以下这个例子,我们能够发现,美国人民经过深思熟虑表达出来的民意往往都是正确的,尽管很可能最初会给人留下是错误的印象。我们来看看无党派联盟最近在中西部地区煽动的狂热情绪,其中没有半点的真实,不是弄虚就是作假。难道我们敢说我们的制度已经排出了这种毒素?差不多在一个星期以后,不就有人以种种借口向美国国会提交了一份建议发行几十亿美元不可兑换纸币的议案。

在过去的 10 年里,如果应该有什么教训在公众心目中留下了深刻印象的话,那只能是:政府干预私人企业,哪怕是致力于发展公益事业的企业,都会造成不可估量的危害,而不会带来任何好的结果;只有我们自己才是发展和开发美国铁路和自然资源的合适人选。从某种意义上讲,铁路所有权比国会更有代表性,它不仅代表了存款银行的每一个存款人、保险公司的每一个保单持有人,而且还间接代表了美国国债的每一个持有人(只要国债利息要靠铁路公司缴纳的税款来支付)。

通过立法使每个人变穷

应该说,这一章的内容更多是谈论平均指数的记录功能,而较少论述平均指数的晴雨表功能。但是,如果我们由于一些简单易懂的心理原因而忽略平均指数记录功能方面的最重要教训,那么,本书的内容可能就不完整。我们还是来看看铁路股价格平均指数在有数据记录的 25 年里的走势。在 16 年前,也就是 1906 年 1 月 22 日,20 只表现活跃的铁路股价格处于有记录以来的历史最高位 138.36 上,以后再也没有达到过这个高位,而在 1909 年 8 月回到了比最高点低不到 4 个点的 134.46 点上。下一个高点是出现在 1912 年 10 月的 124.35 点上——比最高点低了 14 点多一点。之后,差距进一步拉大,在下轮上涨行情中,也就是 1914 年 1 月 31 日,铁路股票价格平均指数仅摸高到109.43点,只能算一次不温不火的反弹。即使在接下来的修复中,也就是战后出现的第一波牛市行情中,铁路股价格平均指数在 1916 年 10 月 4 日也只是重返 112.28 点。就如我们所知,由于前面我们用整章篇幅分析的那些原因,铁路股没能分享 1919 年的那轮牛市。

目前，铁路股票价格平均指数比历史最高纪录整整低了50点，而比1898年7月25日的最低点仅高出14点不到——这可是23年前的记录。让我们来分析这16年里的一路下行走势，要知道，16年至少可包括2个以上哈佛大学经济研究委员会所说的周期，比我们经历过的两次最大恐慌——1857年和1873年——之间的间隔时间还要长，而且比杰文斯提出的10年期周期足足长了60%。分析完后，我们就能看到，某些更加知名的商业走势图标注的国民财富增长中线，与这条一路下行的价值线相比是多么令人失望、相形见绌。难道世界最富有的国家就有能力任凭它的政客们如此持续不断、愚蠢至极地把全国最大的投资和行业糟蹋到如此不堪的地步？难道因为有人认为让铁路公司股东破产就能让其他人富裕起来或者更加幸福，我们就应该抛弃父辈创下的基业或者允许政客们肆意浪费？我们知道，或者说，我们应该知道我们不可能通过立法让每个人富裕起来。但是，我们国家的铁路政府所有制这个例子和俄国的相关例子都表明，我们完全可以通过立法使每个人变穷。

—— 第十九章 ——

操纵行为研究:1900~1901 年

第十九章　操纵行为研究：1900～1901年

我们在前文已经说明股市操纵行为如何相对不重要。历史上出现过几次令人印象深刻的股市操纵案，但都发生在 20 年前的华尔街，今天不可能再发生这样的事情，或者说不可能容忍这样的事情发生。例如，21 年前，詹姆斯·R.基恩确实操纵了美国钢铁公司和联合铜业公司的股票发售，但在今天是完全不可能的。笔者在这里同时提到这两只股票只是为了举例说明问题，并不意味着笔者把两者混为一谈。关于联合铜业公司股票发售，当时出现了一种厚颜无耻的观点，它曾经甚至至今仍令笔者感到非常愤怒。笔者记得，就在这种观点还没形成市场时自己曾在法律（和查尔斯·道）赋予的自由的范围内对它进行过批判。

负有"胎罪"

联合铜业公司在"娘胎"里就已经有罪，而且在罪孽中出生。1899 年初，联合铜业公司公开发起 7 500 万美元的召股活动，并且于当年 5 月 4 日结束认购工作。当时有很多"报纸"（幸好现在已经停刊）报道称，这家公司的股票"超额认购达 5 倍之多"。这听起来就不太可能，因为即便是大幅度折价也不可能在不到 1 个月的时间里发售这么多的股票。当时，股市全面下挫，直到第二年夏季才有所好转；报纸纷纷发表文章谴责这种不光彩的股票发售行为，其中断然拒绝上当受骗的《波士顿新闻社报》就发表了措辞非常强烈的评论文章。其中有一篇评论文章发表在"超额认购达 5 倍之多"的报道见报不到 1 个月。1899 年 6 月 1 日，《波士顿新闻社报》评论道：

"联合铜业公司股票价格下跌，反映了昨天非上市交易股票场外交易的特点。在铁路板块股票全面下跌的时候，联合铜业公司股票价格下跌是非常正常的事情。华尔街很多精明的观察家一致认为，联合铜业公司的问世是一个危险的信号，它警告保守的投资者和投机者赶快离开股市；一家准备招募 7 500 万美元股本的盲资公司居然会超额认购达5倍之多,对于投机者中的佼佼者来说,可是一个公众已经失去了理智,而崩盘已为期不远的指证。

"在这一整个事件中,最糟糕的就是我们国家最大的银行机构国民城市银行竟然会充当这种交易的发起人。"

联合铜业公司

我们将会看到,虽然联合铜业公司股票"超额认购"的传闻四处流传,但是,股票发售工作还是以失败告终。《波士顿新闻社报》继续以"联合铜业惨败""有悖现实的许诺和预言""联合铜业许诺的幽默和悲情"等犀利但又不乏诙谐的标题发表了一系列评论文章。也是在6月就有传言说:联合铜业公司的创建者们以每股大约45美元的价格(在发售联合铜业公司股票时,该公司股票的报价是每股75美元)买下了阿纳康达公司(Anaconda)的控股权;加盟新创建的联合铜业公司后,阿纳康达公司的股票每股能卖到100美元。《波士顿新闻社报》在同一篇评论文章里指出,虽然对外宣布只买下了控股权,想必是买下了51%的股权,但是,联合铜业公司7 500万美元的股本应该足够买下其麾下所有子公司的全部股权。整个交易实在是太露骨了,因此,在今天监管有所改进的华尔街看来,简直达到了令人难以置信的地步。

基恩在联合铜业公司股票发售中扮演的角色

到了1904年下半年,詹姆斯·R.基恩操纵股票发售事件已经过去了3年,这个名声在外的资本运作能手写了一封信,信的内容后来被公开了。他在信中承认,他在"为亨利·H.罗杰斯(Henry H. Rogers)和他的合伙人们"以90~96美元的价格发售了22万股联合铜业公司的股份,以募集2 200万美元股本。他在那封信中还相当清楚地交代了发售期限。第二年1月,笔者在《华尔街日报》上发表了一篇题名为《股市操纵研究》(A Study in Manipulation)的文章。笔者在这篇文章里根据记录在案的股票发售情况分析了基恩的所作所为。笔者的分析没有涉及道德问题,因为我们不可能对一个几乎没有道德的人空谈什么道德问题。笔者仅仅是根据股价收录器上的记录获得了联合铜业公司的股票销售数据,并且根据证券交易所的报告找到了订单执行经纪行的名号,对不同时期的交易活跃程度进行了比较,最后似乎可以对基恩先生做一番评头论足。

后来,笔者在华尔街给自己招来一些敌人。不过,公平地说,詹姆斯·R.基恩不在此列。笔者在前面说过,我们俩从来就没有什么亲密的交往。但是,在笔者的分析文章发表以后,他找机会来找过我几次。无论笔者怎么解释,他都不相信我没有采用不正当的手段接触过他的账本,因为他撂下了话"肯定有人泄密"。华尔街当时的氛围以及他自己的生意的性质,使他养成了多疑的习性。哪怕是一个简单的道理,空口无凭,他也不会轻易相信。就这一点而言,他的心理并不健全。真正的大人物,还有一些孩子,都知道什么时候应该相信——应该相信哪些人。就此而言,基恩还不是大人物。

美国钢铁公司与联合铜业公司之间的区别

撇开所有的伦理道德问题不谈,在当时的股票市场上,联合铜业公司的股票发售工作可算得上是做得最好的。基恩在操纵美国钢铁公司普通股和优先股时已经把自己这方面的才干发挥得淋漓尽致,基恩也因此算得上是运筹帷幄的典范。不过,那次操纵得益于一个巨大的有利条件,那就是公众愿意买进他要卖的股票。美国钢铁公司的股本中确实没有多少真正的"水分",所谓的"掺水资本"只不过是明智地预期到的增长而已。美国钢铁公司是在1901年发行的股票,普通股当时按每股50美元的价格向公众发售,3年以后股价稳稳当当地上涨了4.9%,到了1905年涨幅又翻了一番多。笔者在前文已经提到过这只股票现在每股的实际净值。

不过,联合铜业公司是一个截然不同的问题。与美国钢铁公司的股票发售相比,联合铜业公司的股票发售就像是一件艺术作品,两者之间的关系就如同梅松尼埃(Meissonier)的作品与德·纳维尔(De Neuville)的英勇战斗画一样。基恩后来表示,他当时并不愿意接手这宗买卖,倒不是因为他得像在发行美国钢铁公司普通股和优先股时那样为新股造市,而是因为他要在一个被别人愚蠢到把它给毁了的市场上开展发行工作。

最初的操纵活动

根据美国钢铁公司和联合铜业公司股票的销售量不难发现,从1990年12月3日到

1901年1月中旬是操纵这两只股票的第一个重要阶段。就在麦金莱再次当选总统前不久，股市出现过一波普涨的牛市行情，很多已经实际认购联合铜业公司股票的人利用这个有利时机开始把自己认购的股票卖给这家公司的发起人。当时有些"宫廷公报"大胆地把这种交易说成是"内部买卖"。这回，它们说对了。内部人之所以开始买进股票，是因为他们不得不这样做。根据这只股票价格的下行趋势判断，他们"集中筹码"在很大程度上是违心之举。策划创立联合铜业公司的标准石油集团虽然掌握全部的内部和外部相关信息，但就是不能掩饰它那粗糙、笨拙的方法。我们可以扼要概括这个阶段联合铜业公司股价走势和销售量：

1900年12月3日开盘价：96美元

1900年12月3～13日销售量：160 000股

这个阶段股价从96美元跌到了90.25美元

1900年12月14日～1901年1月11日的销售量：295 000股

这个阶段股价从89.75美元涨到了96美元

虽然采取了种种刺激措施，但1901年1月11日收盘价只有91.125美元。

基恩第一次登台亮相

基恩好像就是在这个时候第一次公开露面的。他是个非常聪明的人，当然明白"要想哄抬股价吸引投机大众，必须先搞乱市场"的道理。接下来一个阶段联合铜业公司股票的相关数据记录如下：

1901年1月12日开盘价：91美元

1901年1月12～19日的销售量：70 000股

其间，股价从92.25美元下跌到了90.25美元

1901年1月19日收盘价：90.50美元

1901年1月20～26日的销售量：88 000股

其间，股价从83.75美元上涨到了92美元

1901年1月26日收盘价：89美元

1月26日的股票收盘价是对基恩个人能力的褒奖，这个价格比那些自以为是的"内

部人"在上年12月份暂时确定的价格要真实得多。基恩一上来的运作颇具特点。1901年1月的第三周，每天的成交量在20 000～30 000股。到了这个月的20日，股价被打压到了86美元，第二天在83.75～89美元波动，第三天基本停留在88.25美元的水平上。当时已经有一些小道消息在流传，但从新闻的角度看并没有什么价值，但却能刺激公众的贪欲。种种迹象表明，如果基恩还没有退身离场，他必定会发起逼空战做空这只股票。我们可以不太冒险地说，他之前之所以没有隐匿自己的行踪，就是为了给人留下这种印象。

股价因何大涨

麦金莱当政时期的繁荣正在越来越广阔的市场上逐渐形成。股票市场大幅震荡，虽然由于北太平洋铁路公司股票逼空战和第二年5月发生的恐慌而骤然中止，但并没有因此而停滞不前。这时，基恩做出了一个好得不能再好的决定，就是让市场相信他在做空"标准石油"股。他公开承认，就在罗杰斯联盟的股票涨到128美元前不久，以90～96美元的价格悉数抛掉了这只股票。其实，这只股票价格直到第二年的4月中旬才真正涨到128美元，不过在第二年3月初已经以高出面值不少的价格在交易。笔者在1905年的文章中猜测，基恩并不打算以单一价格卖掉2 000万美元的股票，然后把钱款打入罗杰斯和他朋友们的账户中，而可能是想在扣除了操纵成本以后，以90～96美元的价格分多次发售。当然，其中有些股票是以高得多的价格卖掉的，但我们也已经看到有些股票是以低于84美元的价格出售的。

基恩第二次登台亮相

基恩并不是那种当市场正朝着他所希望的方向运行时还对市场施压的人。在接下来的一个时期里，他明智地让这只股票自行发展，但又时不时地刺激一下，以培养牛市情绪。在这个时期里，这只股票成交量相对较小。在下一个时期里，这只股票的价格最大波动幅度一直没有超过5点，但值得注意的是，等到我们看到基恩再次出手时，这只股票的价格已经处于较高的价位：

1月26日~2月23日的销售量:110 000股

其间,股价从92.375美元跌到了87.75美元。

在这将近一个月的平静期里,他可能真的卖过一些股票,但肯定不是在市场上强卖的。很难说他实际卖掉了多少股票,因为他要销售的股票量很大。最终,他卖掉的股票可能是预定额的3倍。从一开始,他就雇用市场双边的经纪人,但这些经纪人并不知道他们会执行对敲订单。无论是当时还是现在,这种交易都是违反证券交易所相关规定的。时间已经过去这么久,我们也没有掌握充分的证据,只能认定他们无罪。随着市场的不断完善,这种操纵行为可能会逐渐减少。当然,一旦公众了解了真相,这种行为就会完全消失。

基恩的最后行动

这只股票可被称为第三波行情的数据充分反映它的最后发售情况:

2月28日开盘价:92.375美元

2月28日~4月3日 销售量:780 000股

其间,股价在92~103.75美元波动

4月3日的收盘价:100.75美元

基恩很可能就是在这个阶段卖掉了22万股股票的。他向我承认大致如此,但对我回答他如何得知这么多细节这个提问的答案从未表示过满意。

在这个阶段,发生了一件很不光彩的事情,那就是联合铜业公司的股票自始至终都是按8%的溢价发售。最初宣布这只股票每季度的红利是1.5%,外加半个百分点的股息。但是,这家公司的董事们做了一件非常愚蠢的事情,并且最终让公众为他们埋单。他们深信自己能够无限期地控制世界铜价。在基恩操纵第三波行情的开始阶段,就有传闻说伦敦金属市场(当时和现在的世界铜材交易自由市场)下滑趋势得到了有效遏制。事实并非如此,但在那个离奇的时代,任何传闻都像是真的,这则传闻也不例外。几年之后,联合铜业公司的竞争对手、铜业大亨奥古斯都·海因兹(Augustus Heinze)与联合铜业公司的股东们达成了一项协议。但是,这样的协议自然成了当时被炒作的传闻之一,也是主要的牛市论据之一。

第十九章　操纵行为研究:1900～1901年

公众自己的繁荣

正如我们所详细描述的那样,基恩在1901年4月头两个星期里实施操纵取得的最终结果,就是为联合铜业公司股票创造了一个可能令他自己也大吃一惊的市场。这个市场的容量是它2月或者3月时的2倍,有一天的日成交量达到了24万股,并且4月份还有好几个交易日差不多都达到了这个水平。相比之下,基恩操纵股价期间3月6日创下的日成交量记录只不过77 000股,而那天股价的最大波动幅度也不到3点。

我们可以认为,这只股票随后的交易情况表明,该股价格通往顶点的障碍已经全部排除:

4月4～16日的销售量:1 275 000股

价格从101.5美元涨到了128.375美元

结果,罗杰斯联盟发行的这只股票悉数售罄,实际上是依靠普涨牛市的狂热才取得了这样的业绩。

股票操纵者们的"金砖"

那些求助于基恩的"内部人"好像真的开始对自己的"金砖"信以为真,这是人性应该谴责的一面的可耻暴露。据文献记载,亨利·H. 罗杰斯完全按照"从一个认识内部人的朋友那里听到了什么消息"的方式告诉基恩说,这只股票一直在上涨;他收到的多方来信都表示准备购买这只股票;他建议基恩参与这次行动。不用多说,张网捉拿罗杰斯这个老奸巨猾的家伙,肯定徒劳无益。与基恩完成发售时的价格相比,这只股票确实上涨了20点左右。

有一件现在根本就不可能发生的事情也同样值得关注一下。与早些时候基恩还在发售股票时相比,一些在当时被奉承称作"基恩经纪人"的经纪行,在后来的交易中变得更加引人注目。从当时流传的小道消息来看,直到稳当地完成了股票发售任务以后,才有人提到基恩先生的名字。笔者也知道,后来发生的事情可能更加值得关注,但同样因为缺乏证据,所以还是不说为好。

石油与趾高气扬的人

现在，标准石油集团已经不复存在。当时，那些组建这个集团的百万富翁们也是刚刚发迹不久。在发行联合铜业公司股票之前，他们总以为自己能够无往而不胜。无论是在当时还是以后，他们犯了很多错误，随着时间的推移，他们终于明白了过来，并且淡出了股票市场。但是，在石油领域尤其是在标准石油公司的资本运作方面，他们做得非常成功，因此，他们有实力在其他方面承担巨大的风险。总有一天，有人会不客气地讲述年轻的约翰·D. 洛克菲勒先生和他投资"小莱瑟"的故事。一个年轻人只有摊上一个真正有钱的父亲，才能够花这么多的钱接受教育。我们完全有理由认为，他在实践这所学校里所修的"研究生"课程收到了永久甚至值得称道的效果。

笔者在前文已经说过，亨利·H. 罗杰斯犯下了非常严重的错误，他那傲慢的主张让无知的股票市场遭受了严厉的指责。但在最后的关键时刻，股票市场总是正确的。他于1908年去世，当时就有5 000万美元的身价。如果他能多活两年，那么他的身价就会翻番。他生前也做过一些好事，甚至可以说经得起时间的考验。弗吉尼亚铁路在竣工时是当时美国曾经建设和竣工的铁路中最好的铁路。然而，就是这条铁路几乎让它的投资人痛不欲生，因为他不得不利用自己全部的金融关系和私人财产，在1907年为这条宝贝铁路贷款，条件是7%的利息外加个人担保。即便如此，他还是没能正确领会股票市场的意思。股票市场以最明确的方式表示，无论贷款条件如何，罗杰斯先生只要能借到钱就已经算够幸运的了。据说，在恐慌年代，这种贷款的贷款人无论开出什么条件都会得到满足。

从这件事中吸取的教训

在详细考察了臭名昭著的操纵行为以后，可以总结出一些有关股市晴雨表的本质和功能的重要经验。读者应该还记得，联合铜业公司的股票当时归属证券交易所非上市证券部管理。这个部门现在已经撤销。正如《波士顿新闻社报》当时报道的那样，从各方面看，联合铜业公司只是一家盲资公司。按照现行上市规定，根本就不会发生这档子事。

第十九章 操纵行为研究：1900～1901年

笔者相信，场外交易市场上的新交易所也不可能发生这样的事。现行的信息披露规则要比20年前的规定完善很多，因此，这种性质的行为不超过一个星期就会遭到各银行主动、有效的反对。未来，任何财团都不可能获得通过组建像标准石油集团这样的财团在我们以上考察的时期里行使的那种不正常的市场操纵力量。但是，最好的保护措施是取得极大进步的公众舆论。现在的金融信息不知要比过去完善多少倍。惩治腐败需要信息公开，充分暴露在阳光下是治理腐败的最有效手段。我们再也不会被那些20年前作为新闻兜售的小道消息所蒙骗。"内部人"不败的谎言已经彻底被戳穿。随着时间的推移，建立在道氏股市三运动趋势同步理论上的股市晴雨表逐渐显示出越来越大的可靠性。当然，股票市场现在并没有遭遇来自操纵行为的真正危险。关于这个问题，笔者还会进一步加以说明。

不良报道手段

股票市场上一旦发生操纵行为，就有媒体大肆报道炒作。那些不称职的记者就是采用这种方法来解释股票市场走势的，其实是因为他们不愿用心去弄清造成不同走势的具体原因。在华尔街收集新闻素材的确是一件难事，但并不是不可能做到的事。与在其他地方收集新闻素材相比，在华尔街收集新闻素材需要高于平均水平的智商。如果想正经做好这份工作，那么还得加上坚持不懈的努力。在报业长期努力工作的人士并不比其他行业多，金融记者总习惯使用一些连他们的老板都看不懂或者正确领会的专业术语来蒙混过关。像道-琼斯新闻社这样负责任的新闻机构是个例外，它的生存之道就是强调所收集的新闻素材与所报道的新闻的真实性。总的来说，现在的财经报道虽然质量在不断提高，但仍存在敷衍了事的问题。

找到原因才有新闻

这是一个笔者感兴趣的问题，因为笔者在华尔街最早的工作中有一部分就是为道-琼斯新闻社写股市新闻稿。目的就是要尽可能捕捉股市不同个股和大盘波动的原因，哪怕是不确定的原因。原因太具普遍性肯定不会被接受，笔者可以讲述很多因收集半小时后就有可能失去价值的新闻素材而遭遇的从悲伤到特荒唐的不同经历。当然,对于表现活跃的经纪行和银行来说,这种时效性很强的新闻具有很大的价值,因为它们要靠这种新闻不断从市场谋取利益,还要满足其客户对这种新闻贪得无厌的需求。虽然事情已经过去了整整20年,但每每回想起自己曾经提出过一些生硬牵强的理由,尤其是想到自己只发明过一种没有什么价值的新闻收集方法,仍会感到羞愧。好在这种方法至少是一种真正收集新闻素材的方法,而不是凭空猜测杜撰新闻的方法。回首往事,当我放弃那份始终令人备受折磨的工作,出任《华尔街日报》编辑时,华尔街上表现活跃的经纪行纷纷友好地表达惋惜之情。对于笔者来说,一生中最大的快乐莫过于此。新闻记者得到的回报几乎必然是补锅匠的驴子得到的回报——"没受到优待反遭虐待"。如果新闻记者非常喜欢这份工作的话,那么,他们的回报就是从事了世界上最有趣的工作。

由上,我们就能找到有些市场操纵行为在公众心目中被如此荒谬地夸大的主要原因了。股票市场的每一个运动趋势都有它的合理原因,但是,要想找到合理的原因,就必须潜心研究,并且对市场运动趋势相关者蓄意披露的信息进行比较甄别。这里所说的相关者是指执行交易指令的场内交易员,最好把那些发出交易指令的人也包括在内。研究可以上溯到交易指令的初始来源,这样就能挖掘到更有深度的新闻,找到买进或者卖出股票的原因以及所涉及的特定股票。

真新闻有保护公众的作用

华尔街有很多格言,它们都多少有点所谓"麻醉剂"的特性。"牛市无新闻"就是其中的一条。这条格言就不正确,除非加上很多证明一般规则的限制条件。任何股市行情都有新闻,而且是大量的新闻;只要肯下功夫,肯定就能找到新闻。如果记者只满足于为晚报或者晨报敷衍了事地写点市场评论文章,或者只满足于在已经发布的财经新闻中寻找热点,那么,他们只能胡乱写点诸如"操纵行为""交易员在卖出""标准石油集团在买进"此类的报道,甚至干脆就胡编乱造一些仍被某些报纸老板作为新闻来接受的东西。华尔街是世界财经新闻中心,在笔者工作的那么长时间里,华尔街的新闻采编工作一直在大幅、稳定改善,不过这是一个无穷尽的领域,发展永无止境。

第二十章

若干结论：1910～1914年

第二十章 若干结论:1910～1914年

关于股市晴雨表的讨论已经临近尾声。在《巴伦周刊》刊载这个系列的文章期间,笔者从这家周刊的读者那里了解到,这些文章颇具启发性和广泛的趣味性。读者的反馈意见对于这些文章的作者当然也颇具启示意义,因为在动笔写这个系列之初,作者本人也不知道解说道氏股价运动理论到底有多大意义。在解说道氏理论的过程中,我们剖析了一些自命不凡的所谓周期理论,并且考察了一些权威性的历史文献。在考察历史文献的过程中,我们认识到如果历史文献记录正确无误,就能告诉我们很多商业知识。由于过去我们不明白或者不能领会商业在一个国家和世界发展过程中的重要性,因此对商业历史知之甚少。我们同样不但对股市晴雨表的作用,而且还对它的不足进行了公正而又可靠的评估。我们现在至少已经知道,股市晴雨表既不是用于在投机市场上取胜的工具,也不是一种广为宣传的保证不会赔钱的股票交易手段。

投机的预测价值

投机非但不会限制股市晴雨表的用途,反而实际上扩大了它的用途,使它的用途超过了我们在分析股市三重运动趋势——主要上升或下降趋势、次级回调或者反弹以及永不停止起伏的日常波动——时预期的用途。我们至少已经为那些在生意上需要预测一般商业趋势的人士找到了一种具有真正价值的东西。在哈佛大学经济研究委员会编制的1903～1914年商业走势图中,投机线总是位于银行业和商业线之上。这些曲线是事后计算得出的结果,如果根据道氏股市三重运动趋势理论来考察,由于计算和作图极其保守并且经过了很多调整,因此绝不可能具有与逐日记录下来的股市平均指数同样的晴雨表价值。

知道何时止步的预言家

当股票市场活跃时,那些依靠提供股市交易咨询服务谋生的人士会表现得像股市一样活跃,并且非常惹人注目。在股票市场冷清时期,只有那些有病态幽默感的人才会去找他们,而他们则会因为没有人找他们咨询而感到郁闷。在 1910 年熊市探底到第一次世界大战爆发前那些不景气的年份里,他们中有一个人经常向我诉苦,恨自己没有能耐预测一个已经无利可图的市场走势。但是,我们的晴雨表既没有食言,也没有什么可悔恨的,它几乎就是现今唯一的"预言家",而且在无话可说时就闭口不言。在《华尔街日报》时常发表的研究股价运动趋势的文章中,笔者提供过一些证据,证明股市晴雨表在 1909 年下半年已经明确预见到了 1910 年的熊市。结果,从 1910 年 6 月起,股票市场果然开始向好的方向转变。

虽然股市复苏缓慢,并且时停时行,但基本趋势是在上行。大约在 1911 年仲夏,大盘出现了一波规模较大的回调行情。不管怎样,这轮主要趋势上升行情于 1912 年下半年登顶。而最值得关注的是,在第一次世界大战爆发前的 4 年里,大盘波动幅度相对较小。从 1909 年下半年到 1910 年年中,大盘的熊市趋势已经十分明朗,从工业股和铁路股两个平均指数判断,其程度勉强只有 1907 年恐慌时期出现的前一熊市行情的一半。随后出现的牛市行情(称它牛市有点勉强,因为它绝不是一波大涨行情)涨幅差不多只有 1907 年秋季到 1909 年底期间出现的前一波牛市行情的 1/3。总的来说,这些年的股市走势颇有启示意义,我们看到了大盘波动幅度收窄的一般趋势。考察这些年的商业走势图可以发现,商业的活跃程度也出现了相应的下降,虽然还没有达到萧条的地步,但可以说已经发展到了不景气的程度。当然,美国的商业不是没有希望提高其自然增长率,但绝不会出现明显或者强劲的上涨,就是那种足以刺激任何规模投机的上涨。

如何预测小行情和大行情

在这一节里,我们继续考察股市晴雨表的另一个功能。从这意义上说,股市的主要运动趋势确实能够预测短期商业状况转好的程度和持续时间或者短期商业萧条的深度

第二十章 若干结论:1910～1914年

甚至严重程度。我们对为期25年的图表中某些特定时期的讨论已经充分清晰地证明了这一点,任何人只要对前几章分析的价格运动趋势与后来分析的商业发展状况进行比较,就能明白这个道理。我们可以宽泛地说,商业在1910年变得不景气,并且在战时繁荣出现之前,商业的活跃性一直没有恢复到从任何意义上看可在投机性市场上预见得到的程度。

随后有一个时期好像故意是在给商业走势图的制作者们出难题,因为商业走势图假定正常的商业状况具有一定的节律,而这个时期的商业状况完全无节律可言。很难说,在这些被考察年份里,商业走势的作用力等于反作用力,倒是可以说,商业钟摆的作用力和反作用力都快要停止作用了,这或许是对战前商业状况的不错比喻。我们也许可以说,正当我们的商业时钟看起来越来越走越慢时,对各种战争物资的需求又给这台时钟上紧了发条。这么说肯定不确切,但可以形象地说明问题,如果能够灵活运用,它还是很有用的。

但是,从1909年股市登顶后开始,我们可以有一定的理由说,股票市场迎来了一轮差不多持续5年的熊市行情。这轮熊市行情在某种程度上,可被视为主要运动趋势的一个可信例子,因为查尔斯·道最初提出他的理论时曾经粗略地假设股市的主要运动趋势大约会持续5年。美国过快的资源开发(无疑)以及过快的铁路资源开发(可能)在1907年达到顶点,并且导致了恐慌。笔者认为,我们可以慎重地推断,随后股市出现的合理反弹,如1909年达到高点的那次反弹,并不足以完全驱散这样大的恐慌的影响。我们知道,商业调整需要更长的时间。

周期理论的用途

虽然恐慌周期理论总的来说过于模糊,难以建设性地应用于日常活动,但下面我们还是举例来说明这个理论的用途(和它的应有位置)。历史地看,这是一个非常值得关注的案例,如果理解正确,就能真正受到教益。在1873年恐慌之后,股市出现了一定程度的反弹,但商业继续全面萎缩。当时的情况完全不同于现在,但与下面我们要讨论的那个时期倒有充分的相似之处可供比较。我们几乎可以这么说,直到硬币恢复流通在即时(1879年),美国的商业才开始向好的方向发展,但1884年那次不太严重的恐慌抑制了这种发展势头。

　　同样,1893年恐慌之后出现的商业萧条期也要大大长于股市下行期,但股市一直处于窄幅盘整状态。如果用图表来表示这个时期的股市走势,那么,这个时期的股市走势看上去与1909年股市强劲反弹结束后的那几年走势惊人的相似。由此,我们就能发现一种至少意味着某些相似规律的一致性,这些规律所支配的股市运动趋势比我们运用道氏股市运动趋势理论推导出来的主要运动趋势还要大。据此,我们至少能够知道,一旦市场失去信心,那么不是需要几个月,而是需要几年的时间才能恢复信心。

成交量收缩及其意义

　　上文已经说过,熊市的成交量总是远远小于牛市。我们25年的股市数据记录下了用股票日成交量计算得出的月平均指数。这些平均指数告诉我们,从1911~1914年这4年的投机交易非常少,成交量略高于麦金莱再次当选总统之前4年的水平。接下来就是我们下面要考察的时期,在这个时期后面就是战时繁荣时期。但是,战争完全搞乱了全部计算结果。哈佛大学经济研究委员会在编制商业走势图时甚至跳过了这个时期,并且认为当时的世界形势就像地震或其他类似的自然灾难一样反常。

　　但是,这场战争和1921年6~8月那波可被称为"通货紧缩"的熊市行情结束后,股票成交量明显收缩,我们正在经历一波有可靠记录以来速度最慢、涨幅最小的牛市行情。在当时发表的系列文章中,笔者不止一次地预测到这波牛市行情。从实际情况看,这波牛市行情也确实存在。股市的这次复苏一直持续到1922年4月,工业股平均指数上涨了29点,而铁路股平均指数的涨幅也超过前者涨幅的2/3,其间还出现过一些典型的次级趋势。在一次强劲的主要运动趋势中,次级趋势相应也比较有力。值得注意的是,无论1922年的主要上涨运动趋势还是次级趋势都没有显示其应有的强度。要知道,迄今为止,这种强度才是预示商业繁荣的标志,才能把商业繁荣与保守的复苏区分开来。现在,股市晴雨表正在显示,某种程度的商业复苏一定会出现,但速度比较缓慢,需要比正常情况更多的时间才能形成。股市晴雨表预测到的牛市不会创造新高,而只会适度推高股价,但没有预测到一轮预示着工业资源大规模的冒险开发的大牛行情。

第二十章 若干结论:1910~1914年

铁路发展受抑

在第十八章里,我们考察了长达 16 年的铁路股大熊行情。看过第十八章的读者很容易认识到为什么说目前的股票市场虽然处于复苏状态但表现极其保守有其合理性的原因。在我们的晴雨表中,20 只表现活跃的铁路股至少代表着一半的投机交易素材和记录。在美国,除了农业以外,铁路业是资本投资最大的行业。但是,铁路公司的现状让人极不放心,目前也没有任何迹象表明,更加令人烦恼的管制措施不会继续甚至变本加厉地限制铁路公司创造财富的能力。

我们曾经通过我们的立法机构错误而又愚蠢地认为,我们只能允许铁路公司的股东赚取最高不超过 6% 的收益,而他们要承担收益减少乃至破产管理的风险。显然,在这样的条件下,资本绝不会投资于运输业发展。但是,在为股市半壁投机江山设立这种令人彻底沮丧的条件的同时,我们不可能不负面影响股市另外半壁投机江山。如果我们正在陷入 19 世纪 90 年代中期人民党思想泛滥的泥潭,那么又有谁能预见到我们会推行什么样的政策?我们正在实施管制把资本逐出这种公用事业。那么,又有谁敢说这种对资本收益能力的干预就不会扩展到大型工业公司?

工业领域的政治

这可不是一种在闲得无聊时做出的推测,政府干预已经有所扩展,而且肯定没有给公众带来任何好处。但是,司法部对美国钢铁公司提起的诉讼(现在已经撤诉)已经表明,如果蛊惑民心的政客非要把自己奉行的危险理论强加在企业头上,那么他们是什么都干得出来。我们完全可以认为,现代生产的趋势正朝着集中的方向发展;像美国钢铁公司那样实行统一管理,产品最终会便宜很多,肯定要比由大型慈善组织旗下 20 多家独立经营企业生产的产品便宜。但是,我们一旦接受政客们"规模本身就是罪过"的观点,就像过去一些责任部门接受的那样,那么,我们就会在未来的 5 年里看到令人严重不安的商业发展趋势。

塔夫脱先生继承的政策

应该是在 1909 年或者 1910 年初，笔者在白宫采访了塔夫脱(Taft)总统。当时，我对他说，对铁路公司不屈不挠的敌视，由于得到了政府的支持而严重阻止了铁路的发展，而我们的规制机关又束缚了企业的手脚。塔夫脱先生表示赞同，但说话非常谨慎。他回答说，我们不能再指望过去的那种快速增长，那是通过巨大的努力把投机希望变成现实来实现的。但他又说，他倾向于认为通过管制大公司来保证公众安全，这是必须付出的代价。这就是他从罗斯福那里继承来的"政策"，但即便这样，他也没能令 1912 年进步党人满意。这次采访时间不长，就这样结束了。塔夫脱先生的坦诚无可指责，但要是连他都持这种观点，那么，我们还能对各州立法和规制机关那些心胸狭窄的政客们有什么指望呢？他们对铁路的怨恨由来已久，根本不会顾及公众的利益。

自我束缚

那么，我们作茧自缚又有什么意义呢？不是有人认为铁路部门的服务全靠干预措施才得到了改善的吗？现在没有一节餐车还能提供哈维(Harvey)在 20 年前为艾奇逊(Atchison)铁路公司所做的那种美味饭菜。麦卡杜(McAdoo)先生制定的"铁路标准餐"被它们的受害者们作为噩梦铭记在心。铁路公司根本就没把服务恢复到原来的水平。宾夕法尼亚铁路公司和纽约中央铁路公司(New York Central)曾经都把从纽约到芝加哥的运行时间缩短到了 16 小时，但现在又延长到了 20 小时和 22 小时。车厢是否变得比以前舒适了呢？铁路服务人员是否变得比以前礼貌、亲切了呢？铁路公司可以解雇无法保持车厢清洁的雇员，并且不必在劳工委员会面前接受没完没了的质询，客车车厢才会变得整洁。但是，我们通过立法和规制把铁路的服务精神破坏得荡然无存。铁路公司只是以一种漫不经心的方式在开展竞争，它们只求自己的线路比邻近的线路较有吸引力。怎样才能激励铁路公司投资提高这样的吸引力呢？国会已经表示，只要投资回报率超过武断规定的 6%，那么，无论投资多么明智，超过部分的收益都将被没收。这条规定确实会导致铁路公司不可能靠收益来实现增长。

第二十章 若干结论:1910~1914年

真实的心理状态

我们现在并没有偏离正题,而是要表述我们的平均指数所反映的最显著运动趋势的一个成因。打压铁路业会影响其他行业,因为铁路营运商列出的一长串铁路物资供应商占据美国制造业的很大一部分,因此,铁路业稍有风吹草动,就会震动整个制造业。有一个词用在这里倒是十分贴切,这个词就是"心理"。只不过在这个正在慢慢离我们而去的骗子横行的年代里,这个词用得太多太滥,已经令人讨厌。但是,这里有一个真实的心理状态问题。我们已经对自己失去了信心。我们对供求规律干预过头,已经到了无法让它独自发挥作用的地步。

一个没有任何商业自由的国家就不可能有真正的自由。官僚政治是最冷酷无情的暴政,因为没有一种暴政会像官僚政治那样愚蠢。我们来举一个简单的例子。不久以前,宾夕法尼亚铁路公司总裁雷(Rea)问我,是否知道他们的铁路公司一年要向华盛顿的各政府部门(主要是州际贸易委员会)打多少报告,这些报告篇幅有多长。笔者知道这个数字很大,于是回答他说,真正需要的保不准有500来页吧,按照这个基数乘上20,估计一年要递交10 000页的报告。雷先生苦笑了一下,回答我说:"去年,单单为我们公司匹兹堡东部线路就提交了114 000页厚的报告!"

是改革还是革命

这还只是一家铁路公司打的部分报告!把全国铁路公司打的报告加在一起,就能知道官僚政治的文牍主义所能做的就是束缚广大公用事业公司的手脚,损害它们的效率。多亏了道斯(Dawes)将军,我们才刚刚开始给华盛顿的商业管理方法注入一点常识。不过,他也显然只是触及问题的一些皮毛。我们所需要的改革几乎相当于一场革命,因为我们注意到,商务部和劳工部(这里就点这两个部的名字)正要求我们国家的全部企业上报更多的信息、数字和报告,从而浪费它们更多的时间。

障碍及其后果

  这是一个我们自己强加给自己的障碍，要怪也只能怪我们自己。现在，我们来看看塔夫脱总统12年前在就职演说中所说的话：是谁让辛巴达摆脱了海中老人的纠缠？只要政治家们能够制造像海中老人这样的障碍，我们怎么还能指望商业的全面繁荣或者铁路业恢复原先的活力和增长状态？我们正遭遇这些障碍的连续打击，它们打击了内布拉斯加州的农场主，那里的农场主在焚烧谷物，因为谷物比煤炭还要便宜；它们还打击了我们的对外贸易，我们有世界上最丰富的煤炭资源，但英国正源源不断地把煤炭卖给我们国家，并且已经取代了我们能够通过第一次世界大战建立的对外贸易地位。国会对商业的态度不只是歧视铁路的不正常偏见的延伸，细加分析可归结为阻止成功——阻止个人发财——的思想。企业受到了来自立法方面的攻击，不是因为它们具有投机性危险，而是因为某些人在国家发展过程中有可能变成富豪。事实上，在国家不再贫穷的情况下，我们不可能让这些人继续穷下去。难道我们还想尝试克利夫兰总统第二届政府做过的试验吗？我们不就是在那个人民党思想和萧条肆虐的年代里完全丧失了信心和信任吗？在牛市已经登顶、股市已经暴露转熊迹象的时候，我们应该何去何从？

───── 第二十一章 ─────

一如既往：1922～1925 年

第二十一章 一如既往：1922～1925年

《股市晴雨表》首次以连载形式在《巴伦周刊》的专栏上发表时，并没有按照后来出版成书时采取的顺序来安排章节，其中的大部分文章是在1921年下半年完成的。其实，当初在研究道氏股价运动理论时并没有打算出书。像笔者这样一个无可救药的报人总把写这个系列的文章看作是报社的一个任务。本书在一定程度上具有那个时代评论文章的特点，其中的一些重要章节更是如此，如第十五章。这篇文章完稿交给《巴伦周刊》编辑时插图中的曲线完全不是像现在这样的。

插图中的曲线

凡是研究平均指数的学者都知道一条一般规则：日平均指数"曲线"能反映筹码分散或集中状况；在出现饱和或者稀缺状况后，平均指数在曲线上下的运动就会显示表征股市未来走势的重要指征。显然，如果股价上涨突破一条代表众多交易日、波幅不超过3点的平均指数曲线，那么大致表示股票浮动供给已经枯竭，必须抬高价格才能吸引新的卖家；相反，如果股价跌破这条曲线，就说明股票供给已达到我们常说的饱和点，乌云会化作雨水；随后，市道就会衰退，直到股价能够重新吸引新的买家入市。

现为本书第十五章的文章完稿交给《巴伦周刊》编辑时正逢一轮大熊行情触底。插图最初选用的是一条当时正在形成的曲线。虽然笔者当时非常愿意以此来冒险检验道氏理论和我本人的观点，但《巴伦周刊》的编辑认为这样预测太过大胆。如果当时采用笔者最初选择的那条曲线，那么，结果将是对道氏理论的一次极好验证。可是，笔者采纳了编辑劝我谨慎为好的建议。插图最终采用的曲线显示了第一次世界大战爆发前5～7月期间股票的活跃程度，或者毋宁说，股票的不活跃程度。无论是从历史的角度还是从本书日后所具有的权威性来看，当时对插图中曲线的选择无疑是正确的。让笔者感到满意的是，拙作取得了它应有的地位，发行量超过出版商谨慎的预期好几倍。

本书把道氏理论运用于现实的市场，并以最肯定的方式预测到了在《巴伦周刊》专栏连载发表笔者文章期间形成的大牛行情。现在，这一点已经广为人知，因此也不再引人注目。这次再版，有人要求笔者在这个新版本中增加一点新的内容，谈谈道氏理论在《股市晴雨表》初版以来的3年里得到了哪些验证或者修正。这方面的内容应该能够引起读者的兴趣，并且能使他们受益。虽然有必要根据这些专栏文章和《华尔街日报》发表的相关文章来阐明自1922年以来成功运用道氏理论的秘诀，但笔者仍衷心希望与自己相伴终生的幽默感能够阻止自己吹嘘在预言方面的灵机。

几次成功的预测

自从《股市晴雨表》出版以来，股票市场已经经历了一轮大牛行情。在这轮大牛行情中，工业股平均指数在1921年8月24日～1923年3月20日期间涨幅超过了61点，而铁路股平均指数则从1921年6月20日的65.52点上涨到1922年9月11日的93.99点，或者说上涨了28.47点。当工业股平均指数在1923年3月达到最高点时，铁路股平均指数仅比自己的最高点低3点左右。《华尔街日报》和《巴伦周刊》对于这轮牛市行情的观点都非常明确，前者在1922年2月11日载文指出"现在，股票市场的主要趋势是上升趋势"，并且在文章最后一段意味深长地表示：

"因此，我们对于询问者的回答是，我们仍然处于牛市行情中，这轮牛市应该还会持续下去，可能要持续到1923年，其程度肯定要大大超越股市所预见到的一般商业状况好转。"

《华尔街日报》这篇文章的观点相当明确，不但预测到了道氏理论阐释的股市走势，而且还预见到了继股市晴雨表上升之后出现的一般商业状况好转。在20只工业股平均指数上涨26点后，或者说在6月份，《华尔街日报》又发文指出："我们没有任何理由认为，目前的这波牛市行情会在几个月内登顶。"请读者注意，这波牛市行情实际上一直持续到了1923年3月。1922年5月8日，文章的作者注意到，股市走势形成了一条新的曲线，但认为无法据此推断市场正在转熊。到了5月22日，牛市又卷土重来，《华尔街日报》再次刊文推断牛市行情将"持续到1923年"。笔者记得，6月16日自己在波士顿接受采访时曾经反复强调自己坚持的观点：股市可能会进一步朝着上涨的方向继续下去；倘若这时候能出现次级回调，反而对牛市的持续更加有利。《华尔街日报》于7月8日刊登的题名为《股价走势研判》(Study in the Price Movement)的文章注意到了铁路股平均指数上行受阻的趋势,但随后又表示:"虽然存在这个制约条件,但我们仍可以说两个板块的平均指数都明确呈现出明显的牛市走势。"

次级回调

笔者已经在本书的其他章节中指出,预测次级回调趋势是那种要担风险的差事。虽然9月《华尔街日报》和《巴伦周刊》都愿意寻找次级回调行情,并且于9月19日发现了这么一波次级回调行情,但笔者在这里仍不鼓励预测次级回调行情。嘲笑者们,尤其是那些预测股市屡屡失误的人,都说那次只不过是碰巧猜对了。但不管怎么说,工业股平均指数在9月30日从那轮牛市行情的最高点回调了将近6个点,而铁路股平均指数则回调了4点多。10月18日,《股价走势研判》一文指出:

"在经历了一次典型的回调以后,股票市场目前清晰显示出恢复了1921年8月发展起来的主要上升趋势。"

此类预测数不胜数,一一回顾难免枯燥乏味。笔者更愿意称它们为推论。到了11月3日,《华尔街日报》再次发文得出了牛市的推论。一直到1923年1月16日,虽然当时仍在讨论"漫长但绝非前所未有的次级回调",但是,主要上升趋势仍显示出它居于支配地位。

短熊行情

为便利起见,我们可以说,在1923年3月工业股平均指数登顶后,股市出现了一波短暂的主要下降趋势。4月4日,《股价走势研判》一文提请大家注意由分散线可以推断的熊市迹象。总体而言,这波熊市行情并没有持续很长时间,但值得注意的是,虽然有关"股价走势"的研究最初都看空市场,但后来慢慢开始承认这是一波熊市行情,而不是一次次级回调,这波熊市行情明显受到了之前的慢牛行情的影响。从股市下跌的形态看,仍然更像是一次牛市中的次级回调。就工业板块股票而言,平均指数于1923年10月27日触底,总共下挫了20点;而铁路股平均指数虽然在之前的8月初就已经触到了实际上的低点,但到 10 月 27 日这一天总共下跌不到 17 点。而出于方便记录的考虑,这波明显的短熊行情被作为主要趋势来看待。但是,认为目前这轮牛市行情始于 1921 年的股市转暖也未尝不可。那一年,《股市晴雨表》正以连载的形式发表,并且被指责下流无耻地在宣扬牛市。

税收的影响

无疑,有一种新的股市影响因素已经在平均指数上有所反映。1923 年整个夏季,国会都在开会。这年 8 月 29 日,《华尔街日报》载文认真研究了那种通过危险的商业干预扭曲商业本身的晴雨表功能或者导致商业丧失其大部分晴雨表功能的"手段政治"。当时,所得税和附加税正处于历史最高位。《华尔街日报》载文指出:

"在过去的几个月里,晴雨表预测结果之所以出现偏差,其中的一个原因就是受到了一个之前在大牛行情中没有感觉到的因素的影响。这个因素无疑就是超额累进所得税的累积效应。

"经纪人能够告诉我们,在过去任何强度可比的行情中,大股东多么稳定地卖出分红型普通股(两个平均指数 40 只成分股中有 30 只是分红型普通股)。虽然这个因素从始于 1921 年秋季的牛市已经开始萌生,但称它为新因素还是正确的。整个股市晴雨表理论是建立在这样一个假设上的:股票所承受的压力只能预测一般商业中即将出现的抛售变现行为。而目前,自平均指数问世以来第一次出现了与未来事件毫无关系的股票抛售压力。

"这就好比拿一块热炭或者冰块放在温度计的水银球上。虽然我们对国会把税收恢复到明智的水平不能抱太大的希望,但是,只要假以时日,目前的状况总能自愈。只要 20 只表现活跃的铁路普通股和 20 只工业普通股由广大股东分散持有(就像宾夕法尼亚铁路公司的股票每个股东平均持有 50 股),那么股市就能回归正常状态。

"有钱人承担不起持有回报率只有 6% 的普通股的成本,因为税务官员要收缴他们一半以上的投资回报,而且持有股票还会提高他们其他收入的所得税税率。因此,在过去的很多个月份里,他们一直是坚定的卖家;而且,这是一种带有报复色彩的'内部'抛售行为。从某种意义上说,这种股票抛售行为是经过深思熟虑的,但显然又无须预测商业基本走势。国会强征令人难以忍受的税收,不但给我国商业的发展设置了障碍,而且还会导致商业晴雨表丧失预测功能。"

国会目前正在消除这种暂时的影响因素,但各州的税收必然会产生一些不可完全忽视的影响。

一轮新牛市

笔者现在不能虚伪地说自己真希望从未写过《股市晴雨表》,但真想告诉读者,我曾不无遗憾地目睹那些信息贩子和市场骗子为支持他们凭借自己对平均指数解读原理的一知半解得出的谬误结论而肆意篡改道氏理论。《华尔街日报》对信息贩子的胡言乱语深通恶绝,但一直克制自己以发表社论的形式讨论股价走势。1924年2月4日,该报终于忍无可忍地发表社论指出:

"根据平均指数解读方法,也就是道氏理论,股票市场在经历了一波持续时间只有8个月、有记录以来最短的短熊行情后,正在形成一波大牛行情。从目前所处的低位来看,我们大致可推定这轮大牛行情的开始时间是11月1日。但是,在去年(1923年)12月工业股和铁路股平均指数出现了有记录以来最一致的上行集中线之后,股票市场就出现了牛市转折点。"

这篇社论在指出一个非常令人满意的成因时表示,股票已经在按大大低于价值的价格交易,并且还没有提前消化商业合理扩张的可能性。这次,晴雨表又显示了自己的正确性。商业扩张如期而至,并且一直到下半年才逐渐放慢速度。说来也巧,这次商业扩张的速度放慢正好遇上两个平均指数的深度次级回调。工业股平均指数从8月20日105.57点的高点跌到了10月14日99.18点的低点,而铁路股平均指数回调了6点多,两个平均指数于10月14日探到本次回调的底部。

从那以后,牛市行情开始全速发展,并且在总统选举后立刻迸发出自己的活力。当时,很多信息贩子根据"利好消息已经消化殆尽"的理论纷纷建议抛售获利盘,并且改做卖空。在柯立芝(Coolidge)以40∶1的选票击败了戴维斯(Davis,大选前的公开预测胜率是12∶1)以后,"利好消息"实际上就是股市晴雨表已经预测到的一般商业状况再度转好。

技术规定已经改变

在这轮牛市行情期间颁布了一项之前没有的规定。以下就是笔者在其他场合说过的基本内容：

基于著名的道氏股市三重运动趋势(具体表现为出于比较的需要而分别计算的工业股和铁路股平均指数)理论的股市研究，在预测股市主要上升趋势和持续时间方面都表现了出惊人的正确性。然而，当前的大牛行情受制于一种之前不存在的规定，但重要的是应该重视这项规定的制约意义。

虽然证券交易所管理委员会在很多年以前就加强了对股市交易行为的管理，无疑是在开始加强管理之初取消了非上市证券部，但直到最近才着手制定更加严厉的规章制度。也就是在过去的一两年里，证券交易所管理委员会才开始要求那些实力雄厚的经纪行必须根据自有资本确定交易账户的规模。就在此前不久，证券交易所的经纪行都在尽可能地招揽生意，并且设法在大牛行情中尽量做大业务。

现在情况发生了巨大的变化，而且很多经纪行都在证券交易所规定允许的范围内为客户提供各种股票交易服务，这已经是一个公开的秘密。它们仍然占据着非常稳固的地位，但已经明显改变了自己的策略。它们在牛市中采取这样的方法来赚钱：一旦确定市场会上涨，就倾其所有买进股票，扩大多头账户争取多盈利，并且持有尽可能多的筹码；然后在市场表现非常强劲时卖出股票，并且弥补在势必会出现的次级回调中可能蒙受的损失。

然而，证券交易所会员行并不喜欢这类客户。做这类客户的生意，就意味着要占用大量的资本，但几星期只能挣到一笔股票交易佣金。股票经纪人喜欢那种天天支付佣金的客户，但是，每天支付佣金对客户自己根本没有任何好处，因为凭猜测做日常波动趋势绝对更像是赌博，而不是投机。

实施这项限制经纪人业务的新规定造成的一个后果就是，少量股票一般都用现金买进，而有钱的客户则通过自己在纽约以外全美各地的银行为自己的多头账户筹集资金，这样就加大了确定多头账户真实规模的难度，但也造就了迄今程度无法确定的稳定性，因为同一时间出现大量卖单的可能性大大缩小。

这种自然演化方式的结果很可能就是，经纪业务集中在少数经纪行手中，而每家经纪行的营运资本则远远超出迄今认为的必要水平。至少有一点可以确定,那就是新的规定绝不会改变解读股市晴雨表的规则。

晴雨表显示的指证

如果不对1925年8月间晴雨表显示的指证说一点想法就匆匆结束本书,有可能会被人误解为笔者谨小慎微、缺乏自信。显而易见,从目前的情况看,多头账户表现强劲,股票分布也十分合理。从平均指数的走势看,股市晴雨表绝对没有显示这轮牛市行情已经在筑顶的任何迹象。从1923年下半年的短熊行情结束算起,这轮大牛行情的持续时间还不是很长,而且仍有很多股票在以明显低于其价值的价格进行交易。笔者以为,如果我们能够绘制股票的平均价值线,那么,这种看法就可适用于铁路板块的全部股票和工业板块的部分股票,尽管这些股票的价格已经大幅度上涨。

股市晴雨表显示的种种迹象都表明,股市还将进一步上涨,并且要一直持续到明年,尽管其间极有可能出现几次深度回调。

自从《股市晴雨表》初版面市以来,迄今还没有任何事情能够动摇笔者相信根据常理来阐释股价运动的巨大效用。这种方法对于个股也许没有什么价值,除非个股在市场出现普涨趋势时一起大幅上涨。投机者选中的某只股票可能会落在大盘后面,并且永远也追赶不上。笔者并没有很大的兴趣鼓励读者在华尔街从事投机交易,但令我欣慰的是,美国商界已经注意到股市晴雨表的这种导向作用。任凭一些具有一定影响力的权威人士随心所欲地横加批评,但我们的股市晴雨表仍在继续为美国的广大商界人士提供有用的服务。

第二十二章

关于投机的若干想法

第二十二章 关于投机的若干想法

很多年前,南方有个州的法律严厉禁止任何下注赌博活动,具体是哪个州就没有必要另行考证了。毋庸赘言,一部如此愚蠢的法律的实施结果当然是"违法的比守法的多"。然而,有一个小镇的地方司法官决心严格执行这部法律。一天,他在一个仓库抓到了一伙玩尤克牌的年轻人。那时候,法院还没有太多的程序要走。在法庭上,被告的辩护律师承认他那些"不幸的当事人"玩过尤克牌,并且认为玩尤克牌不是从事赌博活动,因为玩尤克牌并没有被认为不合时宜或者有失体面。由于法官和陪审团的绅士们平时自己也玩这种纸牌游戏,因此,对辩护律师的辩词将信将疑,但辩护律师毫不气馁,继续冷静地辩称:"如果法官大人允许本人花一点时间向陪审团演示一下这种纸牌游戏的玩法,那么,我敢保证一定能让他们相信玩尤克牌不是赌博。"

不是赌博

这个提议听起来非常合理,于是陪审团成员与辩护律师围坐在一起玩起了尤克牌。没过多久,就有陪审团成员开始向朋友借钱。大约经过 1 小时的"演示",陪审团又重新回到法庭,并且一致认定玩尤克牌不是赌博。

如果笔者不在这里就投机问题发表一点看法,顺便向投机者们提出一些有用的忠告,那么,这本书就不能算完整。投机肯定涉及很大的运气成分,在太多的时候,是投机者们自己把投机当作纯粹的赌博来对待。笔者无从知道,上面这个故事里的辩护律师到底说了些什么才最终让陪审团相信玩尤克牌不是赌博,但有一点可以肯定,如果一个外行带着这种愚蠢的想法到华尔街去从事"投机"交易,那么,华尔街的证券从业人员就会向他"演示",他做的那种投机交易不是赌博,他们也没有必要骗他去做投机交易。

晴雨表提供的实际保护

我们已经反复强调,道氏股市运动理论并不是一种旨在击败市场的"学说"体系,也不是把华尔街变成汤姆·梯特勒(Tom Tiddler)土地的快速致富方案,随便什么人只要支付一点美元保证金就能挖金掘银。但是,如果今天的聪明投机者(通常会成为明天的聪明投资者)通过认真研究股市晴雨表仍不能在股票市场上找到自我保护的手段,那么,本书有关投机交易的章节就没有达到预期的目的。如果今天的聪明投机者已经正确地领会股市的主要运动趋势,那么已经获得了一点实实在在的好处。如果他们是根据某个自己信赖的人透露的有关某只从未听说过的股票的消息才涉足华尔街,而不去确定大盘是处在基本上升趋势还是下降趋势,那么就极有可能赔掉全部的保证金,而且根本就达不到有效"运作资金"的目的。但是,如果他们已经领会市场走势所表达的意思,并且注意牛市行情出现典型回调后清淡时期出现的机会,那么就有较大的概率盈利。到底能获得多少盈利这取决于很多因素,而很多在华尔街只赔不赚的人显然并没有把这些因素放在心里。这些可怜的人会把他们的余生用来谴责证券交易所,并且把证券交易所看作赌场。

投机与赌博

在以上这些人眼里,所有的股票看起来都相同,但事实并非如此。对于保护机制完善的投机交易,市场基础良好(即顺利发行、分散持有)的股票(如"美国钢铁")截然不同于场外市场上最近发行流通的汽车或者石油股票。无论是从新公司计划从事的业务还是其股票的市场表现来看,这种场外交易股票也可能是好股票,但至少还没有经受过检验。

外行人在买场外股票时应该当场进行检验,这是一条正确的基本规则。用保证金账户购买股票的行为在很大程度上具有赌博性质,但笔者无意对赌博的道德问题说三道四。笔者还真不知道,除了受贪欲驱使外,赌博还受其他什么因素支配。笔者熟悉一位圣公会主教,有时我们会在一起打竞叫桥牌玩点小钱。记得有一次他对我说,我做的不是造新孽的事。但是，在一个完全靠一心卖掉股票的人人为操纵而存在的市场上，对于那些连二手信息都没有的业余交易者来说，保证金交易实际上就是名副其实的赌博。那些决定在这样的市场上从事投机交易的人就应该把自己的这种行为看作与在赛马比赛中下注一样冒险。他们应该明白，要像在赛马比赛中下注一样把自己的损失限制在能够承受的限度以内。

投机是一个不同的问题，笔者希望美国人连最起码的投机本能都没有的那一天永远不会来到。如果这一天真的来了，或者真的禁止人们从事有可能丧失全部或者部分本钱的投机活动，那么，结果就是为美国造就了"好"公民，但是一些否定美国传统美德的那种"好"公民。如果您来到华尔街，在百老汇停留片刻，透过三一教堂墓地的栅栏望去，就能看到一个挤满美国好公民的地方。如果有朝一日投机不复存在，那么，美国也将随之而去。

如何挑选股票

现在，我们假设一个外行人已经开始注意主要运动趋势的特点以及股票市场的走势。他接下来要做的就是挑选股票。如果这个外行人一心想着赶紧把钱投出去，那么肯定不会费心挑选股票就把自己那点本钱砸进股市。

有一条屡试不爽的行事原则：在一只股票形成自己的永久性市场——因为是刚发行不久的新股，或者大家都知道这只股票半数以上仍由公司决策者们持有——之前，小投机者就根本不应该做这只股票的保证金交易。当然，这是一个追求完美的忠告，但外行人至少应该遵守这样一个原则：这种交易小试即可；必要时自筹资金买进股票。

一般来说，一只股票能在证券交易所挂牌上市时，通常已经有了自己的可靠市场。不过，这时仍有太多的股票由很少几个人持有的危险，斯图兹汽车公司的股票就是这么一个例子。这种股票最好不要去碰它，投机者只有在因自己的生意而掌握了特殊的信息后，才把钱投在具有这种特点的股票上。就是在这种情况下，他们也应该确保自己有非常充裕的保证金。

保证金问题

下面,我们来说说保证金问题。对多少保证金才够这个问题的完全误解,在华尔街造成很多不必要的损失。经纪人们正在四处揽招生意,他们会告诉初来乍到华尔街的新手,如果他们能够向经纪行担保在行情波动时有足够的资金保证,那么只需缴纳10%的保证金就足够了。10%的保证金就意味着1 000美元可按票面价值购买100股的股票。其实不然,这点保证金是不够的,或者说只是基本够了。早在21年前,查尔斯·道已经撰文指出,"如果某人按10%的保证金买进100股股票,并且按照2%的亏损进行止损,那么,(加上佣金)他差不多已经损失了1/4的资本"。显然,用不了多久,他的保证金就会全部耗尽。查尔斯·道太过谨慎,但非常贴切地指出,如果这个人当初采取10股一买的分批买进策略,那么有可能遭受重大的亏损。但是,假定他一开始认为这只股票在以严重低于价值的价格交易的推测是正确的,那么平均下来,他买进这些股票最终还能盈利。一个只有1 000美元的交易者没有理由一上来就买进100股股票,除非股票价格非常低。曾经有一段时间,以低于每股10美元的价格就能买到美国钢铁公司的股票。

小交易者和大交易商

小交易者可能会有另一种错觉,他们会认为自己应该部分买进预定数量的股票,然后等股价每下跌1点就补进一点股票,直到完成他想买进的数量为止。但是,为什么不在股价最低的时候一次全部买进呢?如果他们打算每次20股分批买进100股股票,并且希望股价能够下跌5点,那么,他们的打算和希望其实与他们当初决定交易的初衷是相矛盾的。他们完全没有考虑以下这种情况:如果股价能够下跌5个点,那么,上次买进交易并没有他们想象的那么理想。确实,像杰伊·古尔德这样的大操盘手就是采用这种方法来购买股票,但是,他们除了通过自己的银行筹措资金外,并不做保证金交易。他们总是经过深思熟虑以后再买进股票,而这一点对于希望在华尔街一试身手的小投机者来说实在是遥不可及。此外,像杰伊·古尔德那样的操盘手自身就有能力推高自己买进的股票的价格,他们明白在牛市期间不可能如数买到他们想买的股票,但完全可以先在大熊市期间大量买进一家公司的股票,从而成为它的大股东。

小投机者没有能力采取这样的交易策略,除非他们打算放弃任何其他事业或生意,全身心地投入股票交易。实际上,有很多人在这样做,笔者在前面的讨论中也列举过他们取得成功的例子。但是,我们现在说的是那些在凭借自己的判断力进行投机交易的同时还致力于其他某种事业或生意的人。这类投机者只要具备一点股市常识,就没有理由不能获得输赢均等的机会。但是,如果他们听信一面之交朋友的话"赶快买进100股AOT股票,别问为什么",并且按照朋友的话去做,那么,赔了钱就不能抱怨别人。这类投机者其实就是赌徒,而不是真正的投机者。如果他们拿自己的钱去赌赛马,倒还能多一点乐趣,在户外过上有利于健康的一天,并且会发现赛马要比股价收录器有趣得多。

查尔斯·道说

在《华尔街日报》1901年7月11日发表的社论中,查尔斯·道写道:

"投资者无论有多少资本,如果能够以平常心对待股票交易,只想通过股票交易取得每年12%而不是每周50%的投资回报率,那么,从长远看一定能取得比这好的结果。我们每个人通过实际应用都明白这个道理。但是,那些小心谨慎地经营商店、工厂或者房地产公司的人士似乎都认为,做股票生意应该采取完全不同的方法。其实,事实绝非如此。"

还是在这篇社论中,查尔斯·道继续写道,投机者从一开始就可以避免自己陷入财务困境,他们可以降低交易额,把它们控制在与自己资金相匹配的限度内。投机者应该保持清醒的头脑,这样才能判断正确,才能有充分的能力减少亏损,才能及时掉头改做其他股票,才能在一般情况下从容不迫、无所畏惧,而不是在知道安全系数很小而承受的压力下,在销户之前除了焦虑不安之外没有任何回旋的余地。

无论是用今天还是这篇社论发表时的眼光来看,以上论述都非常精辟。涉足华尔街的投机者必须学会接受亏损,而且要迅速学会。笔者在前面说过,与其他任何单一因素相比,一意孤行会导致在华尔街赔更多的钱。如果您买进一只股票,随后发现它一路快速下跌,那是因为之前您没有考虑周全。只要您处在害怕赔掉全部本钱的恐惧下,就不能客观公正地考虑问题。只要您身临其境,不能客观看待问题,就不可能采取无偏见的明确观点。当您身陷一宗正在赔钱的投机交易时,就像一个在森林中迷路的人,只能见到树木,但就是看不到森林。

回避交易不活跃的股票

读者一定还记得笔者在前面讲过的那个年轻交易员的故事。这名年轻交易员拒绝了杰伊·古尔德请他合伙的邀请,因为他在交易所场内执行古尔德的订单时好像看到古尔德尽做一些亏本交易。他还没有足够犀利的眼力看透这些不成功的买进交易只是古尔德为检验市场而做的一些试探;古尔德很可能在肯定自己已经看到市场转机时委托其他某个经纪人做交易。这个故事其实说明了一个道理,那就是买进只是偶尔活跃一下的股票非常危险。现在,经纪人也许有能力做好这种股票。但是,在申请银行贷款时,这种交易不活跃的股票可不是受欢迎的抵押品。

其实,经纪人本人也不知道自己以后是否能够非常方便地卖掉这种股票。启动这种股票行情的特殊情形有可能在交易活跃的短短几天里就被消化殆尽,接下来的情况是一连好几天都没有一笔交易,卖家不得不为找到买家而做出让步,而买家一般是负责提供这种服务的专业人士。这种股票根本就不应该采用保证金交易的方式来买卖。但是,那些与钢铁和纺织业有密切关系的人可能会控制美国钢铁公司的普通股,或者伯利恒钢铁公司(Bethlehem Steel)或美国羊毛公司(American Woolen)的股票,因为他们觉得这些股票虽然交易一直不活跃,但有永久性市场。

联合证券交易所

笔者在纽约证券交易所有很多朋友,在华尔街其他机构也有一些朋友。散户经纪人为不满100股的交易提供市场,专门经营这种业务的经纪公司不满10家,而联合证券交易所却一直是股票小额交易的正规市场。无论从哪个方面看,这种证券交易所都是声誉很好的机构,会员都要接受统一的审查,投机者在选择经纪人时也应该采用同样的审查标准。我们的小额业余交易者只要选择交易真正活跃的股票,就能在这种证券交易所成就自己的买卖。在联合证券交易所买卖的股票都已"久经考验",并且持有高度分散,因此，与在场外市场交易的股票完全不同。笔者在这里无意说场外市场交易股票的坏话，但有一点，在那里买卖的股票常常不受银行抵押贷款的欢迎。笔者要对一家场外市场经纪行提出最强烈的质疑，因为这家经纪行宣称对自己的顾客一视同仁，一律按10%的保证金进行交易。

您一定要想尽一切办法摆脱保证金这个概念的束缚，保证金不应该超过您能支配的资金。如果您还在经商，或者您和您要赡养的人得依靠投资收益来生活，那么，就应该把投机损失控制在不至于使您非常悔恨的限度以内。这样说可能不合常情，但有它的合理之处，也就是说，当我们超越自己的能力为获得某种从未获得过的东西去冒险时，赌博就已经开始了。

简单说说卖空

股市晴雨表怎样才能帮助股市投机者呢？方式很多。除了非常特殊的情况外，投机者不能指望任何股票违背市场基本趋势大幅上涨。如果他们能够成功地利用主要下跌趋势偶然出现的反弹机会进行投机，那么一定是消息灵通、见多识广，并且具有解读市场的天赋。笔者在本书中几乎没有谈到卖空问题。那些在牛市中通过卖空进行试探的人只不过是在猜测市场是否会出现回调。除非他们是场内交易员或者全身心地专注于股票投机交易，否则他们必定会赔个精光。笔者不是在讨论卖空的道德问题，因为根本就不相信投机会涉及道德问题，除非投机者沦落到实际拿别人的钱来进行赌博。世界上的每一个股票市场势必存在大量的卖空交易，一个前往旧金山旅游的纽约股民，他会把自己股票锁在纽约银行的保管箱里，但在横跨北美大陆回到纽约之前不可能坐等错失行情。如果他卖出自己的股票，那么就是在卖空，而且还是股票借用人，直到他正式交付股票为止。但是，根据平均定律，仅仅由于牛市持续时间通常大大长于熊市，因此，做多能赚的钱远远多于做空能赚的钱。卖空交易最好留给专业人士去做，尤其是留给那些了解游戏规则并潜心研究市场的人去完成。

回调时买进

无论我们当中有人多么了解股市晴雨表，都无法用它来预测股市由熊转牛的转折点。正如我们在前面的股市运动趋势研究中已经看到的那样,在一个明确的市场趋势形成之前,股票市场有可能出现几个星期的窄幅盘整行情。在这种结果不明确的盘整行情中,如果投机者频繁进出市场,那么,他们就会因为要支付经纪人佣金和利息而眼睁睁地看着自己的本钱被吞噬殆尽,根本不可能等到市场出现转机。一旦大牛行情明朗,那么,买进股票追涨就是切实可行的成功之道。如果股票买进以后,大盘走势发生逆转,所买股票也随之做出相同的反应,那么,投机者应该毫不犹豫地割肉认赔,并且等待在主要趋势出现次级回调后必然会出现的疲软期的到来。

疲软期到来以后,投机者就可以再次买进股票,但不是根据笔者在本章前面已经讲过的那种错误策略随着股价的下跌分批逐步买进,而完全可以随着市场的走高不断增持。投机者的安全系数会随着股价的上涨而提高。只要他们没有把自己的持股"金字塔"搭建得太高,并且限制持仓量过分扩张以免成为诱人的攻击目标,如果又能采用"止损"订单来保护自己,那么,他们很可能赚到大大超过最初预期的盈利。我们经常听说有人在华尔街赔钱,很少听说有人在华尔街发了大财。根据笔者的经验,发了大财的人都不喜欢炫耀,而且很少有人愿意把自己的发达归功于成功的投机,而更多的人喜欢把它称为"明智的投资"。只要买家能够履行合同,其实,按揭买房与用保证金购买股票两者之间没有多大的差别。在当今这个令人振奋的伟大时代,人人都很在乎别人的事,但笔者仍倾向于认为,只要没有超越包括银行信贷在内的财力资源,投机者们如何买卖股票与别人没有任何关系。

一种赔钱方式

还有一类再寻常不过的投机者,他们赔钱是因为忘记了自己入市交易的初衷。笔者认识这样一个人,他问我对艾奇森公司普通股的看法。我给他分析了这家公司和那个地区铁路总体发展前景,并且告诉他这家公司用它的实现利润支付红利绰绰有余。他最后认为,这只股票(这里只是举个例子)很便宜,并且买进了一些。如果他在经纪人那里存放了充足的保证金或者全额付清了购股款,并且不再过问股价的波动情况,那么很可能会赚钱。

但是,他就是听信各种传闻,特别是"有交易员已经在抛售""国会已经展开调查""铁路工人可能会发动罢工"或者"农业歉收"等其他诸如此类的传闻。他忘记了市场在广泛评估股票的未来价值时已经充分考虑了这类因素。股价一有波动,哪怕是小幅波动,他就会紧张不安,随后就割肉认赔,并且决心从此绝不再征求我的意见。至少,笔者祝贺他能下这么大的决心。但很不幸,他做不到。他又来找我,这次想看看我会说些什么推翻他当时根据别人的看法做出的判断。

另一种赔钱方式

下面,我们来看看另一种在华尔街赔钱的简易方式。一个投机者得到可靠消息,市场将出现一波短牛行情,某只股票可能会借势上涨4点。他注意到这只股票近来表现活跃,但却没有留意他所希望的4点涨幅有1.5点已经反映在股票的价格上。犹豫了几天之后,他还是买进了这只股票,但这波行情此时已经接近尾声。他先看到了一点盈利,但后来这只股票就变得不温不火,而这波短牛行情就此结束。专业人士的注意力转向了其他股票,而这个投机者买进的股票随着大盘开始下跌,或者说由于要支付利息而已经出现亏损。但是,他仍然执迷不悟地坚决持有,不明白自己已经错失了机会。如果他能理智地对待这笔交易,那么还能以很低的代价换来一个非常有益的教训。

但是,这次他又忘记了买进这只股票的初衷,就像他在根据股票的永久价值买进股票时那样。如果他预期的特定行情没能如期出现,就应该认赔或者接受那点令他失望的盈利,并且耐心等待其他机会。但是,笔者所认识的投机者大多存在这样一个问题:他们不但健忘,而且还缺少耐心。他们总是四处出击,迟早会把自己的全部资金砸进股票账户,最终就像一条触礁的小船,眼睁睁地看着市场大潮汹涌向前。

"外邦人从哪里弄来这么多钱?"

一种常见的错误观点认为,声誉再好的经纪人也要靠客户赔钱来赚取利润。其实,经纪人是靠客户支付佣金才能生存下去。他们不但希望自己的客户能够赚钱,而且还会想方设法帮助他们赚钱,或者从最坏处想会想方设法帮助他们防止赔钱。只有那些野鸡经纪公司才希望每天更换客户,并且在收市之前榨干他们。笔者所知道的声誉良好的经纪行都可以自豪地说,有些客户不论年景好坏,已经雇用它们多年。笔者还能回想起至少两家经纪行,它们的客户雇用它们已经快有半个世纪了。

　　写到这里,笔者觉得有必要向读者简单介绍一个耐心、聪明、头脑清醒的投机者。实际上,他是一个非常沉着、充满自信的人。其实,这本书就是为这类投机者写的。当然,笔者不是在为证券交易所招揽生意。那些外行人在华尔街持续赔钱的故事总是让我想起那个犹太青年对他有钱的父亲所说的话:"那些外邦人是从哪里弄到了这么多现在正被我们夺走的钱的?"是啊,公众是从哪里弄到这么多被认为被华尔街拿来做投机生意的钱?经纪人收取的佣金是不是一种取自全国商业的中间人利润?从某种程度上说,就是这样,经纪人收取的佣金就是一种取自于全国商业的中间人利润,但它绝不是那些不喜欢华尔街的人想象的那种程度上的中间人利润。华尔街是许许多多涓涓细流汇聚而成的大资金库。如果没有买卖证券的自由市场,大公司就不可能存在。自由市场本身就是一个价值元素,如果我们假设有两只各方面价值都完全相同的股票,那么,那只有自由交易市场的股票价格肯定而且非常正确地要比那只没有自由交易市场的股票高出5~10个百分点。华尔街就是提供这样一种自由交易的场所。

最后一点想法

　　笔者马上就要结束对股市晴雨表的讨论。平心而论,笔者没有鼓励任何心理脆弱的人盲目进股市打拼,也没有蛊惑某个傻瓜在一天之内把钱赔光。至少从这个方面讲,我们每个人都是自由的行为主体。尽管有各种各样限制个人自由的立法,但个人仍有很多法律赋予的自由。我们可以假设颁布一部禁止投机的法律。如果真有这样一部法律,那么,它的实施一定会导致美国的商业陷入瘫痪。但是,如果个人不愿意在华尔街做股票交易,我们不能想象有什么法律能够强迫他们这样做。本书的目的就是要告诉读者如何保护自己,至少是要让读者觉得不但能够合理运作自己的资金,而且最终还能通过资金运作来获得回报。

———— 附录 ————

附 录

道-琼斯平均指数数据记录(截至 1925 年 8 月 31 日)说明

道琼斯公司从 1884 年开始公布表现活跃的代表性股票的平均收盘价,最早的平均指数成分股包括以下公司的股票:

芝加哥西北铁路公司(Chicago & North Western)　联合太平洋铁路公司

特拉华、拉克瓦纳和西部铁路公司(D., L. & W.)　密苏里太平洋铁路公司(Missouri Pacific)

湖滨铁路公司(Lake Shore)　路易斯维尔和纳什维尔铁路公司(Louisville & Nashville)

纽约中央铁路公司　太平洋邮轮公司(Pacific Mail)

圣保罗铁路公司(St. Paul)　西部联合公司(Western Union)

北太平洋铁路公司优先股

根据 11 只股票(其中 9 只铁路股)编制的第一个平均指数 69.93 点于 1884 年 7 月 3 日正式记录在案。

以下是从 1896 年到 1925 年 8 月 31 日的平均指数数据完整报表:

铁路股票

1897 年 1 月用于编制平均指数的铁路股票有以下公司的股票:

艾奇逊铁路公司　密苏里、堪萨斯和得克萨斯铁路公司(Mo., Kansas & Texas)优先股

伯灵顿铁路公司(Burlington)　密苏里太平洋铁路公司

C. C. C.与圣路易斯铁路公司(C., C., C. & Louis)　纽约中央铁路公司

切萨皮克与俄亥俄铁路公司(Chesapeake & Ohio)　北太平洋铁路公司优先股

芝加哥西北铁路公司　纽约、安大略和西部铁路公司(New York, Ontario & Western)

伊利铁路公司(Erie)　雷丁铁路公司(Reading)

泽西中央铁路公司(Jersey Central)　岩岛铁路公司(Rock Island)

湖滨铁路公司　圣保罗铁路公司

路易维尔和纳什维尔铁路公司　南方铁路公司(Southern Railway)优先股

曼哈顿高架铁路公司(Manhattan Elevated)　沃巴什铁路公司(Wabash)优先股

后来又做了如下变更：

1898年7月，城市轨道交通公司(Metropolitan Street Railway)股票、联合太平洋铁路公司普通股和北太平洋铁路公司普通股取代了湖滨铁路公司，纽约、安大略和西部铁路公司以及北方太平洋铁路公司优先股。

1899年7月，布鲁克林快运公司(Brooklyn Rapid Transit)股票、丹佛和格兰德河公司(Denver & Rio Grande)优先股、诺福克和西部公司(Norfolk & Western)优先股取代了城市轨道交通公司、伊利铁路公司和雷丁铁路公司的股票。

1900年7月，南太平洋铁路公司普通股和联合太平洋铁路公司优先股取代了沃巴什铁路公司优先股以及诺菲克和西部铁路公司优先股。

1901年6月，巴尔的摩和俄亥俄铁路公司(Baltimore & Ohio)股票、伊利诺伊中央铁路公司(Illinois Central)股票、南方铁路公司普通股以及宾夕法尼亚铁路公司的股票取代了伯灵顿铁路公司股票、南太平洋铁路公司普通股、南方铁路公司优先股以及北太平洋铁路公司普通股。

1902年9月，特拉华和哈德逊铁路公司(Delaware & Hudson)、雷丁铁路公司、加拿大太平洋铁路公司(Canada Pacific)、明尼阿波利斯和圣路易斯铁路公司(Minneapolis & St. Louis)股票取代了密苏里、堪萨斯和得克萨斯铁路公司优先股、岩岛铁路公司股票、切萨皮克和俄亥俄铁路公司股票以及泽西中央铁路公司股票。

1904年5月18日，南太平洋铁路公司普通股取代了明尼阿波利斯和圣路易斯铁路公司股票。

附 录

1904年6月27日,沃巴什铁路公司优先股和城市轨道交通公司股票取代了 C. C. C. 与圣路易斯和丹佛铁路公司(Denver)优先股。

1905年4月12日,伊利铁路公司的股票取代了沃巴什铁路公司的优先股。

1905年5月,北太平洋铁路公司的普通股以及诺福克和西部铁路公司的股票取代了曼哈顿和联合太平洋铁路公司的优先股。

1906年5月4日,双子城快运公司(Twin City Rapid Transit)的股票取代了城市轨道交通公司的股票。

1912年4月25日,岩岛和利哈伊瓦铁路公司(Lehigh Valley)的股票取代了布鲁克林快运公司与双子城快运公司的股票。

1914年12月12日,切萨皮克和俄亥俄铁路公司、堪萨斯城南部铁路公司(Kansas City Southern)以及 N. Y.、N. H.和哈特福德铁路公司(N.Y., N.H. & Hartford)的股票取代了芝加哥西北铁路公司、密苏里太平洋铁路公司和岩岛铁路公司的股票。

1924年4月10日,特拉华、拉克瓦纳和西部铁路公司以及圣路易斯西南铁路公司(St. Louis Southern-Western)的股票取代了堪萨斯城南部铁路公司以及利哈伊瓦利铁路公司的股票。

现在(1925年8月31日)采用的上市铁路公司股票具体如下:

艾奇逊铁路公司 伊利诺伊中央铁路公司

雷丁铁路公司 巴尔的摩中央铁路公司

路易维尔和纳什维尔铁路公司 圣路易斯西南铁路公司

加拿大太平洋铁路公司 纽约中央铁路公司

圣保罗铁路公司 切萨皮克和俄亥俄铁路公司

纽黑文铁路公司 南太平洋铁路公司

特拉华和哈德逊铁路公司 诺福克和西部铁路公司

南方铁路公司 特拉华、拉克瓦纳和西部铁路公司

北太平洋铁路公司 联合太平洋铁路公司

伊利铁路公司 宾夕法尼亚铁路公司

计算依据

最初，股票价格全都用百分比表示。1915年10月13日，证券交易所规定，所有股票必须以"美元/股"的标价形式进行交易。为了确保宾夕法尼亚铁路公司、雷丁铁路公司和利哈伊瓦利铁路公司股票平均价格的连续性，所谓面值为50美元的股票都是按照将市场牌价乘以2的方式获得的百分比来计算它们的平均价格。利哈伊瓦利铁路公司的股票已经从铁路股平均指数成分股清单中摘除，因此，现在只需对宾夕法尼亚铁路公司和雷丁铁路公司市场牌价乘以2即可。通过这种安排，所有的铁路股票都被调整为采用美元和百分比两种标价方式。

工业股票

1897年1月采用下列公司的股票计算工业股价格平均指数：
   美国棉油公司(American Cotton Oil)　拉克雷德煤气公司(Laclede Gas)
   美国烈酒酿造公司(American Spirits Mfg.)　国家铅业公司(National Lead)
   美国糖业公司(American Sugar)　太平洋邮轮公司
   美国烟草公司(American Tobacco)　标准绳索公司(Standard Rope & Twine)
   芝加哥煤气公司(Chicago Gas)　田纳西煤炭和铁矿公司(Tennessee Coal & Iron)
   通用电气公司(General Electric)　美国皮革公司(U.S. Leather)优先股

历次变更如下：
1897年11月，人民煤气公司(Peoples Gas)的股票取代了芝加哥煤气公司的股票。
1898年9月，美国橡胶公司(U.S. Rubber)的普通股取代了通用电气公司的股票。
1899年4月，大陆烟草公司(Continental Tobacco)、联邦钢铁公司(Federal Steel)、通用电气公司以及美国钢铁和线材公司的(American Steel & Wire)股票取代了美国烈酒酿造公司、美国烟草公司、拉克雷德煤气公司和标准绳索公司的股票。
1901年6月，联合铜业公司股票、美国冶炼和精炼公司(American Smelting & Refining)的股票、国际纸业公司(International Paper)优先股以及美国钢铁公司(American Steel)普通股和优先股取代了美国棉油公司、联邦钢铁公司、通用电气公司和太平洋邮轮公司以及美国钢铁和线材公司的股票。

附 录

1902 年 1 月,美国汽车铸造公司(American Car & Foundry)以及科罗拉多燃料和铁矿公司(Colorado Fuel & Iron)的股票取代了大陆烟草公司的股票和国际纸业公司的优先股。

1905 年 4 月,美国橡胶公司第一优先股取代了美国皮革公司的优先股。

1907 年 11 月,通用电气公司的股票取代了田纳西煤炭和铁矿公司的股票。

1912 年 5 月,中央皮革公司(Central Leather)的普通股取代了科罗拉多燃料和铁矿公司的股票。

由于第一次世界大战爆发,证券交易所于 1914 年 7 月 31 日关闭,当时下列公司的股票用于编制工业股平均指数:

联合铜业公司　国家皮革公司(National Lead)

美国汽车铸造公司　人民煤气公司

美国冶炼公司　美国橡胶公司(普通股)

美国糖业公司　美国橡胶公司(第一优先股)

中央皮革公司　美国钢铁公司(普通股)

通用电气公司　美国钢铁公司(优先股)

1915 年 3 月,通用汽车公司的股票取代美国橡胶公司的第一优先股。

1915 年 7 月,阿纳康达公司的股票取代了联合铜业公司的股票。

1916 年 9 月,12 家公司清一色的普通股取代了老清单上 12 家公司的不同股票。国家皮革公司、人民煤气公司、通用汽车公司和美国钢铁公司的优先股被从清单中摘除,又增加了 12 家新公司的股票。下列公司的股票成为扩容后的工业股平均指数成分股:

美国甜菜糖业公司(American Beet Sugar)　通用电气公司

美国罐头公司(American Can)　古德里奇公司(Goodrich)

美国汽车铸造公司　共和铁钢公司(Republic Iron & Steel)

美国机车公司(American Locomotive)　斯图贝克公司(Studebaker)

美国冶炼公司(American Smelting)　得克萨斯公司(Texas Co.)

美国糖业公司　美国橡胶公司

美国电报电话公司(American Tel. & Tel.)　美国钢铁公司

阿纳康达铜业公司(Anaconda Cooper)　犹他铜业公司(Utah Copper)

鲍德温机车公司(Baldwin Locomotive)　西屋电气公司(Westinghouse)

中央皮革公司　西部联合公司(Western Union)

一律用美元标价

此时(1916年),证券交易所的股票报价全部采用美元/股的形式,而不再采用百分比。这样,犹他铜业股票的面值是10美元,而西屋电气股票的面值是50美元,不至于跟新的平均指数值相混淆。但是,为了确保工业股平均指数的连续性,从1914年12月12日证券交易所重新开门营业起,道一琼斯公司重新计算了20只新工业股票的平均指数。因此,从1914年12月12日起公布的工业股平均指数数据都是采用以上20只用美元报价的新成分股编制的。

自那以来进行的历次变更记录如下:

1920年3月1日,美国谷物公司(Corn Products)取代了美国甜菜糖业公司。

1924年1月22日,美国烟草公司、杜邦公司(du Pont)、马克卡车公司(Mark Trucks)和西尔斯罗巴克公司(Sears-Roebuck)取代了美国谷物公司、中央皮革公司、古德里奇公司和得克萨斯公司。

1924年2月6日,加利福尼亚标准石油公司(Standards Oil of California)取代了犹他公司。

1924年5月12日,斯图贝克公司无面值股票和伍尔沃斯公司(Woolworth)面值25美元的股票取代了原先的斯图贝克公司股票和共和铁钢公司股票。

1916年工业股平均指数成分股由12只改为20只以后,得克萨斯公司股票的面值由100美元减小到25美元;美国机车公司的股票从100美元的有面值股票改为无面值股票,并且2股新股换1股老股;斯图贝克公司的股票从100美元的有面值股票改为无面值股票,并且2.5股新股换1股老股;得克萨斯公司、美国机车公司和斯图贝克公司的股票更换导致了工业股平均指数成分股的重新调整。

得克萨斯公司和美国谷物公司的股票被剔除在工业股平均指数之外,而美国机车公司以目前的新报价仍留在平均指数成分股中。1924年1月22日做出以上变更后,按变更前股票星期二收盘价计算的平均指数是97.41,而按变更后股票计算的平均指数则是

97.23,两者都用美元标价,变更前后的平均指数基本相同。

因此,1924 年 7 月工业股平均指数成分股包括以下公司的股票:

美国罐头公司　通用电气公司

美国卡车铸造公司　马克卡车公司

美国冶炼公司　加利福尼亚标准石油公司

美国糖业公司　斯图贝克公司

美国电报电话公司　美国橡胶公司

美国烟草公司　美国钢铁公司

阿纳康达公司　伍尔沃斯公司

鲍德温机车公司　西屋电气公司

杜邦公司　西部联合公司

1925 年 8 月 31 日,通用汽车公司、国际收割机公司、肯尼科特公司(Kennecott)、得克萨斯公司和美国置业公司(U. S. Realty)的股票取代了阿纳康达公司、鲍德温机车公司、杜邦公司、加利福尼亚标准石油公司和斯图贝克公司的股票,成为工业股平均指数的成分股。这些变更没有对工业股平均指数产生重大影响。

目前(1925 年 8 月 31 日),工业股平均指数的成分股包括以下公司的股票:

美国罐头公司　肯尼科特公司

美国卡车铸造公司　马克卡车公司

美国机车公司　西尔斯罗巴克公司

美国冶炼公司　得克萨斯公司

美国糖业公司　美国置业公司

美国电报电话公司　美国橡胶公司

美国烟草公司　美国钢铁公司

通用电气公司　西部联合公司

通用汽车公司　西屋电气公司

国际收割机公司　伍尔沃斯公司

现在，铁路股和工业股两个平均指数的成分股都是普通股。在最后一年，美国汽车铸造公司和美国烟草公司变更资本总额，结果把原来的1股拆分成2股。为了保证工业股平均指数的连续性，依照宾夕法尼亚铁路公司和雷丁铁路公司股票变更的计算方法，将美国汽车铸造公司和美国烟草公司的股票价格乘以2。

铁路股和工业股平均指数一律采用收盘价格计算。如果某只特定股票当天没有交易，那么就沿用前一交易日的收盘价。20只铁路股票的收盘价相加——宾夕法尼亚铁路公司和雷丁铁路公司股票的收盘价乘以2——的和除以20，就可得到铁路股平均指数；而20只工业股收盘价相加——美国汽车铸造公司和美国烟草公司股票收盘价乘以2——后得到的和除以20，就可得到工业股平均指数。

附 录

1897～1925年道-琼斯工业股和铁路股收盘价(平均指数)一览表

1925年铁路股平均指数

日期	1月	2月	3月	4月	5月	6月	7月	8月
1	†	*	*	94.29	96.56	99.10	98.85	99.02
2	99.22	99.63	100.76	94.03	97.08	98.81	99.08	*
3	99.33	99.41	100.96	93.84	*	98.80	98.95	99.32
4	*	100.46	100.12	94.71	97.75	98.41	†	99.56
5	99.14	100.49	100.56	*	97.66	98.41	*	100.02
6	100.27	100.46	100.72	95.81	97.65	98.60	99.02	99.78
7	100.35	100.29	100.24	95.67	97.68	*	99.38	100.63
8	100.19	*	*	94.88	97.36	97.22	98.89	100.63
9	100.78	100.10	99.50	94.79	97.09	97.15	98.60	*
10	100.40	100.15	98.58	†	*	96.98	98.48	100.58
11	*	99.69	98.87	94.97	96.43	97.38	98.43	100.58
12	100.47	†	99.65	*	97.11	97.67	*	100.83
13	100.53	99.44	98.96	94.96	97.13	98.26	98.71	101.23
14	99.59	98.88	99.17	95.46	96.85	*	99.15	101.88
15	98.36	*	*	95.91	97.20	97.80	99.16	101.99
16	98.41	97.83	97.63	*	97.25	98.09	99.42	*
17	99.30	98.33	96.96	96.31	*	98.14	99.23	103.28
18	*	99.55	96.46	96.59	97.50	97.58	99.19	103.30
19	99.05	99.18	96.68	96.64	97.93	98.27	*	102.96
20	98.46	99.97	97.81	*	98.03	98.33	99.28	102.93
21	98.49	99.89	97.35	96.31	98.27	*	98.91	103.00
22	98.77	†	*	95.09	99.05	97.77	98.61	103.28
23	98.93	*	95.66	95.61	99.01	97.50	99.19	*
24	98.86	100.15	94.32	95.52	*	98.06	98.90	103.53
25	*	100.30	95.31	95.26	99.15	98.04	99.03	103.38
26	98.35	100.86	94.51	95.75	98.83	98.41	*	103.08
27	98.45	99.72	94.70	*	99.53	98.57	99.22	102.88
28	99.18	99.88	93.73	95.68	99.26	*	99.75	102.80
29	98.58		*	96.18	99.98	97.80	99.31	102.36
30	98.96		92.98	95.98	†	98.41	99.08	*
31	99.26		93.94	96.15	99.98		98.74	101.95
最高点	100.78	100.86	100.96	96.64	99.98	99.10	99.75	103.53
最低点	98.35	97.83	92.98	93.84	96.43	96.98	98.43	99.02

* 星期日　† 节假日

239

股市晴雨表

1924年工业股平均指数

日期	1月	2月	3月	4月	5月	6月	7月	8月	9月	10月	11月	12月
1	†	100.70	97.49	93.50	92.12	*	96.45	102.12	†	104.08	104.17	110.44
2	95.65	100.84	*	94.50	91.68	90.15	96.38	102.89	104.95	103.63	*	110.71
3	94.88	*	97.10	94.33	91.93	91.23	96.48	*	104.02	102.64	103.89	110.83
4	95.40	101.08	97.50	94.69	*	90.72	†	103.28	102.77	102.85	†	111.56
5	96.26	101.08	97.55	94.05	92.23	90.41	96.43	102.52	101.07	*	105.11	111.26
6	*	101.31	98.45	*	92.24	89.18	*	102.57	100.76	102.58	104.06	111.10
7	96.54	100.99	98.61	93.03	92.47	89.52	96.91	102.30	*	102.38	104.86	*
8	96.77	100.20	98.25	92.85	92.04	*	97.56	101.79	101.26	102.06	105.53	111.30
9	97.04	100.88	*	92.24	91.40	90.15	97.40	102.08	101.98	102.60	*	112.11
10	97.23	*	97.21	90.86	90.55	90.53	96.65	*	101.13	101.38	105.91	111.07
11	97.40	100.91	97.81	91.71	*	92.00	97.38	102.20	101.98	101.33	107.58	110.84
12	97.25	†	97.58	90.78	89.48	92.19	97.60	101.51	101.79	†	108.14	111.96
13	*	99.81	98.25	*	89.69	92.68	*	101.60	101.91	99.18	108.58	112.76
14	95.68	100.05	98.86	89.91	88.77	92.85	97.50	102.86	101.97	100.11	108.96	*
15	96.09	96.63	*	90.52	89.18	*	97.40	104.01	*	100.16	108.68	113.40
16	96.65	98.06	98.02	90.78	89.18	93.80	96.85	101.75	101.38	*	*	113.73
17	96.42	*	96.60	91.34	89.33	93.57	96.85	104.62	101.75	100.86	109.51	114.35
18	*	96.33	96.69	†	*	93.52	97.40	*	103.49	101.76	110.73	115.17
19	96.60	96.97	96.89	91.13	89.81	93.79	98.09	104.99	103.42	*	110.24	116.13
20	*	96.58	95.88	*	88.33	93.48	*	105.38	103.63	101.14	110.50	116.41
21	97.28	97.40	95.87	89.18	89.35	*	99.02	105.57	103.85	101.85	*	*
22	97.23	†	95.72	89.22	90.10	93.53	99.36	104.83	*	101.96	109.63	116.84
23	97.73	97.88	*	90.43	90.04	92.65	99.40	103.89	103.25	102.18	109.55	115.78
24	98.59	*	95.58	90.44	90.66	93.13	99.36	103.51	104.16	102.53	*	116.74
25	99.81	97.16	94.12	91.51	*	93.67	99.60	103.53	104.68	102.04	109.81	†
26	100.00	96.45	93.67	92.02	90.60	94.71	100.36	103.58	104.13	*	110.08	118.59
27	*	96.75	92.90	*	90.15	95.33	*	103.23	103.98	101.73	110.15	119.18
28	99.35	97.60	92.54	90.99	89.90	95.55	101.09	102.67	103.93	102.45	†	*
29	99.16	97.22	92.28	90.65	89.90	96.37	100.87	104.14	102.96	102.41	111.10	118.63
30	99.40		93.01	90.63	†	96.37	101.16	105.16	103.16	103.00	111.38	118.02
31	100.66		98.86		92.47		102.14	105.57		104.06	*	120.51
最高点	100.66	101.31	93.01	94.69	92.47	96.37	102.14	105.57	104.95	104.08	111.38	120.51
最低点	94.88	96.33	92.54	89.18	88.33	89.19	96.38	101.51	100.76	99.18	103.89	110.44

*星期日　† 节假日

240

附 录

1923铁路股平均指数

日期	1月	2月	3月	4月	5月	6月	7月	8月	9月	10月	11月	12月
1	†	82.15	81.32*	81.48	81.63	85.83*	85.83	89.87	†	90.28	89.36*	96.28
2	80.79	82.35	80.51	82.04	81.48	82.15	85.78	90.02	90.58	90.11	89.53	96.60
3	80.76	*	80.75	82.83	81.51*	82.58	86.00	*	90.13	88.97	†	97.21
4	81.01	82.61	80.90	83.43	81.58	82.78	†	89.79	89.45	88.90	90.80	98.03
5	81.33	82.50	81.21*	83.23*	81.71	83.22	86.16	89.78	88.90	*	91.23	97.40
6	*	82.48	81.10	*	81.88	82.58	86.66	89.73	88.76	88.43	93.40	97.25
7	81.78	81.76	81.09	82.80	81.94	82.76	87.27	90.18	*	88.31	94.10	*
8	81.93	81.40	*	82.17	81.83	*	87.32	90.20	89.07	88.26	*	96.99
9	83.06	81.74	80.61	81.76	81.71	83.16	86.83	90.74	89.89	88.48	93.55	96.75
10	82.80	*	80.93	81.00	*	83.44	87.09	*	88.92	87.66	94.32	95.78
11	82.59	82.21	81.03	81.51	81.58	84.30	87.15	92.20	89.06	87.65	93.63	95.76
12	82.63	†	81.31*	81.38	81.63	84.60	*	91.50	89.45	†	93.04	96.93
13	*	81.62	81.47	*	81.59	85.13	87.51	91.23	89.56	86.12	93.93	97.30
14	81.75	81.65	81.39	80.55	81.77	85.21	87.68	91.38	*	86.66	93.88	*
15	79.98	80.39	*	80.74	82.07	*	88.08	91.91	89.34	86.40	*	97.93
16	80.81	81.00	81.05	81.10	81.85	85.01	88.00	92.10	89.40	87.20	94.76	98.06
17	80.76	*	81.00	81.64	*	84.68	88.60	*	89.97	88.04	95.60	99.31
18	80.80	80.23	81.50	†	*	84.75	88.69	92.65	89.69	*	95.26	99.50
19	80.79	80.68	81.45	81.55	81.88	85.13	*	92.10	89.60	87.70	96.19	99.30
20	*	80.63	81.40*	81.13	81.37	85.32	89.15	91.44	89.81	88.12	95.77	99.24
21	80.85	81.08	81.99	81.20	82.38	85.23	89.37	90.93	*	88.72	95.96	*
22	80.76	†	*	81.41	82.58	*	89.60	90.10	89.50	88.91	*	98.71
23	80.67	81.33	82.01	81.13	82.88	84.66	90.10	89.82	90.71	89.33	95.80	97.88
24	80.80	80.96	81.38	81.30	82.96	84.94	90.40	*	90.51	89.23	96.53	†
25	81.56	80.78	81.40	81.25	*	86.05	90.41	89.88	90.35	*	96.48	98.25
26	81.89	80.68	81.29	*	83.34	86.41	*	89.81	90.55	88.71	*	98.89
27	*	81.58	81.05	80.95	83.02	86.22	90.36	89.85	*	88.86	96.25	98.90
28	82.16	81.00	80.95	80.90	82.67	86.11	90.04	89.48	89.99	89.03	96.35	*
29	81.93		81.26	81.06	82.29	*	89.80	*	90.20	88.90	*	98.46
30	81.81		82.01	*	†	85.80	90.08	89.83	*	89.28		97.67
31	82.09		80.51		83.34		90.41	90.60		88.90		98.33
最高点	83.06	82.61	82.01	83.43	83.34	86.41	90.41	92.65	90.71	90.28	96.53	99.50
最低点	80.67	80.23	80.51	80.55	81.37	82.15	85.78	89.48	88.76	86.12	89.36	95.76

* 星期日
† 节假日

1923年工业股平均指数

日期	1月	2月	3月	4月	5月	6月	7月	8月	9月	10月	11月	12月
1	†	97.71	104.23	*	97.40	95.36	88.95	87.96	93.22	88.06	88.41	93.15
2	98.77	98.70	104.65	101.51	98.05	95.75	87.87	88.20	†	88.09	88.91	*
3	99.42	99.33	104.51	101.60	96.30	*	†	†	92.25	90.45	89.63	92.64
4	98.57	*	*	101.40	96.60	96.14	87.90	87.20	92.98	89.93	*	92.68
5	98.88	100.03	104.77	102.36	96.73	96.29	88.65	88.51	93.00	89.41	89.36	92.81
6	97.77	101.01	104.79	102.70	*	97.24	89.41	89.55	92.84	89.29	†	92.94
7	*	101.05	105.23	102.56	95.41	97.17	*	88.63	92.93	*	89.48	93.80
8	98.06	101.05	104.70	*	96.54	96.66	89.26	88.67	*	88.56	90.75	93.85
9	97.23	100.82	104.48	102.11	98.19	97.10	88.44	†	93.31	88.06	91.14	*
10	97.29	101.70	103.82	101.86	97.61	*	87.80	89.11	93.61	87.54	91.39	93.86
11	98.12	†	*	101.08	96.45	97.22	87.64	88.95	92.05	87.16	*	93.65
12	98.63	102.16	104.22	101.71	95.40	95.97	89.07	89.60	*	†	91.08	94.11
13	99.09	101.85	104.79	101.81	*	95.79	89.40	90.23	89.93	87.13	90.75	94.70
14	*	102.57	105.28	102.09	96.91	95.44	*	90.86	89.63	*	90.44	94.93
15	98.04	103.23	104.74	*	95.95	94.86	89.22	91.64	89.05	88.06	90.87	95.23
16	96.96	103.93	*	101.76	95.53	94.73	89.50	92.32	*	86.91	90.33	*
17	97.05	*	104.89	102.14	95.41	*	90.01	†	89.41	87.56	89.65	95.26
18	98.09	102.96	105.36	102.24	95.07	92.64	89.35	91.71	88.49	87.46	*	93.66
19	97.85	103.56	105.38	102.58	94.70	92.76	91.72	92.18	89.17	*	91.35	93.63
20	97.61	103.59	105.23	101.38	*	90.81	91.39	92.13	88.16	87.51	91.26	94.00
21	*	†	105.09	101.10	92.77	92.26	*	*	88.07	87.83	92.17	93.51
22	97.25	103.27	103.98	*	93.58	93.55	91.58	92.04	88.54	*	91.83	93.63
23	97.43	102.85	*	100.73	93.90	93.30	90.87	91.92	89.21	87.48	92.13	*
24	97.16	*	102.36	101.08	96.03	*	91.06	91.59	87.94	87.37	92.60	94.42
25	97.79	102.40	103.03	101.36	96.65	91.48	*	*	88.53	86.43	*	†
26	98.15	102.79	103.45	101.37	97.48	90.11	88.37	92.48	88.53	86.01	92.88	95.61
27	98.00	103.90	*	101.16	*	88.66	87.33	93.20	87.97	85.76	92.61	94.98
28	*		102.77	100.63	97.25	89.38	*	93.70	*	*	†	95.12
29	98.26		†	98.38	97.66	88.40	88.11	93.40	87.89	86.20	92.41	95.23
30	97.75		102.75		†	87.85	86.91	93.46		88.53	92.34	95.52
31	97.43		105.38		97.53		91.72	*		*		95.61
最高点	99.42	103.90	105.38	102.70	98.19	97.24	91.72	93.70	93.61	90.45	92.88	95.61
最低点	96.96	97.71	102.36	98.38	92.77	87.85	86.91	87.20	87.89	85.76	88.41	92.64

● 星期日
† 节假日

1923年铁路股平均指数

日期	1月	2月	3月	4月	5月	6月	7月	8月	9月	10月	11月	12月
1	†	86.08	89.37	*	84.91	81.42	*	77.91	79.88	78.83	80.01	81.18
2	86.10	86.63	89.66	85.84	85.29	81.59	78.40	77.28	†	78.96	79.95	*
3	86.07	87.34	90.63	86.17	84.22	*	77.15	76.78	78.96	80.13	79.93	80.96
4	85.68	*	*	86.30	83.87	82.15	77.64	*	79.66	80.00	*	81.28
5	85.96	88.08	90.51	86.08	84.01	82.41	77.99	78.02	79.55	79.96	80.03	81.80
6	85.46	88.93	90.25	86.55	*	82.71	78.70	78.36	79.93	80.81	*	82.40
7	*	88.80	89.75	86.53	80.37	83.01	*	77.86	80.10	*	79.73	82.43
8	85.41	88.91	89.36	*	81.55	83.31	78.72	77.90	*	80.72	79.92	82.10
9	84.96	89.17	89.19	86.58	82.31	84.92	78.38	†	80.31	80.33	80.28	*
10	84.85	†	88.98	86.48	82.15	*	78.11	78.11	80.53	79.76	80.58	81.64
11	84.59	89.56	*	86.29	81.68	84.51	78.11	78.10	79.30	79.23	*	81.17
12	85.09	*	89.06	86.34	82.71	83.71	79.08	78.31	78.53	*	80.50	81.15
13	85.29	89.49	89.66	87.23	81.87	83.75	79.20	78.74	78.42	79.19	81.20	80.40
14	*	89.05	89.73	*	81.70	83.46	79.16	78.91	78.03	*	81.00	80.65
15	85.35	89.14	89.33	87.09	81.58	83.65	79.33	79.17	78.39	79.66	80.70	*
16	84.60	89.24	88.67	87.41	81.33	83.48	79.25	79.66	78.07	78.28	80.28	80.18
17	84.53	89.29	89.11	88.56	81.00	*	80.05	*	78.48	78.41	*	79.42
18	84.90	*	*	88.00	*	82.14	80.51	78.76	78.36	78.07	80.56	79.34
19	85.33	89.80	89.36	87.35	80.13	81.74	80.75	78.85	78.37	78.67	80.77	79.80
20	85.36	90.17	89.60	86.75	80.66	80.60	*	79.31	78.76	78.95	81.45	79.74
21	*	90.43	89.67	*	80.91	81.24	79.98	78.76	*	*	81.59	79.67
22	85.10	†	89.40	86.47	82.70	82.40	79.45	78.92	78.48	78.38	81.25	*
23	85.77	90.12	88.80	86.67	82.35	82.43	79.64	78.65	78.36	78.33	81.20	79.84
24	86.11	90.20	88.78	86.76	*	*	80.00	*	78.86	78.41	*	†
25	86.43	*	*	86.79	83.16	81.46	78.12	79.04	78.86	77.78	81.52	80.12
26	86.47	89.76	87.69	86.52	83.09	80.23	77.40	79.57	79.05	77.65	81.48	79.81
27	*	89.53	87.71	86.60	†	78.48	*	79.97	78.48	77.65	81.61	80.10
28	87.20	89.56	87.93	*	83.04	77.97	78.13	80.01	78.33	77.86	†	80.62
29	86.58		87.26	84.86	*	76.85	77.14	*	*	77.67	81.09	*
30	87.20		†		83.04		80.75	80.30		78.82		80.86
31	86.26		87.15		85.29		77.14	80.30		80.81	81.61	82.43
最高点	87.20	90.43	90.63	88.56	85.29	84.92	80.75	80.30	80.53	80.81	81.61	82.43
最低点	84.53	86.08	87.15	84.86	80.13	76.85	77.14	77.28	78.03	77.65	79.73	79.34

● 星期日
† 节假日

243

1922年工业股平均指数

日期	1月	2月	3月	4月	5月	6月	7月	8月	9月	10月	11月	12月
1	*	81.68	85.33	89.08	93.35	96.03	92.90	96.25	101.28	*	96.23	95.73
2	†	82.86	86.03	*	93.64	96.36	*	96.51	101.29	97.67	98.50	95.91
3	78.91	82.93	86.46	90.05	93.81	96.31	92.92	96.81	*	98.90	99.29	*
4	79.61	83.61	85.91	89.30	93.18	*	†	97.11	†	99.93	99.06	95.10
5	78.68	*	*	90.67	93.18	95.98	92.97	97.03	101.67	100.34	*	95.03
6	78.96	83.70	86.30	90.80	93.59	95.59	93.97	*	100.60	100.81	98.45	96.75
7	79.12	83.38	86.90	90.80	*	95.15	94.63	97.37	101.05	100.50	†	96.91
8	*	82.74	86.73	90.63	92.84	95.11	93.53	97.07	101.22	*	99.53	97.88
9	78.87	83.60	86.95	*	92.57	93.60	*	96.93	101.68	102.26	98.98	97.72
10	78.59	83.05	87.18	91.11	91.58	93.20	93.90	96.51	*	101.55	97.50	*
11	80.03	82.96	87.93	91.91	91.50	*	94.17	96.82	102.05	101.72	95.88	97.85
12	80.82	†	*	91.77	92.50	90.73	94.88	97.04	101.88	†	*	97.75
13	81.23	83.81	87.56	92.48	92.93	92.04	94.65	*	*	102.60	95.37	98.28
14	*	83.92	87.92	†	*	93.08	94.96	96.21	101.79	102.43	93.61	98.19
15	81.36	84.09	87.30	93.06	92.08	91.25	95.35	96.90	100.99	102.76	95.11	98.03
16	81.90	83.98	88.11	*	92.63	91.11	*	97.41	100.43	102.60	94.72	98.13
17	82.33	83.88	88.46	92.75	93.71	91.45	95.26	97.93	98.88	102.00	95.09	*
18	81.91	84.28	88.47	91.15	93.91	*	96.53	98.60	99.93	101.21	95.36	97.64
19	82.95	*	*	92.52	94.80	91.95	96.76	99.01	98.37	102.01	*	98.23
20	82.53	84.85	88.28	92.43	94.65	93.51	96.13	99.71	98.55	101.95	95.82	97.52
21	*	85.18	88.11	93.21	*	93.02	95.78	100.75	99.10	*	95.59	97.88
22	82.29	†	87.26	93.46	94.86	93.15	*	100.32	*	100.11	94.29	98.62
23	82.43	85.36	86.90	*	94.66	93.07	94.64	99.71	98.90	100.10	94.08	†
24	82.57	85.18	87.40	93.00	94.70	93.16	95.69	99.82	98.45	99.55	94.10	†
25	81.54	85.33	87.08	92.72	94.36	*	94.84	100.05	96.81	98.00	92.78	99.04
26	81.34	*	*	91.96	95.05	93.48	96.34	*	96.58	98.76	*	99.22
27	81.75	84.58	86.60	91.11	95.47	92.47	96.69	99.21	97.12	98.68	92.03	98.14
28	*	85.46	87.20	91.93	*	92.24	96.83	100.70	*	*	93.85	98.17
29	81.33		87.90	92.74	96.41	92.06	*	100.75	96.30	96.90	94.65	98.73
30	81.30		88.87	*	†	92.93	97.05	100.78		96.11	†	*
31	82.95		89.05		95.63		97.05			*		99.22
最高点	82.95	85.81	89.05	93.46	96.41	96.36	97.05	100.78	102.05	102.43	99.53	99.22
最低点	78.59	81.68	85.33	89.08	91.50	90.73	92.90	96.21	96.30	96.11	92.03	95.03

* 星期日　† 节假日

附 录

1922年铁路股平均指数

日期	1月	2月	3月	4月	5月	6月	7月	8月	9月	10月	11月	12月
1	*	74.68	77.99	80.68	84.45	85.23	84.45	88.35	92.41	*	89.28	85.56
2	†	75.19	78.31	*	84.34	85.14	†	88.46	92.10	90.76	90.86	85.86
3	73.48	75.88	78.10	81.26	84.44	85.01	84.52	88.65	†	91.96	91.11	*
4	73.91	76.23	77.79	80.86	84.40	*	†	88.55	92.16	92.15	90.87	85.16
5	73.56	*	*	81.55	84.68	84.94	84.66	89.18	91.20	91.93	*	84.31
6	73.65	76.70	77.21	82.78	84.65	84.78	87.58	89.79	92.19	91.90	90.16	84.51
7	73.85	76.38	77.87	83.20	*	84.48	87.16	89.43	93.51	*	†	84.39
8	*	76.60	77.99	83.91	84.30	84.43	86.11	89.60	93.88	92.05	90.48	84.56
9	73.43	76.81	78.53	*	83.98	83.37	86.14	*	*	91.81	89.43	84.60
10	73.53	76.77	78.68	84.01	83.13	83.25	86.45	89.58	93.99	92.50	89.50	*
11	74.01	76.81	78.83	83.61	83.12	*	86.95	89.32	93.42	†	88.20	84.35
12	74.65	†	†	83.44	83.44	81.81	86.47	88.06	*	92.79	87.53	84.54
13	74.98	77.46	78.71	83.46	83.90	82.76	86.24	89.01	92.55	93.26	85.85	84.83
14	75.36	77.49	79.56	†	*	83.09	86.56	89.84	93.67	*	86.07	84.88
15	*	77.50	79.26	84.32	83.58	82.28	*	90.31	93.70	93.70	85.59	84.58
16	75.76	77.28	79.21	84.77	83.34	81.91	86.55	90.55	93.38	93.55	86.15	84.59
17	76.56	77.33	79.53	83.85	84.00	81.95	86.50	*	*	92.85	86.10	*
18	76.58	*	*	84.32	84.41	*	86.82	91.51	91.97	93.28	*	83.75
19	76.18	*	*	84.32	85.28	81.88	86.60	*	92.70	93.45	86.11	83.98
20	75.85	77.61	79.92	84.74	86.13	82.85	86.49	93.05	91.36	*	85.83	84.31
21	75.68	78.08	80.07	84.80	*	82.62	86.41	92.54	91.88	92.56	84.33	85.24
22	*	*	79.61	84.84	86.17	83.60	*	92.03	*	92.72	83.70	85.87
23	75.50	78.38	79.13	*	86.12	83.73	85.63	92.32	91.82	93.06	83.46	†
24	75.58	78.73	79.08	84.84	85.94	84.46	86.14	91.76	89.96	*	82.58	†
25	75.30	79.16	79.19	85.09	85.66	84.73	85.59	91.54	89.93	91.90	82.17	85.98
26	74.83	*	*	84.36	86.33	83.63	87.63	90.59	90.08	91.71	83.50	85.55
27	74.84	78.52	78.79	83.60	86.66	83.49	87.70	91.92	89.60	*	84.56	84.86
28	74.94	78.66	79.15	84.20	*	83.73	88.21	92.68	*	89.84	*	85.79
29	*		80.16	84.43	86.83	84.45	88.98	92.48	93.99	89.25	91.11	86.11
30	74.98		80.86	*	†	*	88.98	93.05	89.60	93.70	82.17	*
31	74.73		80.66		85.53		84.45	88.06		89.25		83.75
最高点	76.58	79.16	80.86	85.09	86.83	85.23						
最低点	73.43	74.68	77.21	80.68	83.12	81.81						

* 星期日
† 节假日

245

1921年工业股平均指数

日期	1月	2月	3月	4月	5月	6月	7月	8月	9月	10月	11月	12月
1	†	75.48	74.71	75.72	*	73.51	68.35	69.68	66.83	71.68	73.44	78.12
2	*	74.98	75.19	75.27	79.65	73.06	†	69.95	68.00	*	73.52	78.73
3	72.67	74.34	75.23	*	79.23	72.37	*	69.71	†	71.61	73.98	79.00
4	72.76	74.74	75.11	75.16	79.61	72.55	67.71	69.50	†	70.95	73.94	*
5	73.13	75.05	75.25	76.16	80.03	*	69.86	68.61	69.12	70.46	73.91	78.93
6	74.31	*	*	76.58	79.68	71.18	69.72	68.56	69.49	70.42	*	79.36
7	75.21	74.80	75.26	75.61	79.48	71.56	68.35	*	69.15	70.66	74.20	78.80
8	74.80	75.54	74.91	75.73	*	71.03	68.54	68.63	70.58	71.17	†	79.60
9	*	75.48	74.60	*	78.81	69.85	*	68.00	*	*	75.75	80.16
10	76.00	75.59	73.60	76.15	78.61	69.92	68.69	66.71	70.58	70.95	75.61	*
11	76.14	75.59	72.25	76.28	77.98	*	68.70	66.42	71.92	*	*	80.63
12	75.88	†	72.76	*	77.60	69.70	68.65	66.88	*	71.06	76.46	80.69
13	74.43	*	*	75.93	77.57	70.03	67.85	66.75	70.68	70.90	75.50	81.04
14	74.48	76.41	72.99	75.06	77.19	70.05	67.25	66.02	71.72	70.15	75.80	81.50
15	75.14	76.90	73.87	76.18	*	69.00	67.44	65.27	71.68	70.09	77.13	80.95
16	*	77.14	75.20	76.33	77.23	68.16	*	66.09	70.95	*	77.07	80.57
17	75.21	76.40	75.44	*	77.65	67.57	67.87	65.96	70.83	69.46	76.94	*
18	75.40	76.28	76.30	76.15	77.51	67.25	68.24	65.34	*	69.81	*	80.31
19	76.76	75.93	76.56	76.10	76.96	*	68.21	65.09	70.06	70.21	77.06	80.30
20	76.08	*	*	76.08	76.07	64.90	68.11	*	69.43	70.77	76.69	79.02
21	74.65	75.10	76.03	76.54	75.65	66.25	68.27	64.50	69.45	71.00	76.21	78.76
22	74.91	†	76.60	77.63	*	65.36	69.23	64.38	70.25	71.11	76.34	79.31
23	*	75.66	77.78	78.15	75.86	66.20	*	63.90	70.90	*	†	79.61
24	74.77	74.66	77.39	*	74.43	67.85	69.80	63.91	70.81	71.81	77.31	†
25	74.98	75.23	†	78.55	74.26	*	69.20	65.54	*	72.22	77.85	80.69
26	75.19	75.46	77.13	78.86	74.81	67.63	69.18	65.56	70.65	72.27	*	80.80
27	75.71	*	*	78.11	74.31	67.00	68.18	*	70.30	72.78	*	80.34
28	76.23	74.98	76.19	78.77	†	67.63	68.37	66.18	70.14	73.80	78.01	80.80
29	76.34		77.13	78.57	†	68.73	68.86	67.80	71.19	73.93	77.76	81.10
30	*		77.26	78.84	73.44	68.45	*	67.11	71.08	*	77.30	*
31	76.13		75.76		80.03		69.86	69.95		73.21		81.50
最高点	76.76	77.14	77.78	78.86	80.03	73.51	69.86	69.95	71.92	73.93	78.01	81.50
最低点	72.67	74.34	72.25	75.06	73.44	64.90	67.25	63.90	66.83	69.46	73.44	78.12

* 星期日
† 节假日

附 录

1921年铁路股平均指数

日期	1月	2月	3月	4月	5月	6月	7月	8月	9月	10月	11月	12月
1	†	75.38	72.41	70.41	*	71.89	70.58	74.03	71.31	74.58	72.53	76.22
2	*	75.21	72.83	70.18	71.63	71.75	*	75.21	71.84	*	72.58	75.50
3	75.98	74.41	72.96	*	71.68	71.87	†	74.42	†	74.38	72.70	75.50
4	76.21	74.56	73.23	70.05	72.51	72.38	70.33	73.97	†	74.06	72.49	*
5	75.91	74.90	73.42	70.46	73.99	*	72.26	72.85	72.19	73.76	72.43	75.01
6	76.49	*	*	70.56	74.11	71.31	72.49	72.66	72.92	73.55	*	75.24
7	77.03	74.58	72.87	69.98	74.31	70.13	71.35	*	72.62	73.67	72.70	74.60
8	77.21	74.92	72.54	69.59	*	70.57	71.90	72.64	73.00	73.90	†	74.22
9	*	74.66	71.61	69.53	75.38	69.92	*	72.61	73.41	*	73.58	74.35
10	77.33	74.42	70.20	*	74.68	69.20	71.65	72.02	73.28	73.47	73.51	74.48
11	76.99	73.60	69.19	69.36	73.90	68.99	71.70	71.30	74.30	†	†	*
12	77.30	†	69.56	69.79	72.90	*	71.93	71.93	73.92	72.46	73.51	74.38
13	76.65	*	*	68.88	73.10	68.91	70.96	71.87	73.28	71.84	72.92	74.21
14	77.15	74.19	69.18	67.86	72.89	69.69	70.32	*	73.39	71.11	73.25	74.08
15	77.56	73.66	70.16	70.28	*	69.64	70.33	71.97	*	*	74.08	74.20
16	*	74.08	71.62	70.31	73.36	69.31	*	71.61	73.26	70.00	74.20	74.38
17	76.71	73.95	70.76	*	73.26	68.88	70.70	71.75	*	70.60	74.48	74.83
18	76.40	74.15	70.75	69.88	74.16	67.85	71.45	72.28	72.78	71.14	74.58	*
19	76.45	74.25	70.99	69.33	73.53	*	71.59	72.30	72.54	71.73	*	74.95
20	76.22	*	*	69.27	72.02	65.52	71.90	72.16	72.67	71.53	74.36	74.57
21	75.47	73.87	70.07	69.54	71.36	66.79	72.48	*	73.75	71.63	74.20	73.95
22	75.45	†	70.31	70.10	*	67.00	73.02	71.17	74.69	*	74.10	73.47
23	*	74.11	71.04	*	71.83	66.45	73.09	70.73	74.66	72.40	*	73.30
24	75.68	73.75	70.90	71.30	71.26	67.13	72.93	69.87	*	71.88	74.30	73.67
25	75.70	74.08	†	71.33	72.38	68.80	73.08	70.21	74.30	72.20	71.46	†
26	76.00	73.75	71.06	70.54	*	*	73.58	71.16	73.61	72.94	75.17	73.71
27	76.19	*	70.18	71.26	71.98	68.00	73.33	71.43	73.45	72.80	75.60	73.88
28	76.67	73.32	71.71	71.27	†	68.70	73.68	72.46	74.10	*	76.06	73.71
29	76.60		71.10	71.25	†	69.27	*	72.15	74.17	72.56	76.66	73.86
30	*		71.10	*	71.83	71.04	73.68	75.21	74.69	74.58	76.33	74.27
31	76.17		70.78		75.38		70.32	69.87		70.00		76.22
最高点	77.56	75.38	73.42	71.45	75.38	72.38	73.68	75.21	74.69	74.58	76.66	76.22
最低点	75.45	73.32	69.10	67.86	71.26	65.52	70.32	69.87	71.31	70.00	72.43	73.30

* 星期日
† 节假日

247

1920年工业股平均指数

日期	1月	2月	3月	4月	5月	6月	7月	8月	9月	10月	11月	12月
1	†	103.01	92.40	102.66	†	90.20	91.26	*	86.34	84.00	85.48	76.50
2	108.76	99.96	91.68	†	94.03	90.65	92.20	84.95	87.22	84.50	†	77.30
3	109.88	97.23	91.95	102.98	94.27	90.90	†	85.54	88.05	*	84.99	77.08
4	108.85	95.50	94.22	104.32	94.41	91.90	*	85.58	*	85.25	84.45	77.63
5	108.85	95.75	94.58	105.45	94.17	92.25	93.00	84.06	†	85.56	83.48	76.73
6	107.36	96.13	94.55	105.65	93.45	91.13	94.04	84.56	88.21	85.60	82.86	76.73
7	107.55	*	97.38	105.38	94.75	91.46	94.51	84.10	87.13	85.23	*	75.49
8	107.24	95.73	97.11	105.23	*	92.20	94.43	*	88.33	84.40	81.51	74.22
9	106.59	92.12	99.46	*	93.33	91.92	94.20	83.24	87.98	84.42	79.94	73.29
10	106.33	90.66	99.80	103.94	92.52	93.06	*	83.20	86.98	*	80.62	72.06
11	*	†	98.55	104.61	91.29	93.20	92.08	84.83	*	84.00	79.95	*
12	104.22	92.66	99.31	105.18	90.80	*	91.58	84.75	86.96	†	77.56	70.48
13	104.53	94.21	*	104.41	91.35	91.75	91.20	85.89	87.64	84.39	76.90	72.29
14	102.00	*	100.55	104.73	91.90	91.68	90.26	85.57	87.82	85.22	*	71.28
15	103.62	92.60	100.39	104.45	*	91.75	89.95	85.07	87.62	85.40	76.63	70.60
16	101.94	92.11	102.11	*	91.24	91.37	90.24	83.90	88.63	84.96	76.65	70.26
17	102.43	93.56	101.54	†	91.21	92.00	*	84.01	89.95	*	75.21	69.55
18	†	94.44	103.98	101.87	87.36	91.92	90.21	85.31	89.81	84.31	74.36	*
19	102.72	94.15	103.66	99.48	88.16	*	90.68	86.22	88.88	84.60	73.12	68.52
20	103.48	95.57	103.56	95.93	88.20	91.32	90.45	86.86	87.96	85.26	74.03	66.75
21	102.62	95.63	*	97.15	88.40	90.16	90.74	*	87.45	84.65	*	67.02
22	102.36	*	104.17	95.46	*	90.83	89.63	85.78	86.47	85.06	77.15	69.63
23	101.90	†	103.55	95.76	87.57	90.88	89.85	87.29	85.90	85.57	77.20	68.91
24	102.65	92.98	100.33	*	90.24	*	*	86.93	86.35	*	76.65	†
25	*	89.98	101.54	97.20	90.01	90.95	87.66	87.22	*	85.73	*	68.01
26	103.74	91.37	103.63	96.41	91.01	90.88	87.68	86.81	83.82	85.61	75.53	67.96
27	104.15	91.18	103.40	94.75	91.81	*	86.96	86.60	84.53	84.92	75.46	69.20
28	103.96	91.31	*	93.16	92.06	90.45	87.89	*	83.83	84.61	76.18	70.03
29	103.60	*	102.23	93.54	†	90.36	86.86	86.43	82.95	85.08	76.04	71.95
30	104.21		102.45		94.75	90.76	86.16	86.16		84.95	*	77.63
31	103.82		102.81		87.36		94.51	87.29		85.73		85.48
最高点	109.88	103.01	104.17	105.65	94.75	93.20	94.51	87.29	89.95	85.73	85.48	77.63
最低点	101.90	89.98	91.68	93.16	87.36	90.16	86.85	83.20	82.95	84.00	73.12	66.75

* 星期日
† 节假日

1920年铁路股平均指数

日期	1月	2月	3月	4月	5月	6月	7月	8月	9月	10月	11月	12月
1	†	*	75.04	75.98	†	72.28	70.97	*	78.22	82.76	83.31	77.45
2	75.62	74.68	74.83	†	*	72.14	71.33	73.07	78.74	84.28	†	77.47
3	76.48	73.56	74.25	†	71.80	71.98	†	74.36	78.88	*	85.37	77.55
4	*	71.97	74.65	75.78	72.68	72.01	†	74.91	*	84.30	85.09	77.50
5	76.41	71.51	74.51	76.28	73.33	71.95	71.77	74.03	78.79	83.81	84.98	76.28
6	75.89	70.83	74.42	76.53	73.54	71.68	72.42	73.90	78.05	84.26	84.08	76.68
7	75.90	71.40	*	76.35	73.11	71.70	73.06	*	78.07	84.61	*	76.75
8	75.59	*	76.20	75.90	73.76	71.14	74.06	72.95	*	83.84	83.21	75.78
9	75.56	71.09	76.88	75.64	*	70.88	74.43	73.10	77.90	83.50	81.42	74.73
10	75.62	69.00	78.55	*	73.53	71.15	*	73.70	77.28	*	82.10	73.32
11	*	67.83	78.46	74.76	72.80	*	74.30	73.40	†	83.31	81.99	*
12	74.91	†	77.46	74.86	72.36	70.71	73.81	*	77.40	84.11	78.75	71.70
13	75.06	69.38	78.73	75.40	71.73	70.19	73.84	74.05	78.35	84.18	*	73.63
14	74.46	70.14	*	74.86	72.29	70.17	73.20	73.93	78.31	84.65	78.95	73.10
15	74.68	*	78.33	75.16	72.25	70.78	72.65	*	79.01	84.05	79.64	72.89
16	74.61	69.53	77.82	75.30	*	70.56	72.84	73.89	79.61	*	77.72	72.53
17	74.96	72.68	77.57	*	72.31	*	*	73.55	80.25	83.44	77.20	71.73
18	*	73.02	78.51	74.56	71.70	70.99	72.61	73.53	*	83.85	75.97	*
19	74.71	75.46	78.40	73.26	71.03	70.23	72.88	74.66	80.19	83.90	77.46	71.36
20	74.68	74.98	78.13	71.64	70.69	70.87	73.08	74.94	80.11	83.27	*	69.80
21	74.46	75.55	*	72.39	70.62	70.31	73.45	*	80.15	83.43	79.73	70.74
22	74.28	*	77.75	71.65	*	70.36	73.03	75.63	80.14	83.64	78.58	72.63
23	74.22	†	77.39	72.01	69.95	70.49	73.00	75.81	*	*	78.43	†
24	74.29	75.25	76.75	*	71.28	70.86	*	75.66	80.30	83.22	†	72.66
25	*	73.14	76.36	74.98	71.37	71.08	72.10	76.55	*	83.36	78.83	73.05
26	74.29	74.34	77.30	73.71	71.72	*	71.98	76.45	79.70	82.83	78.53	75.50
27	74.35	74.67	77.11	73.38	72.89	70.72	71.80	76.59	80.23	82.10	*	75.56
28	74.25	74.77	76.61	72.71	73.24	70.85	72.88	*	80.62	82.57	78.52	75.96
29	73.90	*	76.46	72.21	†	70.91	72.56	77.12	81.33	82.62	77.55	77.55
30	74.18		76.11	*	73.76	72.28	73.03	77.50	*	*	*	*
31	74.68		78.73		69.95		74.43	72.95		84.65		69.80
最高点	76.48	75.55	78.73	76.53	73.76	72.28	74.43	77.50	81.33	84.65	85.37	77.55
最低点	73.90	67.83	74.25	71.64	69.95	70.17	70.97	72.95	77.28	82.10	75.97	69.80

* 星期日
† 节假日

1919年工业股平均指数

日期	1月	2月	3月	4月	5月	6月	7月	8月	9月	10月	11月	12月
1	†	80.55	84.04	88.84	93.26	106.92	108.13	107.99	†	111.12	118.63	104.03
2	82.60	*	*	89.30	94.30	*	108.56	†	106.26	111.19	*	104.41
3	83.35	80.91	85.58	88.91	94.78	103.83	109.90	102.82	108.55	108.90	119.62	105.75
4	83.05	81.08	85.10	89.59	105.66	†	102.40	108.27	110.26	†	107.97
5	*	80.70	84.24	89.65	94.92	107.55	†	105.78	106.96	*	118.48	107.42
6	82.45	79.68	85.64	*	†	107.46	109.41	100.80	106.33	112.04	117.78	107.39
7	82.44	79.35	86.23	90.18	96.16	*	109.97	101.88	*	112.55	117.18	*
8	82.60	79.15	87.27	90.59	97.65	107.55	110.46	104.33	106.51	113.55	115.54	107.88
9	82.76	*	*	91.01	98.61	107.35	†	108.30	113.40	*	106.85
10	82.30	79.65	87.43	90.11	98.19	105.43	110.92	103.94	107.68	114.42	112.93	105.01
11	81.66	80.25	88.10	*	*	105.16	110.71	105.10	107.10	114.39	110.75	103.73
12	*	†	88.30	89.61	98.53	105.05	*	104.28	108.30	*	107.15	105.61
13	81.79	81.07	88.18	*	99.23	102.85	112.23	102.86	*	112.41	110.69	*
14	82.00	81.20	87.87	90.48	100.37	102.78	111.66	*	108.39	112.88	110.49	105.06
15	82.40	81.96	87.68	91.47	99.45	*	111.47	†	108.81	112.51	109.81	106.61
16	82.20	*	*	91.07	99.92	99.56	110.65	99.25	*	*	*	107.26
17	81.35	82.55	88.41	90.88	100.10	103.28	110.69	*	106.78	112.98	109.09	103.78
18	80.93	81.92	87.87	91.67	*	105.08	†	99.70	105.84	113.20	107.45	104.63
19	*	82.58	88.26	*	99.16	104.49	107.24	100.58	*	*	106.15	104.55
20	80.14	82.93	87.81	92.21	99.88	106.13	109.34	98.46	104.99	115.43	108.19	*
21	79.88	84.21	89.05	92.24	99.65	106.45	110.73	99.47	106.30	115.62	107.73	103.55
22	80.00	†	88.66	92.36	99.88	*	109.98	101.44	106.89	117.62	108.42	103.79
23	80.20	*	*	*	100.47	106.09	110.03	*	*	114.88	*	103.95
24	81.75	84.62	87.97	92.09	101.60	104.58	111.10	101.63	106.83	115.57	108.86	†
25	81.33	84.61	†	*	*	104.91	†	103.29	107.30	112.73	109.02	105.63
26	*	85.60	86.83	92.48	103.80	106.66	111.10	101.91	108.66	*	107.50	106.08
27	81.47	85.68	87.65	93.17	103.58	*	110.94	103.01	110.06	114.88	†	*
28	81.60	84.81	88.86	93.51	104.00	107.14	110.72	103.01	110.32	116.30	103.72	105.18
29	80.56		88.88	92.88	105.50	106.98	108.91	104.75	111.42	117.43	103.60	105.46
30	80.94		*	*	†	*	112.23	†	*	117.33		107.23
31	80.61		88.85		105.50		107.16	107.99		118.92		107.97
最高点	83.35	85.68	89.05	93.51	105.50	107.55	112.23	107.99	111.42	118.92	119.62	107.97
最低点	79.88	79.15	84.04	88.84	93.26	99.56	107.16	98.46	104.99	108.90	103.60	103.55

● 星期日
† 节假日

1919年铁路股平均指数

日期	1月	2月	3月	4月	5月	6月	7月	8月	9月	10月	11月	12月
1	†	81.76	84.71	83.73	85.63	*	86.28	86.63	†	81.97	80.01	74.93
2	84.31	*	84.88	83.80	85.98	90.78	86.56	†	81.30	81.51	*	75.27
3	84.84	81.68	83.65	83.71	86.15	89.41	86.89	83.22	81.48	80.95	79.90	75.65
4	84.48	82.54	82.78	84.79	†	89.63	†	81.93	81.35	82.06	*	75.97
5	*	82.70	82.78	84.62	87.28	90.53	*	82.41	80.60	*	80.23	76.61
6	83.93	82.18	83.33	*	*	90.05	87.66	80.66	80.36	82.48	80.66	76.99
7	84.08	81.85	84.13	84.78	87.48	90.19	87.76	79.96	*	82.23	81.18	*
8	84.43	81.61	84.66	84.50	87.48	*	88.59	81.31	80.27	82.04	*	76.85
9	*	*	*	84.55	87.01	89.91	87.87	*	*	81.70	80.90	76.44
10	84.01	81.65	84.96	84.25	86.78	88.68	88.10	81.28	80.43	82.31	79.98	76.02
11	84.06	81.89	85.81	83.76	*	88.35	88.22	81.46	†	82.38	79.80	74.29
12	*	†	85.47	83.66	86.75	88.23	*	81.01	80.15	*	78.57	73.63
13	83.90	81.80	85.26	*	87.27	86.92	88.13	80.33	79.89	81.61	79.32	74.21
14	83.97	82.08	85.00	83.88	88.53	86.76	88.71	*	80.63	81.50	79.65	*
15	83.85	82.31	84.73	83.79	88.43	*	90.24	78.89	81.08	81.28	*	73.96
16	83.31	*	*	83.62	89.72	85.85	89.48	79.11	80.63	81.36	81.86	74.75
17	82.99	82.80	84.73	83.36	90.50	87.08	*	78.60	80.32	81.15	80.34	74.88
18	82.62	83.00	84.61	†	*	87.33	89.40	78.05	79.53	*	79.36	74.53
19	*	83.16	84.61	83.50	90.10	87.08	†	79.11	79.43	81.14	79.65	75.56
20	81.69	83.19	84.03	83.53	90.35	87.79	88.33	78.60	78.98	80.85	79.40	75.86
21	80.86	83.64	84.26	84.51	89.53	87.90	88.73	79.63	*	80.88	*	*
22	81.40	†	84.21	84.46	89.41	*	88.58	80.05	79.40	81.09	79.39	75.35
23	82.08	*	*	84.24	89.87	87.65	88.12	*	79.53	82.15	*	74.86
24	82.68	84.18	83.93	84.58	90.33	87.95	88.25	81.29	79.60	80.99	79.40	74.93
25	82.70	83.69	*	85.81	*	*	88.40	81.16	79.25	81.07	78.87	†
26	*	84.36	83.00	*	91.13	86.83	*	79.78	79.69	80.60	77.97	75.48
27	82.51	84.60	83.10	85.57	91.13	86.76	88.20	80.33	80.11	80.63	75.33	74.98
28	82.66	84.22	83.53	85.38	90.82	*	87.85	81.21	*	80.25	75.86	*
29	82.11		83.41	85.03	91.08	86.56	87.26	†	80.22	80.28	*	74.23
30	82.13		*	*	†	*	86.50	*	80.62	*	*	73.85
31	81.97		83.59		91.13		90.24	86.63		82.48	81.86	75.30
最高点	84.84	84.60	85.81	85.81	91.13	90.78	90.24	86.63	81.48	82.48	81.86	76.99
最低点	80.86	81.61	82.78	83.36	85.63	85.85	86.28	78.60	78.98	80.25	75.33	73.63

* 星期日　† 节假日

1918年工业股平均指数

日期	1月	2月	3月	4月	5月	6月	7月	8月	9月	10月	11月	12月
1	†	79.28	79.93	77.16	78.16	77.93	81.81	80.71	*	83.95	85.53	81.13
2	76.68	79.77	78.98	76.69	78.90	*	81.98	80.76	†	84.45	85.23	82.46
3	76.18	†	*	77.01	78.64	78.55	82.49	80.90	83.84	84.95	*	82.45
4	75.56	79.28	79.01	77.42	78.59	79.60	†	81.57	83.61	85.31	85.74	82.89
5	73.75	79.50	79.50	77.03	*	79.54	82.96	81.13	83.63	84.87	*	82.45
6	*	78.93	79.20	77.95	79.36	78.95	83.20	80.97	82.56	*	86.62	82.71
7	74.86	77.78	79.53	*	80.51	78.53	*	81.13	82.91	84.35	87.61	*
8	74.63	77.44	79.50	77.69	80.32	79.16	82.60	81.13	*	84.30	87.66	83.41
9	75.61	78.98	79.71	77.40	81.30	*	82.76	81.65	81.80	83.36	88.06	84.50
10	76.33	†	*	76.85	81.29	78.93	82.09	82.04	81.33	84.15	*	84.27
11	75.00	†	79.78	75.58	81.82	79.10	81.09	*	80.46	84.83	86.56	83.53
12	74.48	78.73	78.07	76.25	*	79.76	81.23	81.58	†	†	86.12	82.65
13	*	78.71	78.68	76.01	82.16	80.53	81.15	81.68	80.29	86.35	85.53	82.96
14	73.48	79.96	79.13	*	82.21	80.61	*	81.70	81.49	86.21	86.15	*
15	73.38	79.88	79.06	77.51	84.04	81.21	80.58	81.58	*	86.63	*	83.23
16	74.60	80.08	78.98	77.21	84.03	*	81.77	81.77	81.48	88.27	85.35	83.41
17	74.48	*	*	76.89	83.50	80.61	81.45	81.51	81.80	89.07	*	83.01
18	74.55	81.53	77.93	78.11	83.35	80.98	82.92	*	81.92	88.88	85.01	82.40
19	74.89	82.08	78.13	78.60	*	80.93	82.31	81.63	81.64	*	84.68	81.72
20	*	81.28	78.14	79.73	82.47	81.83	82.29	81.92	81.96	88.15	84.33	81.89
21	76.11	80.53	78.71	79.42	82.87	81.65	*	81.91	82.33	87.79	83.84	*
22	75.75	*	77.71	78.30	82.22	81.95	81.22	81.61	*	87.10	82.60	81.51
23	75.43	79.88	78.13	78.01	82.21	*	80.51	82.15	82.44	87.10	81.83	80.59
24	75.92	*	76.24	77.88	81.58	82.50	80.93	82.83	82.80	86.52	*	†
25	76.50	79.17	76.45	77.88	81.16	82.40	81.28	*	82.64	87.70	79.87	80.44
26	76.44	80.65	76.49	78.23	*	83.02	81.51	82.93	82.84	*	81.43	81.17
27	†	80.50	76.72	77.86	78.65	82.78	81.49	83.01	84.03	87.28	80.16	*
28	*	80.39	76.41	*	78.42	82.58	*	83.18	83.85	*	†	81.55
29	77.13		†	77.79	78.44	82.68	81.10	82.73	84.68	86.39	80.93	80.78
30	76.98		76.72	77.51	†	*	80.79	82.46	*	84.08	81.13	82.20
31	79.80		*		78.08		81.23	82.84		85.51		84.50
最高点	79.80	82.08	79.93	79.73	84.04	83.02	83.20	83.18	84.68	89.07	88.06	84.50
最低点	73.38	77.78	76.24	75.58	78.08	77.93	80.51	80.71	80.29	83.36	79.87	80.44

* 星期日
† 节假日

1918年铁路股平均指数

日期	1月	2月	3月	4月	5月	6月	7月	8月	9月	10月	11月	12月
1	†	80.92	81.00	80.20	79.24	82.65	82.67	82.46	*	85.17	88.63	87.75
2	79.46	81.03	80.40	79.53	79.75	*	82.57	82.51	†	85.25	88.53	87.86
3	80.02	*	*	79.67	79.48	82.26	82.75	82.56	83.48	85.11	*	87.63
4	80.28	80.59	80.13	79.81	79.30	83.43	†	82.69	83.61	84.87	89.71	87.77
5	79.19	79.98	80.20	79.51	*	83.08	83.16	82.56	83.63	84.95	†	87.60
6	*	79.33	80.60	80.08	80.11	82.93	83.10	82.76	85.55	*	90.57	87.66
7	79.12	79.34	80.61	*	80.63	82.46	*	82.84	85.67	85.39	92.73	*
8	79.33	79.38	82.40	79.53	81.81	82.68	82.83	83.08	*	85.04	92.45	87.72
9	79.76	†	81.71	79.21	82.45	*	83.31	83.33	85.11	85.16	†	88.25
10	79.53	†	*	78.90	82.36	82.53	83.31	*	84.50	85.33	92.14	87.90
11	78.96	*	82.56	78.00	82.31	82.48	82.76	84.12	83.68	86.17	91.25	87.07
12	78.53	79.06	81.91	78.45	*	*	82.75	85.00	†	†	90.77	86.50
13	*	79.87	81.76	78.26	82.75	83.23	82.81	84.57	83.32	87.87	90.88	86.45
14	77.50	80.86	82.06	*	84.08	83.27	*	84.43	83.70	87.20	90.39	*
15	77.21	80.70	82.23	79.15	84.39	83.38	82.19	84.65	*	87.28	*	86.54
16	77.70	*	*	78.98	84.32	*	82.46	84.32	83.59	88.18	89.91	86.58
17	77.90	80.23	81.24	78.60	84.20	83.25	82.30	*	83.81	89.45	89.56	85.88
18	77.91	80.95	81.21	79.28	83.81	83.31	82.99	84.48	84.13	89.68	89.45	84.79
19	78.14	81.13	81.25	79.38	*	83.26	82.81	84.83	83.76	*	*	84.25
20	*	81.13	81.55	79.52	83.59	83.50	82.97	84.81	84.20	90.34	89.28	84.30
21	78.14	*	*	79.55	84.00	83.24	*	84.55	84.21	91.80	88.45	*
22	77.90	80.50	80.70	79.45	83.09	83.31	82.80	85.45	*	90.26	87.51	83.75
23	77.63	80.90	79.16	79.26	82.51	83.42	82.36	86.38	84.36	89.58	85.10	83.63
24	78.68	*	79.42	78.99	82.40	83.36	82.58	*	84.42	88.78	86.06	†
25	*	80.23	79.82	79.05	83.20	83.69	82.80	86.05	84.13	89.55	85.56	83.05
26	79.11	80.95	*	78.84	*	83.37	82.82	86.09	84.55	*	*	83.10
27	†	81.13	79.72	*	82.27	83.20	82.86	85.93	84.43	89.21	87.16	83.76
28	†	81.13	†	78.84	82.97	83.11	*	85.88	*	88.85	87.08	*
29	79.63		79.98	78.68	83.50	*	83.13	85.85	85.90	87.46	*	83.10
30	79.36		*	*	†	83.69	82.90	86.36	85.50	88.11	92.91	84.32
31	81.03		82.70		82.88		82.86	86.38		*	*	88.25
最高点	81.03	81.41	82.70	80.20	84.39	83.69	83.31	86.38	85.67	91.80	92.91	88.25
最低点	77.21	79.06	78.73	78.00	79.24	82.26	82.19	82.46	83.32	84.87	85.10	83.05

* 星期日
† 节假日

1917年工业股平均指数

日期	1月	2月	3月	4月	5月	6月	7月	8月	9月	10月	11月	12月
1	†	88.52	91.10	97.06	93.42	97.89		92.26		83.58	71.41	72.86
2	96.15	87.01	92.82	96.34	92.48	97.59	95.23	92.87	†	83.49	72.52	72.55
3	99.18	89.97	93.63	95.83*	90.98	97.00	95.31*	92.96	†	82.45	72.32	70.72
4	97.15			94.61	90.45	†	†	†	81.20	80.62	69.93*	71.68
5	96.16	92.03	95.04	†	90.20	98.43	93.57	93.85	83.66	81.75		71.01
6	96.75*	92.81	95.30	93.10	91.20	98.16	93.90	93.30	83.42	81.35	71.54	70.29
7		92.19	95.30	92.41	90.22	98.58	94.28	91.47	83.49		68.58	70.31*
8	96.40	90.94	95.28		89.68	99.08*		92.23	83.18*	80.48	69.36	
9	97.64	90.20	96.46	90.41*			93.64	91.90		79.26	70.30	70.49
10	95.70	91.56	96.78	92.82	89.77	97.86	93.10	91.81*	83.88	77.32		68.78
11	96.02	†		93.10	89.62*	97.52	94.14		83.51	77.83	70.65	67.30
12	95.75	92.37	95.03	93.18		98.31	93.64	92.65	82.19	†	70.35	66.96
13	95.13	91.86	95.05	93.76*	90.78	97.95	92.33	91.69	83.14	75.13	69.15	68.65
14		91.65	95.16		90.19	97.22	92.57	92.10	83.44	77.08	69.75	67.53
15	95.59	92.70	95.65	92.21	92.56	96.95		91.44	83.04*	76.11		
16	97.55		95.63	91.87	91.63		91.38	91.61		†	70.41*	67.08
17	96.60	93.66	96.22	91.83	92.37*	94.89	91.95	91.42	81.55	77.85		67.31
18	97.50	94.91	96.97	91.63		95.36	91.05		81.63	78.21	71.51	65.95
19	97.35	93.97*	98.20	90.84	93.47	94.78	90.48	91.27	84.01	77.80	72.80	67.13
20	97.97	†	97.61	90.98	94.09	95.77	91.59	90.75	84.82*		73.57	68.25
21			96.78		94.26	96.63	92.61	89.16	85.23	79.06	72.95	68.23
22	96.60	92.56	97.27	90.96	95.20	97.60		88.15	84.53	78.50	74.23	
23	96.26	92.22	97.73	90.66	96.76		91.61	88.91	85.70	78.30	73.51*	69.29
24	96.66			92.98	97.58*	97.57	91.26	89.06	86.02	77.68		†
25	97.41*	93.35	96.32	93.06		96.81	91.24		84.61	77.35	74.03	68.33
26	97.36	92.68	96.46	93.10	97.20	95.98	91.42	88.40	84.60	78.91*	73.80	70.49
27	96.71*	91.56	97.01	92.65	97.41	95.41	91.75	86.12	83.46	78.25	73.25	72.13*
28			96.75		†	95.38	92.11*	85.95	83.81*	76.28	†	72.45
29	95.78		96.72	93.23	97.38	95.87	92.13	84.51		75.53	72.65	*
30	95.83		95.41*		97.58		91.75	83.40	86.02	74.50		74.38
31			98.20		99.08		95.31	93.85		83.58		74.38
最高点	99.18	94.91	98.20	97.06	97.58	99.08	95.31	93.85	86.02	83.58	74.23	74.38
最低点	95.13	87.01	91.10	90.66	89.08	94.78	90.48	83.40	81.20	74.50	68.58	65.95

* 星期日
† 节假日

1917年铁路股平均指数

日期	1月	2月	3月	4月	5月	6月	7月	8月	9月	10月	11月	12月
1	†	99.31	96.53	*	96.17	94.84	*	93.63	*	85.66	77.21	76.21*
2	105.41	97.50	97.00	100.72	95.35	93.78	92.45	93.84	†	85.20	78.00	75.55
3	105.76	98.16	97.63	99.25	93.39	†	92.93	†	87.06	85.03	77.37	74.90
4	105.02	*	*	99.25	92.13	93.56	†	93.95	87.93	84.46	*	77.23
5	104.75	98.59	97.76	98.16	91.74	94.20	92.16	93.91	87.88	85.81	75.35	76.40
6	104.74	97.93	97.36	†	*	94.57	92.46	94.16	87.91	85.88	†	75.86
7	*	96.97	97.06	97.11	92.41	95.06	93.08	93.28	87.84	85.07	76.69	75.74
8	104.88	96.75	96.83	96.15	91.79	*	*	93.90	*	84.70	74.54	*
9	104.56	96.81	97.40	96.05	90.63	95.27	92.80	93.26	87.88	83.51	75.88	75.91
10	103.33	96.11	97.30	96.88	91.88	*	93.55	*	87.60	83.38	76.58	72.17
11	103.11	†	*	96.96	91.04	94.79	93.94	93.20	86.05	†	*	72.43
12	103.41	98.08	97.75	97.83	*	95.27	94.12	93.49	86.17	81.50	76.72	73.98
13	103.47	97.15	97.28	97.81	91.35	95.51	94.02	93.46	86.88	83.07	76.48	73.18
14	*	96.90	96.95	*	90.73	95.27	95.09	93.45	87.10	82.51	75.60	*
15	103.65	97.17	97.27	96.71	92.06	95.32	*	92.96	*	83.66	75.70	72.93
16	103.02	96.97	97.67	96.97	92.89	*	94.96	92.06	85.95	*	75.01	70.75
17	103.01	97.85	*	97.03	92.76	94.66	95.05	92.08	85.58	*	75.34	71.50
18	105.10	*	96.91	*	92.95	94.68	94.05	*	87.01	83.82	*	72.03
19	104.84	98.03	99.55	97.10	*	94.49	93.72	91.41	86.71	84.34	77.05	71.84
20	104.76	98.68	100.18	96.88	93.21	94.90	93.75	90.96	87.04	*	77.58	*
21	*	99.05	99.48	*	94.18	95.26	94.08	90.20	87.41	83.57	78.32	72.80
22	104.55	†	99.48	96.58	94.11	95.46	*	90.31	*	83.17	78.46	†
23	104.02	98.60	101.98	96.27	94.30	*	93.66	91.35	88.03	82.65	78.16	71.61
24	104.87	98.52	102.30	*	93.88	96.28	93.40	91.38	89.08	81.73	*	78.02
25	104.47	*	*	97.40	94.01	96.53	93.43	*	88.23	*	78.13	79.86
26	104.40	98.70	100.54	97.90	*	95.60	93.36	91.13	88.12	81.96	77.13	79.63
27	104.16	98.08	100.36	97.61	95.15	96.01	93.49	90.26	86.30	82.61	76.42	†
28	*	97.37	101.27	96.75	95.20	95.09	93.65	90.53	86.55	*	†	*
29	103.68		100.73	96.80	†	95.20	*	89.87		81.08	75.80	71.61
30	103.66		100.93		95.20	94.20	93.48	89.45		80.50		78.02
31	102.71		100.33		96.17		93.57	†		79.61		79.86
最高点	105.76	99.31	102.30	100.72	96.17	96.53	95.09	94.16	89.08	85.88	78.46	79.86
最低点	102.71	96.11	96.53	96.05	90.63	93.56	92.16	89.45	85.58	79.61	74.54	70.75

* 星期日
† 节假日

255

1916年工业股平均指数

日期	1月	2月	3月	4月	5月	6月	7月	8月	9月	10月	11月	12月
1	†	91.93	90.69	93.69*	90.30	91.87	88.93	89.05	91.19	*	105.90	106.17
2	*	93.69	90.52	*	89.04	91.22	*	88.34	92.29	103.01	105.70	106.81
3	98.81	94.40	91.71	94.13	88.61	91.53	89.37	88.83	*	103.45	106.28	*
4	97.72	93.19	91.48	93.97	87.71	*	†	88.41	93.36	103.41	105.93	106.20
5	97.41	93.39	*	94.12	88.51	92.19	90.53	88.55	94.51	104.15	*	106.43
6	96.44	*	92.93	94.46	90.51	91.73	90.40	*	94.59	102.85	107.21	106.76
7	97.34	94.96	92.58	93.38	*	91.84	89.71	88.88	94.63	103.40	†	106.43
8	97.52	94.91	92.58	93.31	90.36	92.01	89.51	88.15	*	*	106.83	106.51
9	*	95.86	93.50	*	89.71	92.78	*	90.26	95.53	100.23	107.68	105.68
10	95.69	96.10	93.11	94.22	89.78	92.70	88.60	90.05	*	101.35	107.65	*
11	94.07	96.15	92.90	93.77	90.08	*	87.63	90.32	95.74	99.98	106.72	104.67
12	95.31	†	*	93.28	90.94	93.61	87.63	90.50	96.65	†	*	100.35
13	94.71	95.28	94.75	91.28	91.71	93.19	86.42	*	97.71	98.94	105.63	102.61
14	96.47	95.40	95.40	91.63	*	93.33	86.95	90.75	97.85	98.98	107.04	98.23
15	96.55	95.76	95.76	91.48	92.43	92.49	87.36	91.48	98.39	*	107.72	97.93
16	*	94.50	96.08	*	92.01	*	*	91.91	98.00	101.42	108.48	99.11
17	96.63	94.11	96.00	91.08	91.51	91.90	87.15	92.08	*	102.42	109.62	*
18	96.16	94.35	95.76	90.65	92.05	90.00	87.25	92.08	98.51	102.35	110.13	98.07
19	95.25	94.77	*	88.46	91.76	90.57	88.10	91.93	98.57	102.55	110.10	97.76
20	93.60	†	93.60	88.11	91.81	*	89.00	*	98.47	103.68	110.10	95.26
21	94.78	94.36	93.58	†	*	90.03	89.03	93.25	99.55	103.88	108.65	90.16
22	94.65	*	93.97	84.96	92.06	89.54	89.75	93.61	100.77	*	107.48	94.60
23	*	94.35	93.76	87.00	92.37	88.88	*	93.66	101.30	105.17	109.07	†
24	93.87	93.37	93.65	88.12	92.62	89.26	89.10	92.90	100.89	105.15	109.95	96.10
25	94.24	93.85	93.23	87.23	92.29	87.68	88.83	92.91	101.39	104.57	*	95.63
26	93.49	92.78	*	88.78	91.62	88.43	88.13	*	101.85	104.56	108.23	94.01
27	92.99	*	93.57	89.65	*	88.00	88.00	92.49	103.11	105.28	108.23	*
28	93.25	90.89	93.81	89.78	91.95	88.29	88.35	91.63	103.73	104.83	107.01	95.00
29	91.93	91.03	93.36	*	†	89.51	88.79	91.32	102.90	*	105.97	†
30	*		92.73		91.80	89.58	*	92.25	*	104.30	†	
31	90.58		93.25		91.80		89.25	93.83		104.61		106.81
最高点	98.81	96.15	96.08	94.46	92.62	93.61	90.53	93.83	103.73	105.28	110.15	106.81
最低点	90.58	90.89	90.52	84.96	87.71	87.68	86.42	88.15	91.19	98.94	105.63	90.16

* 星期日   † 节假日

附录

1916年铁路股平均指数

日期	1月	2月	3月	4月	5月	6月	7月	8月	9月	10月	11月	12月
1	†	102.05	100.65	101.61	102.46	107.06	105.78	103.89	104.01	*	110.07	108.69
2	107.76	102.56	100.69	*	101.66	106.63	*	103.43	104.62	109.96	110.42	109.10
3	107.50	102.88	101.14	101.96	101.24	106.87	106.62	103.28	†	110.83	110.23	*
4	107.32	101.68	100.86	102.10	100.68	*	†	103.34	104.75	112.28	110.28	108.65
5	106.75	101.84	*	102.73	101.40	106.91	106.91	103.31	104.83	108.88	*	108.92
6	107.13	102.26	101.35	102.88	102.03	107.29	107.11	*	105.41	111.00	110.96	108.77
7	107.36	102.16	101.31	102.21	*	108.23	106.60	103.21	105.70	111.30	†	108.56
8	*	102.62	101.41	102.10	102.69	108.43	106.62	103.59	105.86	*	110.34	108.33
9	106.54	103.00	101.74	*	103.08	108.80	*	105.51	*	109.40	110.00	107.79
10	106.18	†	101.72	102.13	102.58	108.53	106.08	104.75	105.69	110.47	109.61	*
11	106.69	103.32	101.66	101.85	102.75	*	105.41	105.16	105.61	109.26	*	106.91
12	106.48	*	*	101.79	103.70	109.08	105.45	*	*	†	108.17	105.09
13	106.79	102.41	102.20	100.96	103.97	108.63	104.99	105.28	106.21	108.89	107.76	106.73
14	106.73	102.34	103.37	101.00	*	108.51	105.10	105.76	106.68	109.14	107.23	106.22
15	*	101.45	103.73	101.12	104.68	108.26	105.17	106.25	107.59	*	108.15	107.53
16	106.56	101.50	103.44	*	104.43	107.47	*	105.80	109.16	110.24	108.25	*
17	106.22	101.86	103.63	101.08	104.28	107.15	105.21	*	108.76	110.38	*	107.41
18	*	101.73	103.70	101.28	106.15	*	105.38	105.44	108.39	110.03	109.21	106.53
19	105.90	*	*	100.06	106.97	105.60	105.27	105.27	107.59	110.23	108.42	103.53
20	105.02	101.59	102.94	100.17	107.35	106.31	*	105.63	108.13	110.52	108.03	105.91
21	105.55	101.46	102.98	†	108.76	105.85	104.73	107.14	108.43	110.34	107.59	106.08
22	105.41	101.03	103.03	99.11	108.38	105.71	104.89	106.99	108.43	*	108.03	*
23	*	101.69	103.20	99.78	107.18	105.30	*	106.68	*	111.03	108.02	106.17
24	104.07	101.36	103.08	100.02	106.76	105.45	104.43	106.03	108.53	110.40	*	106.27
25	103.98	*	102.96	99.98	106.58	*	104.04	*	109.33	109.89	107.81	105.42
26	102.74	101.00	*	101.95	106.26	104.53	103.81	105.89	110.26	110.18	107.71	*
27	102.42	101.13	102.81	101.78	*	104.55	103.40	105.13	109.76	109.96	107.85	105.15
28	102.37		102.71	101.73	106.89	105.52	103.54	104.44	110.03	109.95	†	†
29	101.83		102.20	*	†	105.95	103.73	105.05	110.05	109.95	*	109.10
30	*		101.72	102.88	106.68	109.08	103.65	*	104.01	112.28	110.96	103.53
31	100.75		101.63		108.76		107.11	107.14				
最高点	107.76	103.32	103.73	102.88	108.76	109.08	107.11	107.14	110.26	112.28	110.96	109.10
最低点	100.75	101.00	100.65	99.11	100.68	104.04	103.40	103.21	104.01	108.88	107.23	103.53

* 星期日　† 节假日

1915年工业股平均指数

日期	1月	2月	3月	4月	5月	6月	7月	8月	9月	10月	11月	12月
1	†	55.59	55.29	61.05	71.51	64.86	69.85	*	81.79	90.88	95.16	95.90
2	54.63	57.26	55.66	†	*	65.72	69.98	76.46	81.03	91.98	†	94.78
3	*	56.90	55.88	61.49	69.54	67.75	69.56	76.71	80.70	*	94.76	95.91
4	55.44	56.83	56.00	62.29	69.58	67.71	*	77.33	80.90	90.98	96.06	96.78
5	55.50	56.16	56.51	62.78	67.53	68.56	†	77.21	†	89.16	94.81	*
6	55.40	56.33	56.41	62.55	68.23	*	69.87	77.21	81.02	88.23	94.18	97.86
7	56.08	*	*	63.15	65.13	69.21	68.85	76.71	81.16	90.20	*	97.71
8	56.55	56.31	56.98	65.02	62.77	68.92	68.65	*	81.88	90.50	92.80	98.45
9	56.54	56.85	56.88	65.15	*	67.27	67.88	77.70	80.96	90.63	91.08	97.18
10	*	57.05	56.66	*	62.06	69.02	68.38	77.86	80.40	*	92.18	96.13
11	57.37	†	56.86	64.66	64.64	70.55	*	77.45	*	92.37	93.64	96.51
12	57.44	57.83	56.66	65.54	64.46	71.12	70.05	78.14	81.40	†	* 94.71	*
13	57.35	*	56.35	66.14	63.01	*	70.26	78.38	81.51	93.63	95.33	95.96
14	57.51	57.20	*	67.42	60.38	70.93	70.80	78.82	81.91	92.76	*	98.30
15	57.90	57.02	56.70	69.36	61.93	71.05	71.50	*	81.71	92.56	95.05	98.18
16	57.19	56.64	56.59	69.60	*	71.30	71.78	81.28	*	93.34	96.33	96.57
17	*	55.70	56.67	*	63.41	71.16	71.85	81.78	82.54	*	96.18	97.40
18	58.12	55.53	56.57	67.86	62.70	70.98	*	81.86	83.27	94.61	95.48	97.57
19	58.11	55.38	56.58	68.64	63.08	71.16	70.84	80.31	*	93.38	95.27	*
20	58.42	55.20	57.40	68.43	63.68	*	71.00	79.31	84.26	94.61	*	97.70
21	58.51	†	*	68.20	64.88	71.83	72.05	76.76	84.83	95.35	95.02	97.66
22	58.21	55.51	58.10	68.65	65.50	71.90	73.82	*	85.88	96.46	95.45	97.98
23	*	54.40	59.10	69.64	*	71.28	74.10	76.88	86.48	96.11	95.87	98.25
24	58.52	54.22	59.26	*	65.46	70.78	74.18	79.07	86.81	*	97.18	†
25	58.06	54.61	59.25	68.97	64.79	70.23	74.60	80.65	*	95.88	97.28	98.36
26	58.34	55.02	59.51	68.90	64.42	70.71	74.83	81.88	89.20	94.72	*	99.21
27	57.07	55.18	59.60	70.22	64.95	*	75.53	81.95	89.73	93.34	97.07	99.16
28	57.25	*	*	70.95	65.01	70.08	75.79	*	89.90	95.34	*	97.96
29	56.54		60.13	71.78	64.67	70.06	75.53	81.70	90.58	96.02	97.56	98.20
30	57.16		61.30	*	†	*	*	81.20	*	*	96.71	99.15
31	*		60.83		71.51		75.34	*		96.46		*
最高点	58.52	57.83	61.30	71.78	71.51	71.90	75.79	81.95	90.58	96.46	97.56	99.21
最低点	54.63	54.22	55.29	61.05	60.38	64.86	67.88	76.46	80.40	88.23	91.08	94.78

* 星期日
† 节假日

1915年铁路股平均指数

日期	1月	2月	3月	4月	5月	6月	7月	8月	9月	10月	11月	12月
1	†	91.91	87.94	92.84	96.94	91.68	92.55	*	93.91	97.68	107.89	105.87
2	88.46	91.52	88.18	†	*	92.46	92.03	92.61	93.49	97.55	†	105.22
3	*	91.21	88.98	93.39	95.97	93.85	91.88	92.91	94.10	*	107.90	105.79
4	89.63	90.89	88.80	*	96.16	93.87	*	92.88	*	97.85	108.28	106.09
5	89.95	90.09	89.98	93.91	94.80	93.49	†	93.13	94.95	97.70	107.05	*
6	89.43	90.11	89.71	94.05	95.33	*	91.81	93.66	*	98.87	106.56	107.20
7	89.94	*	*	93.93	93.53	93.06	90.51	93.42	95.01	99.54	*	106.56
8	89.85	90.38	90.47	93.64	93.09	92.87	89.48	*	94.89	101.80	105.91	106.40
9	89.95	89.81	90.02	95.78	*	92.54	88.66	93.53	95.33	103.20	105.26	105.91
10	*	90.22	89.97	96.44	91.75	93.38	89.51	95.70	95.00	*	106.79	105.21
11	90.83	†	90.18	*	93.60	94.10	*	95.69	94.61	103.53	106.53	105.58
12	90.78	90.92	*	95.67	93.26	94.17	90.64	94.93	*	†	106.82	*
13	90.58	90.28	89.61	95.89	92.55	*	90.50	94.00	95.01	102.55	106.80	104.97
14	90.91	*	89.71	96.16	90.75	93.95	90.43	94.07	94.87	101.40	*	105.90
15	91.22	89.91	*	96.26	92.06	93.26	90.86	*	94.82	101.06	106.55	105.71
16	91.28	89.65	89.95	96.47	*	93.69	90.48	94.20	94.60	101.33	107.20	104.88
17	*	89.14	89.59	97.10	92.79	93.36	90.26	94.24	94.82	*	106.91	105.13
18	92.00	*	89.56	*	92.16	93.07	*	94.10	95.73	102.48	107.57	105.30
19	92.91	89.26	89.45	97.72	92.47	93.11	90.68	93.48	95.95	102.15	107.06	*
20	93.18	88.96	89.83	98.75	*	93.40	90.93	93.00	95.68	101.79	106.81	105.50
21	*	88.88	89.90	98.45	92.75	94.01	90.87	91.95	95.94	101.54	*	105.45
22	94.05	*	*	97.91	93.13	93.08	90.29	*	96.27	102.29	106.55	105.38
23	93.51	†	90.09	97.58	*	*	*	92.28	97.91	102.51	106.76	106.54
24	93.46	87.90	91.30	98.09	92.98	93.26	90.16	92.76	98.94	*	107.15	106.43
25	*	87.85	92.56	*	92.56	93.77	*	93.62	*	103.06	†	†
26	93.23	87.91	92.88	97.69	92.31	*	90.00	93.63	98.96	103.45	106.80	107.35
27	93.70	88.08	*	97.33	92.50	93.47	92.50	93.78	98.31	103.35	106.75	106.63
28	92.21	88.21	92.95	97.73	92.14	93.55	92.25	93.93	98.15	105.00	106.40	106.53
29	92.52	*	93.37	97.96	92.06	92.96	92.17	94.03	97.93	106.26	106.36	106.88
30	90.80		92.98	97.35	†		92.02	94.08	*	107.04	*	108.05
31	91.60		92.82		96.94		92.55	95.70		107.04		108.05
最高点	94.05	91.91	93.37	98.75	96.94	94.17	92.55	95.70	98.96	107.04	108.28	108.05
最低点	88.46	87.85	87.94	92.84	90.75	91.68	88.66	91.95	93.49	97.55	105.26	104.88

*星期日 † 节假日

1914年工业股平均指数

日期	1月	2月	3月	4月	5月	6月	7月	8月	9月	10月	11月	12月
1	†	*	*	82.46	80.11	80.98	80.33					
2	78.59	82.55	81.66	82.47	79.83	80.50	80.64					
3	78.43	83.19	81.72	82.11	*	80.82	81.27					
4	*	82.90	82.19	82.07	79.89	81.17	†					
5	79.00	82.85	81.75	*	79.89	81.19	*					
6	79.26	82.34	81.12	82.18	79.78	81.48	81.40					
7	79.17	82.51	81.28	82.18	79.85	*	81.60					
8	78.81	*	*	81.92	79.16	81.64	81.79					
9	79.06	82.44	81.36	81.56	79.56	81.81	81.61					
10	79.15	82.36	81.94	†	*	81.84	81.30					
11	*	82.50	81.57	81.30	80.03	81.61	81.25					
12	79.29	†	81.20	81.05	80.10	81.76	*					
13	79.62	82.84	81.05	*	80.05	81.57	80.86					
14	80.64	83.09	81.64	81.05	81.05	*	81.11					
15	80.95	*	81.94	80.55	81.11	81.46	80.34					
16	80.81	82.60	*	80.00	80.82	81.28	80.43					
17	80.77	82.48	81.68	79.90	*	81.03	80.41					
18	*	82.69	82.32	79.72	81.36	81.25	80.57					
19	81.21	82.65	82.32	79.86	81.66	81.33	*					
20	81.01	82.78	82.54	*	81.46	81.52	80.41					
21	81.92	82.67	83.43	78.88	80.89	*	80.76					
22	82.66	82.52	83.02	79.35	*	81.58	80.83					
23	82.70	†	*	79.52	80.85	81.19	80.52					
24	82.18	82.34	83.19	78.73	81.40	80.23	79.71					
25	*	81.31	83.10	77.52	*	79.30	79.67					
26	82.88	81.47	82.57	76.97	81.23	80.06	*					
27	82.68	82.00	82.31	*	81.25	80.11	79.07					
28	82.12	82.26	81.83	77.82	81.56	*	76.28					
29	81.72		81.65	78.79	81.55	80.00	76.72					
30	82.80		81.64	78.61	81.57	80.66	71.42					
31	82.85		82.39		†		†					
最高点	82.88	83.19	83.43	82.47	81.66	81.84	81.79					54.72
最低点	78.43	81.31	81.12	76.97	79.16	79.30	71.42					

12月数据：
54.72 *
56.76
55.60
55.35
55.36
55.09
55.20 *
54.46
54.42
53.46
53.17
†
53.34
54.55
54.58
54.55
54.58
56.76
53.17

交易所因战争关闭（8月—11月）

† 星期日　　* 节假日

1914年铁路股平均指数

日期	1月	2月	3月	4月	5月	6月	7月	8月	9月	10月	11月	12月
1	†		*	104.97	102.45	102.53	102.05					90.21*
2	103.72	108.59	104.73	104.98	102.08	101.80	102.24					92.29
3	103.51	109.07	104.80	104.43	*	102.12	102.68					90.95
4	*	108.70	105.51	104.39	102.66	102.37	†					90.89
5	104.08	108.39	105.13	*	102.43	102.35	*					90.88
6	104.23	107.70	103.70	104.51	102.31	102.91	102.70					90.78
7	104.25	107.48	103.26	104.65	102.03	*	103.05					91.01
8	104.15	*	*	104.16	101.36	103.01	102.76					*
9	104.11	106.84	103.40	103.78	101.50	103.38	102.75					90.13
10	104.35	106.88	103.95	†	*	103.30	101.85					89.73
11	*	106.93	103.58	103.40	102.01	103.02	101.80		交			87.91
12	104.48	†	103.17	*	102.18	103.28	*		易			87.40
13	104.60	107.26	*	103.13	101.96	103.20	101.06		所			†
14	105.92	107.18	103.65	102.82	102.90	*	101.34		因			87.75
15	106.65	*	103.79	102.48	103.06	103.14	100.70		战			88.80
16	106.52	106.36	103.82	102.41	*	102.86	100.63		争			88.50
17	106.55	106.03	104.25	101.69	102.91	102.60	100.01		关			88.19
18	*	106.65	103.94	101.73	103.41	102.78	100.49		闭			88.53
19	107.25	106.69	104.13	*	103.49	102.94	*					*
20	107.25	106.76	104.96	100.63	103.37	103.06	98.30					*
21	108.13	106.38	104.87	101.45	102.68	*	98.77					92.29
22	108.75	†	*	101.26	102.68	103.54	98.49					87.40
23	109.31	106.10	105.76	100.53	103.24	102.91	97.95					
24	108.77	*	105.60	99.48	*	101.73	97.05					
25	*	105.04	104.91	99.24	103.08	100.63	97.16					
26	108.87	105.17	104.75	*	103.01	101.31	*					
27	108.80	105.67	104.00	99.65	103.64	101.39	96.58					
28	108.33	105.48	103.85	100.96	103.48	*	93.14					
29	107.75		*	100.38	103.11	101.28	94.12					
30	109.29		104.02	101.23	†	102.41	89.41					
31	109.43		104.75		103.64		†					
最高点	109.43	109.07	105.76	104.98	103.64	103.54	103.05					92.29
最低点	103.51	105.04	103.17	99.24	101.36	100.63	89.41					87.40

* 星期日
† 节假日

附 录

261

1913年工业股平均指数

日期	1月	2月	3月	4月	5月	6月	7月	8月	9月	10月	11月	12月
1	†	83.64	80.62	81.92	79.62	*	75.43	78.21	†	80.79	78.42	75.77
2	88.42	*	*	81.76	79.34	77.27	75.84	78.26	80.94	81.43	*	76.23
3	87.45	83.26	81.33	82.16	79.31	76.68	75.83	*	80.30	80.79	77.76	76.83
4	87.76	83.38	80.71	83.19	*	75.67	†	78.75	80.27	80.59	†	77.01
5	*	83.05	81.69	82.68	79.95	75.07	*	79.52	81.13	*	78.11	76.89
6	87.20	82.94	81.33	*	79.52	75.21	75.67	79.51	81.40	79.82	77.33	76.37
7	88.02	83.46	80.60	82.35	79.40	74.98	75.52	79.32	*	79.89	77.04	*
8	88.01	83.54	79.68	82.92	79.23	*	75.23	79.16	81.39	79.17	76.71	76.87
9	88.57	*	*	82.59	78.97	73.90	75.51	*	81.50	79.27	*	75.97
10	88.25	82.93	79.27	82.64	*	72.34	75.40	79.73	82.12	79.07	75.94	76.17
11	87.68	82.17	79.95	82.14	79.23	72.11	75.62	80.68	82.17	78.29	76.36	76.26
12	*	†	79.46	82.16	78.58	74.28	*	80.93	82.95	†	76.96	75.59
13	85.96	81.34	79.93	*	78.72	74.58	75.23	80.46	83.43	77.64	76.86	*
14	84.96	81.79	79.73	82.11	78.51	75.52	75.41	79.50	*	77.85	77.25	75.27
15	85.47	81.42	*	81.09	78.83	*	76.51	79.85	82.81	77.09	77.21	75.69
16	85.75	*	79.26	81.08	78.71	74.91	76.18	*	83.04	77.37	77.07	75.78
17	85.61	80.57	78.68	81.28	*	75.85	77.10	79.96	82.38	78.00	77.25	75.78
18	85.75	79.82	78.27	81.05	78.73	75.41	76.94	*	82.53	*	76.94	76.71
19	*	80.44	*	81.00	79.06	74.91	*	80.37	82.57	78.06	76.48	77.61
20	81.55	80.20	78.25	*	79.01	74.03	78.16	80.14	*	79.60	76.18	*
21	82.57	79.93	†	81.73	79.50	*	78.09	80.07	83.01	79.02	76.14	78.06
22	83.34	†	78.91	81.46	*	74.33	77.84	80.09	82.72	78.40	*	78.11
23	82.94	79.26	80.20	81.25	79.88	75.21	78.65	*	82.13	78.61	76.11	78.34
24	82.22	78.72	80.31	80.76	*	75.38	78.36	80.30	82.19	78.58	76.86	†
25	82.37	78.05	*	79.72	79.72	74.93	78.47	80.29	81.96	*	76.68	78.85
26	*	80.05	79.78	79.41	79.22	74.70	*	*	81.95	79.38	†	78.70
27	82.53	80.56	*	*	78.48	75.28	79.06	80.15	*	78.94	76.21	*
28	83.13	80.32	80.51	79.32	78.39	*	78.93	81.33	81.23	79.13	75.94	78.48
29	82.92		81.11	78.39	78.38	74.89	78.59	81.81	80.37	78.60	*	78.26
30	83.80		*	78.54	†	*	78.48	†	*	78.30	78.42	78.78
31	83.72		80.92		79.95		79.06	81.81		81.43		78.85
最高点	88.57	83.64	81.69	83.19	79.95	77.27	79.06	81.81	83.43	81.43	78.42	78.85
最低点	81.55	78.72	78.25	78.39	78.38	72.11	75.23	78.21	80.27	77.09	75.94	75.27

* 星期日
† 节假日

附 录

1913年铁路股平均指数

日期	1月	2月	3月	4月	5月	6月	7月	8月	9月	10月	11月	12月
1	†	115.36	110.95	112.85	108.83		104.40	105.29	†	107.42	104.11	102.84
2	117.61	115.13	*	112.57	108.52	105.55	104.09	*	106.43	107.83	*	103.05
3	117.08	114.93	111.83	113.16	108.37	104.96	†	105.29	105.73	107.33	103.59	104.10
4	117.54	*	111.18	113.65	*	103.96	104.10	106.02	105.60	107.23	†	104.19
5	*	114.51	111.59	113.22	109.40	103.56	*	106.51	106.15	*	103.83	104.11
6	116.76	114.46	111.21	*	108.42	104.43	103.58	106.19	106.25	106.66	103.12	104.15
7	117.40	114.63	110.59	112.43	108.78	103.97	103.42	106.72	*	106.78	103.35	*
8	117.66	114.75	109.83	113.08	108.65	*	103.11	106.70	105.87	105.96	102.78	104.56
9	118.10	*	*	112.58	108.58	102.98	103.31	106.30	106.13	106.01	*	103.63
10	117.66	113.75	109.04	111.53	*	101.18	103.16	*	107.01	105.50	101.87	103.70
11	117.90	†	109.70	111.87	108.26	100.50	103.52	107.10	108.27	104.80	102.29	103.59
12	*	113.08	109.80	*	108.01	103.18	*	107.71	*	*	103.11	102.71
13	116.25	112.08	110.25	111.63	108.43	103.30	103.16	107.76	109.17	104.19	103.01	102.90
14	115.01	112.30	110.03	111.29	107.93	104.75	103.41	107.28	108.57	103.99	103.38	*
15	114.57	111.98	109.88	111.58	107.70	*	103.96	106.28	109.00	102.90	103.26	102.11
16	114.89	*	*	111.78	108.13	103.85	104.86	106.60	108.34	*	*	102.20
17	114.60	110.95	109.35	111.36	107.90	104.25	104.61	107.03	108.93	102.95	103.10	102.25
18	*	110.30	108.94	111.26	*	104.65	105.25	106.73	108.62	103.62	103.27	102.15
19	114.77	111.15	109.13	*	108.04	104.15	104.98	107.03	108.65	*	103.08	103.56
20	114.20	110.92	109.01	111.91	108.41	102.84	*	106.59	*	103.46	102.80	104.21
21	115.21	110.56	†	111.66	108.36	*	105.83	106.74	108.78	105.42	102.87	*
22	115.93	†	*	111.46	108.90	103.40	105.98	106.91	108.63	104.58	102.84	104.45
23	115.43	*	109.65	110.41	108.88	104.35	105.66	*	108.10	104.08	*	103.80
24	*	110.11	109.65	109.81	109.51	104.13	106.21	106.90	107.72	104.71	*	104.41
25	114.90	109.45	110.79	109.40	108.71	103.65	106.61	106.85	108.05	104.62	102.93	†
26	*	110.65	110.26	*	109.03	104.38	*	106.50	108.02	*	103.77	104.23
27	114.71	111.35	*	107.41	108.71	*	106.99	107.40	*	105.26	103.32	103.94
28	115.27	110.94	111.09	107.75	107.41	103.61	106.86	107.14	107.01	104.63	103.18	*
29	115.34		111.81	113.65	†	105.55	*	†	107.46	104.90	103.03	103.48
30	115.56		111.83	107.75	109.51	100.50	106.99	107.76	107.01	104.43	*	103.41
31	115.49		111.69		107.41		103.11	105.29		104.05		103.72
最高点	118.10	115.36	111.83	113.65	109.51	105.55	106.99	107.76	109.17	107.83	104.11	104.56
最低点	114.20	109.45	108.94	107.75	107.41	100.50	103.11	105.29	105.60	102.90	101.87	102.11

* 星期日
† 节假日

263

1912年工业股平均指数

日期	1月	2月	3月	4月	5月	6月	7月	8月	9月	10月	11月	12月
1	†	80.50	82.07	89.05	90.33	88.32	91.35	90.47	*	93.90	90.51	*
2	82.36	80.51	81.96	88.82	90.40	*	91.69	90.16	†	93.50	†	90.85
3	82.02	80.40	*	88.78	88.96	88.59	91.61	89.93	90.62	94.12	90.29	90.36
4	82.04	*	82.60	89.52	88.77	89.29	†	*	90.76	93.70	*	89.00
5	81.95	80.33	82.83	†	*	90.42	89.60	90.03	91.33	93.94	90.94	87.88
6	82.14	80.46	82.65	90.01	87.59	90.67	90.33	89.84	91.18	*	91.94	87.80
7	*	80.62	83.38	*	87.68	90.37	*	90.12	91.45	93.93	91.67	87.84
8	82.12	80.80	83.50	90.21	87.86	90.45	89.14	90.00	*	94.12	91.31	*
9	81.28	80.67	83.44	90.70	88.41	*	89.07	90.19	91.21	93.68	90.37	86.03
10	81.88	80.15	*	90.27	88.97	90.55	88.18	*	91.13	93.94	*	86.02
11	81.64	*	83.13	89.90	*	89.85	88.06	90.53	90.38	92.62	89.58	85.25
12	82.00	80.64	83.47	89.18	89.58	89.94	87.97	90.72	90.53	†	90.10	86.05
13	81.76	80.83	83.96	89.12	89.53	89.95	88.06	91.33	90.52	92.40	89.96	86.18
14	*	81.06	85.12	*	89.58	89.40	*	91.78	90.62	92.73	90.40	85.78
15	81.48	81.06	85.15	89.71	89.23	89.53	88.29	91.40	90.67	93.52	90.16	*
16	81.63	80.75	84.51	89.22	89.35	*	88.71	91.30	91.55	93.61	*	86.22
17	81.68	80.85	*	89.31	*	89.79	89.18	91.19	91.65	93.46	89.97	86.21
18	81.59	*	85.35	89.22	89.32	89.70	89.45	91.23	91.66	*	90.05	85.66
19	81.96	81.05	85.52	89.16	90.34	90.07	89.77	91.70	92.27	92.41	90.30	86.78
20	82.32	81.15	86.57	89.19	90.48	89.87	89.70	91.62	92.79	91.60	91.43	87.85
21	*	80.78	86.92	*	89.97	90.76	*	91.11	*	91.58	91.01	87.72
22	81.98	†	87.60	88.72	89.77	90.65	89.75	91.40	93.08	90.91	90.52	87.22
23	81.88	81.27	88.39	89.58	90.25	*	89.38	*	93.43	91.14	*	87.36
24	81.73	81.17	*	89.37	90.37	89.06	89.45	91.54	93.38	*	89.87	†
25	81.84	*	88.54	90.43	*	89.86	90.00	92.06	93.42	90.91	90.34	87.33
26	81.80	80.98	88.62	90.93	90.01	91.00	89.50	91.66	93.61	91.44	90.62	87.25
27	81.27	81.04	88.48	90.81	90.15	90.67	89.45	91.63	94.00	*	†	87.14
28	*	81.57	88.09	*	†	91.09	*	†	*	90.35	91.26	*
29	81.27	81.40	88.23	90.46	89.53	90.92	88.97	91.57	94.15	90.41	91.40	87.26
30	81.27		88.27	90.30	†	*	89.18	92.06	*	90.71	†	87.87
31	80.19		*		88.01		89.71	89.84		94.12		90.85
最高点	82.36	81.57	88.62	90.93	90.48	91.09	91.69	92.06	94.15	94.12	91.94	90.85
最低点	80.19	80.15	81.96	88.72	87.59	88.32	87.97	89.84	90.38	90.35	89.58	85.25

*星期日
†节假日

264

附 录

1912年铁路股平均指数

日期	1月	2月	3月	4月	5月	6月	7月	8月	9月	10月	11月	12月
1	†	115.07	115.98	119.43	121.40	118.71	119.93	121.71	*	124.03	120.45	120.09
2	117.05	115.06	115.90	119.26	121.74	*	120.14	121.57	†	123.53	†	119.75
3	116.80	115.07	116.25	119.42	119.92	118.75	120.24	121.63	121.03	124.10	120.76	119.21
4	116.71	114.92	116.32	120.11	120.04	119.40	†	121.90	121.02	123.87	†	118.65
5	116.53	*	*	†	*	120.48	119.75	121.86	121.37	124.35	122.79	118.55
6	116.74	115.53	116.13	120.66	119.34	120.66	119.90	121.65	121.47	123.98	122.28	118.36
7	*	115.61	116.80	*	119.93	120.19	*	122.06	*	123.95	121.68	*
8	116.51	115.69	116.86	120.51	119.80	119.81	119.18	122.61	121.08	123.47	120.50	116.65
9	115.22	115.22	116.76	121.21	120.41	119.78	118.85	122.61	120.87	123.60	*	116.80
10	115.85	†	*	120.58	119.78	118.93	118.18	123.42	120.50	121.91	119.83	115.63
11	115.58	*	116.38	120.76	120.41	119.41	119.20	*	120.77	†	120.85	116.15
12	115.51	115.61	116.49	119.93	120.97	119.30	117.68	123.57	120.63	121.68	120.67	116.16
13	*	115.53	116.56	119.96	*	118.65	117.89	123.65	*	122.24	121.11	*
14	115.53	115.80	117.16	*	121.06	118.70	*	123.67	120.95	122.92	121.01	115.61
15	115.10	115.41	117.28	120.93	121.56	*	118.35	123.68	120.77	122.56	*	116.62
16	116.00	115.62	117.25	120.18	121.68	118.94	118.74	123.15	120.95	122.13	120.77	115.86
17	115.72	*	116.44	120.53	120.87	118.86	119.51	*	121.89	*	120.79	116.58
18	116.73	115.69	116.96	120.37	121.15	*	119.86	123.23	121.84	122.66	120.43	117.55
19	117.03	115.75	117.13	120.24	121.47	119.05	119.68	123.32	123.09	122.56	120.68	117.06
20	*	115.26	118.19	120.09	121.08	119.76	119.75	123.09	123.21	121.36	121.36	*
21	116.83	†	117.91	*	121.03	119.73	119.27	122.14	123.33	121.43	121.03	116.69
22	116.72	115.62	118.02	119.87	120.43	119.58	119.12	122.11	123.70	120.54	120.70	116.83
23	116.39	115.52	118.41	121.00	120.43	*	119.24	122.16	123.56	120.51	*	†
24	*	*	118.56	120.70	120.61	119.32	119.79	*	123.37	120.28	119.91	116.85
25	116.60	115.16	118.76	122.12	120.80	120.33	120.02	121.98	123.37	120.68	120.36	116.48
26	116.54	115.16	118.49	121.98	120.48	120.15	119.88	122.88	124.13	*	120.10	116.25
27	115.56	115.83	118.74	122.09	120.31	119.91	*	122.53	124.16	120.96	†	*
28	*	115.73	*	*	120.10	119.77	119.56	122.46	123.95	119.57	120.44	116.07
29	115.50		119.15	122.09	†	*	119.74	122.24	*	120.01	120.75	116.84
30	116.07		119.26	121.58	118.37	120.66	120.67	†	124.16	120.38	122.79	120.09
31	115.06		115.90		121.74		120.67	124.16		124.35		120.09
最高点	117.05	115.83	119.26	122.12	121.74	120.66	120.67	124.16	124.16	124.35	122.79	120.09
最低点	115.06	114.92	115.90	119.26	118.37	118.65	117.68	121.57	120.44	119.57	119.83	115.61

＊星期日　† 节假日

265

1911年工业股平均指数

日期	1月	2月	3月	4月	5月	6月	7月	8月	9月	10月	11月	12月
1	*	85.33	84.53	83.40	84.14	85.79	85.93	85.47	79.17	*	77.69	80.31
2	†	85.97	82.66	*	83.69	86.17	86.17	84.80	†	76.75	73.07	80.68
3	82.11	85.60	82.32	83.33	83.87	86.18	85.64	84.40	†	76.52	78.19	*
4	82.26	86.02	81.80	83.32	83.16	*	†	82.95	*	76.15	78.38	80.54
5	82.09	*	*	83.02	83.15	86.35	85.28	82.65	79.77	76.70	*	80.31
6	82.44	85.84	82.47	82.93	83.04	86.25	85.80	*	80.28	76.50	79.00	79.82
7	82.75	85.87	82.81	82.89	*	86.50	86.22	83.15	79.63	76.53	†	79.34
8	*	85.48	82.46	83.06	82.88	86.31	86.26	82.53	79.09	*	78.14	79.19
9	82.51	85.67	82.37	*	82.85	86.02	*	81.85	78.67	76.52	80.42	79.41
10	81.88	85.42	82.54	83.08	82.60	86.35	86.28	81.43	*	76.85	81.01	*
11	81.70	85.57	82.39	82.82	83.04	*	86.38	80.71	78.79	77.15	80.55	80.33
12	82.05	†	*	82.81	82.92	86.70	86.17	80.40	79.07	†	*	80.43
13	82.96	85.47	83.00	†	82.68	86.94	86.22	*	78.13	77.94	79.98	81.61
14	*	85.41	83.98	†	*	87.02	85.98	81.31	77.88	78.66	79.92	81.51
15	83.07	84.51	84.09	82.71	82.71	86.63	86.03	81.28	78.87	*	79.71	81.97
16	82.46	85.09	83.73	82.56	84.63	86.61	*	80.18	*	78.34	79.91	*
17	83.38	85.30	83.15	81.56	85.41	86.68	85.72	80.05	78.66	78.11	*	82.48
18	83.32	*	83.35	81.86	85.78	87.06	86.37	80.86	77.75	77.64	78.11	81.89
19	83.52	85.59	*	81.91	86.08	86.62	86.44	81.38	77.01	78.11	*	82.27
20	83.80	85.58	84.13	81.84	*	86.61	86.33	*	75.53	77.75	80.59	82.30
21	83.53	†	84.03	81.32	86.32	86.14	86.47	80.51	74.15	*	81.56	82.22
22	*	85.70	83.72	*	86.25	86.33	*	80.64	73.62	77.77	81.47	82.11
23	83.37	84.33	83.71	82.12	85.78	86.76	86.22	80.55	*	77.68	81.86	†
24	83.78	84.33	83.40	82.20	85.62	*	86.19	79.73	72.94	77.72	81.47	*
25	83.44	*	83.43	82.32	85.94	86.38	86.26	79.13	73.33	77.14	81.53	82.08
26	83.67	*	*	82.45	86.01	86.06	85.92	78.93	73.51	74.82	*	81.84
27	84.02	84.51	83.69	83.31	*	86.32	85.73	79.31	73.51	74.82	81.35	81.30
28	83.89	85.02	84.00	83.65	86.40	85.98	85.90	79.13	75.05	75.36	81.50	81.58
29	*		83.58	*	†	*	*	79.00	75.15	*	80.97	81.68
30	84.93		83.86		85.55	87.06	86.02	79.25	76.31	75.06	†	*
31	84.93		83.27		86.40		86.47	85.47		75.79		82.48
最高点	84.93	86.02	84.53	83.65	86.40	87.06	86.47	85.47	80.28	78.66	81.86	82.48
最低点	81.70	84.33	81.80	81.32	82.60	85.79	85.28	78.93	72.94	74.82	77.69	79.19

*星期日
†节假日

附 录

1911年铁路股平均指数

日期	1月	2月	3月	4月	5月	6月	7月	8月	9月	10月	11月	12月
1	*	119.40	117.14	117.80	119.23	121.65	122.76	121.92	113.10	*	115.81	116.54
2	†	119.65	115.75	*	119.00	122.28	*	120.71	†	111.24	115.72	117.28
3	115.13	119.14	115.78	117.84	119.45	122.36	122.00	120.30	†	111.35	115.96	*
4	114.89	119.76	115.87	118.20	118.30	*	†	118.81	113.78	111.41	116.60	117.25
5	115.21	*	*	118.13	118.28	122.43	121.09	118.44	114.11	111.55	117.11	116.79
6	115.38	119.51	116.27	118.11	118.31	122.33	121.98	119.07	112.83	111.75	†	116.12
7	115.93	119.97	116.63	117.72	*	123.01	122.06	118.43	111.89	111.55	116.48	115.68
8	*	119.66	116.07	117.72	118.24	122.96	122.05	116.92	111.06	*	117.79	115.47
9	115.59	119.70	116.16	117.57	118.23	123.10	*	116.41	*	111.79	118.53	115.74
10	115.45	119.56	116.34	117.37	118.06	123.23	122.24	115.19	111.28	112.08	118.15	*
11	114.96	119.67	116.25	117.51	118.55	*	122.70	114.76	110.26	112.49	*	116.79
12	115.23	†	*	117.56	118.23	123.21	122.90	116.09	110.59	†	117.44	116.86
13	116.55	119.62	116.61	†	118.15	123.10	122.81	115.74	110.64	113.23	117.13	117.41
14	116.34	119.60	117.73	†	*	123.08	122.62	114.11	110.91	114.06	116.75	117.24
15	*	118.15	117.77	117.28	118.23	122.59	*	114.48	*	*	117.28	117.35
16	116.34	118.68	117.38	116.63	119.96	122.36	122.29	115.44	111.00	113.75	117.92	117.62
17	117.80	119.26	116.83	116.58	120.70	122.28	123.51	115.88	111.77	113.80	117.61	117.16
18	117.51	*	117.25	116.38	120.71	122.65	123.75	*	110.75	113.41	117.08	117.51
19	117.68	119.45	117.86	116.12	121.00	122.30	123.31	114.76	110.68	113.79	117.74	117.18
20	117.43	119.23	117.77	*	*	122.11	123.86	114.70	110.46	114.13	118.03	116.98
21	117.23	†	117.63	117.28	121.09	121.61	123.83	114.11	110.91	113.66	*	*
22	*	119.36	117.63	116.05	121.07	122.25	*	114.61	*	*	118.03	117.12
23	116.88	117.20	117.50	116.48	120.43	123.31	123.42	113.64	111.00	113.79	118.43	†
24	117.13	117.07	117.43	116.73	120.20	*	123.15	113.05	110.32	113.98	118.36	117.11
25	116.68	*	*	116.73	120.25	123.09	123.15	112.92	110.70	114.03	*	116.79
26	117.10	116.90	118.06	117.11	*	123.31	122.40	113.09	110.80	113.87	118.03	116.15
27	117.85	117.34	118.73	117.15	120.43	122.71	122.29	112.66	110.90	112.97	118.06	116.57
28	117.98	*	118.33	117.66	120.71	123.06	122.62	113.09	110.51	113.56	117.24	116.83
29	*		118.53	118.25	†	122.77	123.00	112.60	111.28	†	†	*
30	118.36		117.71	*	120.55	*	123.86	112.91	114.11	113.85	119.21	117.62
31	118.82		118.73		121.09		123.09	121.92		114.46		116.79
最高点	118.82	119.97	118.73	118.25	121.09	123.31	123.86	121.92	114.11	114.46	119.21	117.62
最低点	114.89	116.90	115.75	116.05	118.06	121.61	121.09	112.60	109.80	111.24	115.72	115.47

* 星期日
† 节假日

267

1910年工业股平均指数

日期	1月	2月	3月	4月	5月	6月	7月	8月	9月	10月	11月	12月
1	†	91.33	91.77	89.71	*	85.69	81.64	76.14	78.58	79.95	85.10	81.43
2	*	90.40	92.62	89.71	85.51	85.25	†	77.69	78.68	*	85.45	80.60
3	98.34	87.50	92.61	*	84.72	82.70	†	77.14	†	80.68	85.85	80.77
4	98.30	87.77	92.83	89.75	86.41	83.06	80.23	77.04	†	81.34	85.64	*
5	97.06	88.39	92.98	90.96	87.32	*	80.27	77.58	78.35	80.76	85.82	81.00
6	97.62	*	*	91.16	86.51	82.05	80.66	78.19	78.43	81.46	*	79.68
7	97.67	85.35	94.35	90.89	86.72	84.50	80.83	*	78.39	81.48	85.70	80.46
8	97.87	85.03	94.56	89.53	*	84.55	*	78.13	78.44	81.51	†	80.50
9	*	87.32	94.30	89.36	88.03	84.89	81.19	79.30	78.57	*	84.29	81.00
10	97.10	87.85	93.92	*	88.63	83.46	*	79.20	*	81.91	83.50	81.54
11	96.64	89.07	92.63	91.10	88.73	83.39	81.07	78.78	79.13	82.38	83.53	*
12	95.85	†	92.78	90.92	88.52	*	80.14	79.65	*	†	83.55	80.96
13	96.16	89.65	*	92.36	88.72	83.88	80.79	80.05	79.71	84.06	*	80.77
14	93.69	89.23	93.10	92.10	89.13	84.28	81.41	*	79.40	84.63	84.40	81.47
15	94.45	*	91.92	92.04	*	83.84	81.29	79.77	79.38	85.27	84.88	81.28
16	*	90.09	91.35	92.62	88.78	84.12	81.08	81.04	78.55	*	85.21	81.20
17	93.75	90.65	92.14	*	88.62	84.26	*	81.41	78.65	85.63	84.57	81.43
18	93.92	90.92	92.71	91.67	88.28	84.43	80.89	80.85	*	86.02	85.12	†
19	92.35	91.14	92.14	91.78	88.71	*	81.22	80.31	78.48	85.11	85.40	*
20	93.29	*	*	90.37	89.34	85.08	81.53	80.44	78.37	86.00	*	82.16
21	94.41	90.70	92.33	90.52	89.66	85.29	79.21	*	79.17	85.35	84.90	81.80
22	94.52	†	92.36	89.97	*	86.28	77.78	79.47	79.08	85.94	84.84	81.94
23	*	90.62	91.30	90.09	88.77	86.01	77.16	79.68	78.65	*	85.05	81.42
24	93.08	91.22	91.31	*	89.06	*	*	78.96	78.51	85.01	*	81.33
25	90.66	91.31	*	88.73	88.67	85.25	75.87	78.59	79.19	84.61	85.32	†
26	92.69	90.64	†	88.83	88.14	*	73.62	79.28	79.01	84.59	85.30	*
27	91.62	*	89.72	88.18	87.86	83.14	75.81	79.19	78.96	85.51	*	80.45
28	91.91	91.34	90.21	86.29	†	83.14	78.09	*	79.07	85.45	83.28	80.65
29	92.43		89.47	87.17	†	81.60	77.57	79.67	79.72	84.96	83.62	81.76
30	*		*	86.20	86.32	81.18	76.48	79.59		84.77	82.52	81.41
31	91.91		89.71		89.66		81.64	79.68		86.02		81.36
最高点	98.34	91.34	94.56	92.62	89.66	86.28	81.64	81.41	79.72	86.02	85.85	82.16
最低点	90.66	85.03	89.47	86.20	84.72	81.18	73.62	76.14	78.35	79.95	82.52	79.68

● 星期日
† 节假日

1910年铁路股平均指数

日期	1月	2月	3月	4月	5月	6月	7月	8月	9月	10月	11月	12月
1	†	122.11	123.62	121.73	*	118.32	112.09	108.38	111.08	114.69	117.06	112.59
2	129.48	122.36	124.40	121.80	117.47	118.01	†	110.43	111.01	115.21	117.21	112.01
3	129.90	119.80	124.22	*	117.25	115.64	*	110.04	†	115.18	117.69	112.30
4	128.53	120.33	124.22	121.69	119.18	*	†	109.96	†	114.33	117.13	*
5	128.85	121.11	*	122.87	120.28	115.68	110.63	110.33	110.57	115.01	117.31	112.62
6	*	*	125.41	123.17	119.20	114.59	111.22	110.83	111.11	115.06	*	111.33
7	129.05	119.06	125.64	122.71	119.66	117.38	111.75	*	110.92	115.06	117.43	111.95
8	129.19	118.95	125.59	121.43	*	117.10	111.54	110.94	111.27	*	*	112.30
9	*	121.10	*	121.22	120.73	116.85	112.33	112.50	111.29	115.60	115.76	112.97
10	127.47	121.11	125.43	*	121.55	116.28	*	112.13	*	115.81	115.09	*
11	126.85	121.85	124.48	123.23	121.51	*	112.66	113.38	111.71	†	*	112.65
12	125.98	*	124.75	122.73	121.73	117.08	112.70	113.75	112.88	116.68	115.02	112.63
13	126.57	122.56	*	124.00	121.66	117.44	113.65	*	112.63	117.36	115.82	113.07
14	123.90	122.06	124.79	124.36	*	117.30	113.02	113.27	112.41	117.66	116.36	113.18
15	124.74	122.98	123.54	124.14	121.82	117.67	112.66	114.83	111.65	*	116.56	113.36
16	*	*	122.96	124.35	121.50	118.15	*	115.47	111.90	118.00	115.73	113.63
17	123.53	124.06	123.50	*	121.33	*	112.48	113.96	111.96	118.44	116.45	*
18	123.35	123.43	124.16	123.61	122.01	118.78	112.64	113.74	112.08	117.67	116.79	114.46
19	122.51	*	123.33	123.81	123.10	118.38	112.33	113.51	*	118.43	*	114.10
20	123.71	*	*	122.59	123.32	119.40	111.73	*	113.45	117.88	116.11	113.91
21	124.46	123.33	123.66	122.67	*	*	110.51	112.20	112.99	118.11	116.11	113.46
22	124.27	*	123.88	122.06	122.43	118.83	109.57	112.46	112.60	*	116.28	113.34
23	*	123.27	123.33	*	122.79	117.73	*	111.49	112.59	117.07	*	†
24	122.78	124.41	123.34	120.49	121.50	117.73	108.24	110.88	113.59	116.80	117.13	112.98
25	120.91	123.80	†	120.58	122.30	*	105.59	*	113.61	116.50	117.32	113.08
26	122.70	123.10	*	*	121.96	115.49	108.02	111.83	113.58	116.70	*	114.04
27	121.85	*	121.98	119.66	†	115.17	110.70	111.71	113.95	117.13	*	114.11
28	122.38	123.55	122.45	119.61	†	112.96	110.18	112.28	*	*	114.25	114.06
29	122.98		121.63	118.29	119.62	111.63	109.19	112.26	114.45	116.76	114.68	114.46
30	*		121.83	*	123.32	*	*	112.10	110.57	*	113.19	*
31	122.73		125.64		123.32		113.65	115.47		118.44	117.69	114.46
最高点	129.90	124.41	125.64	124.36	123.32	119.40	113.65	115.47	114.45	118.44	117.69	114.46
最低点	120.91	118.95	121.63	118.16	117.25	111.63	105.59	108.38	110.57	114.33	113.19	111.33

* 星期日
† 节假日

269

1909年工业股平均指数

日期	1月	2月	3月	4月	5月	6月	7月	8月	9月	10月	11月	12月
1	†	84.44	82.72	85.37	88.32	92.38	92.95	*	97.50	100.36	99.44	96.88
2	86.27	85.03	83.28	85.37	*	92.64	93.14	97.52	98.12	100.50	†	96.66
3	*	84.67	82.58	85.94	88.76	94.06	†	98.14	98.47	*	100.23	97.46
4	85.26	84.69	81.79	*	89.22	94.16	†	98.00	†	100.19	100.44	98.08
5	84.85	84.86	82.10	86.92	89.32	94.46	93.13	97.07	†	99.02	99.80	*
6	85.14	84.64	82.21	86.81	90.13	*	93.16	98.30	97.41	98.73	99.33	97.52
7	86.95	*	*	86.90	91.40	93.97	93.04	98.48	97.05	98.88	*	98.28
8	86.22	85.61	82.20	†	91.56	93.98	92.90	*	95.86	98.07	99.41	98.13
9	85.36	85.60	81.64	†	*	93.78	92.98	98.37	97.22	98.00	98.67	98.69
10	*	85.76	81.78	*	90.94	93.85	*	98.37	96.19	*	98.78	98.41
11	85.28	86.22	81.90	88.11	91.25	93.98	93.40	99.02	*	96.95	98.77	98.47
12	85.05	†	82.03	87.56	91.08	94.05	92.82	99.11	96.17	†	99.16	*
13	84.60	*	82.03	87.43	90.79	*	93.06	98.85	96.93	96.79	*	99.00
14	84.77	86.72	*	87.65	90.93	94.19	93.45	99.26	98.29	98.06	99.31	98.58
15	84.48	86.42	81.88	86.56	90.82	92.62	94.09	*	99.06	98.57	99.21	98.67
16	85.31	85.93	82.65	87.65	*	92.32	94.19	98.35	99.16	98.64	99.53	98.61
17	*	*	83.06	*	90.84	91.16	*	98.91	99.08	*	*	98.86
18	84.79	85.76	82.81	87.81	91.36	91.34	94.33	98.14	*	98.78	100.34	99.04
19	85.11	84.33	82.40	87.86	91.41	91.18	94.68	97.71	99.73	98.15	100.53	*
20	84.76	82.82	82.33	*	90.88	*	94.03	97.50	99.92	98.02	100.02	98.84
21	85.72	*	*	87.65	91.15	89.66	94.19	98.23	99.08	98.11	*	98.87
22	*	†	83.28	88.10	91.51	90.03	93.39	*	99.17	96.82	98.98	98.85
23	85.83	79.91	82.94	87.66	*	91.86	94.32	98.89	*	95.70	98.35	98.56
24	*	81.44	83.32	88.12	91.76	91.29	*	99.06	*	*	98.03	98.61
25	85.86	80.57	83.22	*	91.58	91.51	94.02	98.51	99.32	96.83	†	†
26	85.69	81.34	83.60	87.63	91.18	91.38	94.51	96.30	100.12	96.21	98.73	98.28
27	85.77	81.85	84.73	87.44	91.65	*	94.90	97.18	99.94	97.04	97.81	98.63
28	85.10	*	*	88.13	92.18	91.59	95.31	96.78	99.55	98.03	*	99.28
29	84.62		85.31	88.03	†	92.82	96.17	*	*	98.97	95.89	99.18
30	84.09		85.29	88.29	*	92.28	96.79	98.32	100.12	99.07	96.02	99.05
31	*		86.12		92.18		96.79	97.90		100.50		99.28
最高点	86.95	86.72	86.12	88.29	92.18	94.46	96.79	99.26	100.12	100.50	100.53	99.28
最低点	84.09	79.91	81.64	85.37	88.32	89.66	92.82	96.30	95.86	95.70	95.89	96.66

* 星期日
† 节假日

1909年铁路股平均指数

日期	1月	2月	3月	4月	5月	6月	7月	8月	9月	10月	11月	12月
1	†	117.00	116.90	122.22	123.57	126.11	127.56	*	130.16	132.55	129.91	126.51
2	120.93	117.87	117.18	121.11	*	125.96	127.93	131.55	130.94	132.61	†	125.92
3	*	117.91	116.51	121.70	124.18	127.14	†	131.58	131.10	*	129.96	127.05
4	119.76	117.94	115.96	122.80	124.44	128.23	†	131.54	†	132.64	129.79	127.78
5	118.76	117.65	116.26	123.90	124.44	*	128.08	132.35	*	131.58	129.56	*
6	118.67	*	116.06	121.94	123.88	127.79	128.20	132.48	129.35	131.45	128.98	127.43
7	119.95	118.03	116.44	122.29	124.66	128.21	127.67	132.61	128.99	131.69	128.69	128.10
8	119.59	117.88	115.99	122.68	124.76	127.95	127.53	133.61	127.48	130.60	128.08	128.08
9	118.50	118.10	116.19	†	*	128.15	127.66	134.08	130.30	130.48	128.36	128.88
10	*	118.61	*	122.96	124.35	128.23	128.15	133.76	129.68	129.20	127.86	128.38
11	118.16	†	116.35	122.17	125.68	*	127.78	134.46	†	†	128.20	128.58
12	117.63	†	116.16	122.66	126.13	128.11	128.00	133.87	129.10	129.64	128.44	*
13	117.67	119.90	115.95	122.46	125.78	126.97	128.08	134.31	130.10	130.48	128.03	129.13
14	118.26	119.78	116.68	121.21	125.70	127.28	128.21	133.08	131.25	131.05	127.76	128.78
15	118.28	*	117.41	122.00	*	126.18	128.90	134.03	131.96	130.83	127.86	129.08
16	119.38	119.33	117.33	*	125.18	126.50	*	131.41	132.73	*	127.67	129.28
17	*	118.08	*	123.00	125.75	*	128.93	131.36	132.76	130.83	128.93	129.71
18	119.05	117.98	116.93	123.25	125.09	124.92	129.36	132.56	132.88	130.40	128.08	130.03
19	119.72	117.15	*	122.75	125.23	125.03	128.59	131.16	132.58	129.93	127.61	*
20	119.35	*	118.15	123.48	125.80	126.30	128.65	132.70	131.16	130.20	127.46	129.58
21	119.97	†	117.66	122.85	*	127.05	128.85	132.72	130.97	128.71	127.35	129.34
22	119.32	†	118.40	123.05	125.79	126.93	128.95	132.70	130.77	127.29	†	129.30
23	*	113.90	118.55	*	125.43	126.75	*	131.28	*	128.23	128.38	129.18
24	119.25	115.56	118.56	122.39	124.93	*	128.78	129.72	131.09	127.46	127.73	129.41
25	119.15	114.92	118.21	122.33	125.37	127.15	129.35	128.85	132.48	128.36	†	†
26	119.30	116.21	119.51	123.25	125.51	127.60	129.60	*	132.69	128.63	126.30	129.06
27	118.33	116.36	*	123.13	†	127.15	130.35	130.79	*	129.84	126.05	129.18
28	117.81	*	120.72	123.45	†	128.28	130.95	130.70	132.31	129.61	*	129.99
29	116.93		120.55	*	126.13	124.92	131.24	134.46	*	*	129.06	130.04
30	*		121.64	123.48	123.57		131.24	128.71	132.64	132.64	126.05	130.41
31			115.86				127.53			127.29		125.92
最高点	120.93	119.90	121.64	123.48	126.13	128.28	131.24	134.46	132.88	132.64	129.96	130.41
最低点	116.93	113.90	115.86	121.11	123.57	124.92	127.53	128.71	127.48	127.29	126.05	125.92

* 星期日
† 节假日

1908年工业股平均指数

日期	1月	2月	3月	4月	5月	6月	7月	8月	9月	10月	11月	12月
1	†	61.83	*	67.84	69.92	74.38	72.76	80.57	84.55	79.50	*	87.63
2	59.61	61.82	61.09	67.82	70.05	74.03	72.87	81.07	83.76	80.53	82.90	87.67
3	60.62	62.14	60.97	67.22	69.78	73.89	73.12	82.13	82.57	81.20	†	86.58
4	60.87	61.02	61.19	67.15	70.62	72.66	†	82.07	83.55	*	84.87	87.26
5	*	61.15	61.29	*	71.09	73.16	74.50	83.80	†	80.56	85.81	86.68
6	61.75	60.77	61.68	67.04	70.91	73.67	74.84	84.46	83.67	80.93	87.28	*
7	61.42	59.90	63.23	67.48	71.26	73.38	75.83	84.89	83.61	81.33	87.77	86.38
8	61.75	*	*	67.81	71.78	72.91	76.37	*	82.95	80.68	*	87.02
9	63.50	58.80	63.66	68.64	*	73.40	75.63	85.40	82.00	80.64	87.47	87.42
10	63.01	59.11	63.50	68.76	72.47	73.42	75.34	84.43	*	80.75	87.54	87.35
11	64.27	†	63.87	68.47	72.30	72.82	*	84.69	82.43	*	87.09	86.61
12	*	58.62	64.13	*	72.90	*	76.06	83.71	*	81.49	87.62	86.47
13	64.98	59.73	65.15	68.17	73.09	72.93	76.87	82.08	82.48	81.21	88.38	*
14	65.84	59.17	66.11	68.52	73.95	72.72	76.81	81.61	82.95	81.54	88.09	85.31
15	65.44	*	*	68.01	74.38	73.48	*	*	81.42	81.65	*	85.15
16	64.19	58.88	65.23	68.44	74.56	73.12	77.08	82.61	80.21	81.81	87.68	85.88
17	64.53	58.84	65.78	*	75.12	73.55	78.28	83.00	79.00	81.35	87.69	83.99
18	64.45	59.08	65.07	68.32	73.78	72.65	*	82.51	79.85	*	86.87	83.91
19	*	59.68	65.77	68.10	73.83	72.71	78.75	82.57	78.66	81.26	86.70	83.71
20	63.19	60.20	66.41	67.94	74.21	*	78.62	82.29	77.68	82.21	86.69	*
21	63.21	*	67.26	68.32	73.73	71.71	79.13	*	77.07	82.82	86.19	83.46
22	62.10	*	*	68.38	72.43	71.70	79.56	81.91	78.87	82.83	*	84.57
23	*	60.00	68.32	69.10	*	71.90	78.55	82.03	79.59	82.44	86.17	85.48
24	61.44	59.92	69.08	70.01	73.04	72.33	79.64	82.65	80.19	82.48	87.61	85.68
25	61.31	59.98	69.92	69.93	72.40	72.34	*	83.84	79.25	*	87.15	†
26	61.76	59.08	69.43	*	72.15	72.22	79.10	84.10	*	82.22	*	*
27	*	60.16	69.78	69.80	72.76	72.91	79.36	84.56	79.58	83.55	87.63	86.97
28	62.06	61.07	68.69	70.23	†	72.59	79.46	*	79.23	82.72	*	86.22
29	62.53	60.54	*	70.29	75.12	74.38	79.61	84.66	79.93	83.15	87.30	85.91
30	62.08		68.64	69.55	69.78	71.70	80.34	85.40	84.55	82.92	88.38	86.15
31	62.70		67.51		70.29		80.34	80.57		82.53		87.67
最高点	65.84	62.14	69.92	70.29	75.12	74.38	80.34	85.40	84.55	83.55	88.38	87.67
最低点	59.61	58.62	60.97	67.04	69.78	71.70	72.76	80.57	77.07	79.50	82.90	83.46

● 星期日 † 节假日

1908年铁路股平均指数

日期	1月	2月	3月	4月	5月	6月	7月	8月	9月	10月	11月	12月
1	†	91.26	*	92.38	98.35	102.05	99.92	106.90	109.13	105.91	*	117.13
2	89.81	*	86.87	92.45	98.72	102.35	99.74	106.41	109.19	107.26	110.46	116.21
3	90.38	90.90	86.80	91.78	*	101.90	99.96	106.99	108.03	108.05	†	116.35
4	90.37	91.49	87.15	92.43	98.11	100.30	†	106.78	109.13	*	112.48	117.20
5	*	90.52	87.26	*	98.65	100.65	101.24	107.45	*	107.45	111.93	116.70
6	91.12	90.45	87.79	92.23	99.42	101.34	101.58	107.69	109.50	107.69	113.63	*
7	91.15	89.60	89.45	92.20	99.02	*	102.73	107.58	110.33	107.90	114.53	116.54
8	90.82	88.34	*	93.51	99.90	101.21	102.95	108.01	110.14	106.52	*	117.39
9	92.86	*	90.71	94.30	100.58	100.70	101.91	*	109.14	106.35	114.45	117.80
10	92.03	86.21	90.03	94.18	*	101.03	101.65	109.12	109.50	106.28	115.47	118.05
11	93.75	86.46	91.10	93.77	101.37	100.95	*	107.97	*	*	115.08	117.81
12	*	†	91.88	*	100.55	99.65	102.36	108.71	110.14	107.79	115.46	118.18
13	94.27	86.18	91.88	93.53	101.54	99.85	103.15	106.05	110.14	108.05	116.73	*
14	95.06	87.53	93.94	93.94	102.24	*	103.23	106.17	108.87	107.96	116.53	118.00
15	95.10	86.55	92.84	93.69	102.56	99.90	103.12	*	107.55	108.46	*	117.36
16	94.68	*	*	94.06	103.10	100.76	103.13	106.76	106.00	108.19	116.94	117.98
17	95.27	86.04	91.93	†	*	100.44	104.17	106.77	107.41	107.54	117.51	116.43
18	95.75	86.60	92.60	*	104.45	100.65	*	106.09	*	*	116.80	116.58
19	*	86.95	91.11	93.51	103.16	99.08	105.25	106.41	105.77	107.92	115.78	116.03
20	94.67	87.43	91.50	93.93	102.71	99.25	104.23	106.20	103.78	109.03	115.95	*
21	93.09	87.61	92.25	93.88	103.42	*	105.68	106.22	103.43	109.73	114.77	115.20
22	92.76	†	*	94.96	102.50	97.96	106.74	*	104.18	109.78	*	117.19
23	92.46	*	93.10	*	100.26	97.97	105.09	106.21	104.18	109.26	114.94	118.14
24	91.66	87.29	93.83	96.41	*	98.19	*	106.08	105.97	109.40	116.58	118.15
25	92.22	86.79	94.06	96.22	101.32	98.89	106.15	106.38	*	*	116.01	*
26	*	86.66	93.16	*	99.65	99.47	*	107.31	105.68	109.88	†	119.80
27	92.73	86.77	94.40	96.95	99.15	99.16	105.25	108.83	110.15	117.23	117.10	119.28
28	93.40	87.36	93.46	97.68	98.53	*	105.80	108.67	109.51	117.01	*	119.43
29	92.40	86.52	*	97.86	99.14	100.06	105.63	109.11	109.95	*	117.10	120.05
30	92.44		93.21	*	†	99.88	105.77	109.10	110.16	*	117.51	120.05
31	92.19		92.00		104.45		106.26	109.12		110.16		115.20
最高点	95.75	91.49	94.40	97.86	104.45	102.35	106.76	109.10	110.33	110.16	117.51	120.05
最低点	89.81	86.04	86.80	91.78	98.11	97.96	99.74	106.05	103.43	105.91	110.46	115.20

* 星期日　† 节假日

273

1907年工业股平均指数

日期	1月	2月	3月	4月	5月	6月	7月	8月	9月	10月	11月	12月
1	†	90.59	90.12	82.30	83.87	77.93	81.27	78.36	*	67.95	57.56	60.14
2	94.25	90.48	89.62	81.84	84.57	77.40	80.90	78.87	†	67.62	57.39	59.47
3	94.35	*	*	81.94	85.02	79.11	81.38	78.48	73.51	67.94	*	60.11
4	95.98	90.50	88.00	83.13	84.50	78.62	†	*	72.74	67.76	58.48	61.16
5	96.17	91.60	86.44	83.96	*	78.83	81.85	77.41	73.59	67.31	57.75	61.77
6	*	91.45	87.28	84.22	84.31	79.35	82.52	76.55	73.89	*	56.39	61.01
7	96.37	92.35	86.52	*	83.54	79.92	*	74.91	*	67.56	56.68	*
8	95.65	92.46	85.21	84.36	83.48	*	82.52	75.29	73.44	67.05	56.48	59.72
9	96.07	92.13	84.89	84.70	83.28	79.95	81.57	74.72	71.68	65.51	*	58.51
10	95.89	*	*	84.78	83.06	79.15	80.64	73.31	70.96	65.50	56.88	58.22
11	95.53	92.94	85.70	84.19	*	79.07	80.61	*	69.86	63.51	55.87	58.17
12	95.78	†	86.53	83.85	82.85	79.62	80.71	71.18	69.69	62.34	55.37	57.29
13	*	93.39	83.13	82.23	*	78.01	81.46	72.37	68.30	*	54.36	57.33
14	95.58	92.71	76.23	*	83.56	77.66	81.20	69.63	*	62.14	53.00	*
15	95.36	93.07	81.33	81.40	83.42	*	81.51	70.32	68.14	62.09	53.89	57.03
16	94.41	93.19	81.69	82.84	83.84	77.90	80.40	69.29	69.17	60.46	*	56.85
17	94.34	*	*	82.89	83.42	78.09	80.77	69.36	69.05	60.53	55.05	57.71
18	92.62	92.81	82.13	83.07	82.71	*	81.16	*	69.80	59.13	53.45	58.08
19	92.58	92.28	81.55	83.11	*	77.86	81.33	69.50	70.10	58.65	53.18	58.98
20	*	92.11	80.94	*	80.79	77.43	*	70.01	70.45	*	53.27	59.46
21	93.28	91.87	81.97	84.80	78.77	77.44	81.11	69.25	*	60.81	53.08	*
22	93.66	†	80.40	84.63	79.33	*	80.98	70.37	69.53	59.11	55.02	58.21
23	93.90	†	78.76	83.94	79.04	77.93	81.32	69.27	69.82	58.21	*	58.00
24	94.03	*	*	83.88	79.45	79.53	81.11	69.25	69.43	58.18	53.63	†
25	93.00	90.33	75.39	83.51	79.00	79.44	81.25	70.43	69.01	58.30	55.05	57.60
26	92.72	90.61	77.78	83.95	*	80.22	81.21	70.27	67.72	58.31	55.55	58.65
27	*	89.75	77.39	*	77.30	80.36	*	70.97	67.16	*	†	58.83
28	91.89	90.54	78.21	84.37	77.32	*	80.10	71.18	*	58.13	57.51	*
29	91.76		80.15	84.30	78.27		79.86	72.28	67.72	57.23	58.41	59.47
30	90.77		†		78.10		78.87	†		58.42		58.75
31	91.70				78.30		82.52	78.87		57.70		61.77
最高点	96.37	93.39	90.12	84.80	85.02	80.36	82.52	78.87	73.89	67.95	58.48	61.77
最低点	90.77	89.75	75.39	81.40	77.30	77.40	78.87	69.25	67.16	57.23	53.00	56.85

* 星期日　† 节假日

附 录

1907年铁路股平均指数

日期	1月	2月	3月	4月	5月	6月	7月	8月	9月	10月	11月	12月
1	†	120.28	117.98	107.70	109.28	100.42	105.72	104.96	*	98.73	84.36	*
2	129.90	120.20	116.96	107.16	110.41	*	104.78	105.37	†	98.08	84.14	88.28
3	129.71	*	114.77	106.88	100.36	99.50	105.70	105.27	99.44	97.81	*	87.32
4	131.60	119.58	112.56	109.05	109.64	100.78	†	*	98.68	97.56	85.05	89.11
5	131.95	120.76	114.31	110.48	*	100.45	106.34	103.71	100.11	*	†	90.30
6	*	120.67	112.51	109.83	108.87	101.03	107.23	102.34	100.45	98.11	85.72	90.56
7	131.63	122.00	112.51	*	108.14	102.06	*	100.90	100.26	97.31	84.27	90.12
8	130.38	121.59	101.86	109.77	108.23	*	106.84	101.35	*	95.56	85.09	*
9	129.74	120.82	111.09	109.30	107.58	102.96	105.48	100.36	100.38	95.77	85.07	89.19
10	129.65	*	*	109.32	*	102.81	103.90	98.51	98.91	94.50	*	87.88
11	128.78	121.70	111.83	108.69	106.78	101.76	103.99	*	99.02	93.34	85.91	87.85
12	129.56	†	112.53	108.36	107.08	101.95	104.48	95.87	98.30	*	85.41	87.85
13	*	122.81	107.52	106.72	108.04	101.65	105.66	97.66	99.10	92.83	84.80	86.94
14	128.53	121.90	99.71	*	107.25	100.73	*	95.25	98.44	93.18	84.15	87.76
15	128.58	122.13	105.95	105.56	106.52	100.36	105.68	96.16	*	92.03	82.50	*
16	127.18	122.94	108.71	107.29	106.06	*	106.38	95.31	98.88	92.48	82.97	86.73
17	126.80	*	*	106.57	105.16	100.90	105.60	95.22	99.91	*	*	86.61
18	*	122.14	106.71	107.20	*	100.75	106.00	*	99.78	90.88	84.60	87.23
19	124.55	121.25	105.51	107.51	105.16	100.96	106.94	95.52	100.36	90.30	82.93	87.39
20	124.25	120.78	105.73	*	103.57	100.83	107.20	96.49	100.36	*	82.38	88.78
21	125.22	120.30	106.21	109.65	102.45	100.44	*	95.88	101.03	92.23	81.41	89.35
22	125.25	†	103.15	109.70	103.38	100.42	106.91	96.63	100.19	88.73	81.49	*
23	125.75	117.71	*	108.65	102.70	*	106.68	95.14	100.38	86.69	83.40	88.11
24	125.68	118.26	100.77	108.83	102.50	101.18	107.68	94.93	100.01	84.82	*	87.61
25	124.08	117.15	98.27	108.45	*	103.11	107.37	*	99.28	85.90	81.72	†
26	123.68	*	101.94	108.93	99.98	102.86	107.36	96.39	98.27	85.88	83.51	87.01
27	*	118.68	102.56	*	99.95	103.75	107.51	96.41	97.21	*	84.09	88.41
28	122.34	122.18	103.23	109.73	101.33	103.77	106.23	97.41	*	86.13	†	88.35
29	122.18		105.85	109.97	†	105.06	106.41	97.83	98.35	83.49	85.80	*
30	121.52		†	*	100.92		105.26	†		84.85	87.13	89.50
31	122.25		*		110.41		107.68	105.37		84.02		88.77
最高点	131.95	122.94	117.98	110.48	110.41	105.06	107.68	105.37	101.03	98.73	87.13	90.56
最低点	121.52	117.15	98.27	105.56	99.95	99.50	103.90	94.93	97.21	83.49	81.41	86.61

* 星期日
† 节假日

1906年工业股平均指数

日期	1月	2月	3月	4月	5月	6月	7月	8月	9月	10月	11月	12月
1	†	101.55	93.83	*	88.03	94.01	86.12	93.72	94.42	95.77	93.80	95.16
2	95.00	101.71	93.86	97.84	87.16	94.38	86.64	93.37	*	95.42	94.28	*
3	95.63	99.77	93.85	98.19	86.45	*	†	92.44	†	95.22	94.17	95.35
4	94.44	*	*	97.48	89.08	95.19	86.58	91.67	93.31	94.66	*	95.23
5	96.09	100.05	92.90	97.00	89.75	95.04	87.79	*	93.77	95.48	94.60	95.27
6	97.09	100.39	94.00	97.00	*	95.21	87.97	92.85	94.63	95.88	†	94.82
7	*	99.60	94.09	96.56	90.78	94.50	*	92.97	94.22	*	93.93	95.30
8	98.03	99.50	94.69	*	92.08	93.99	87.87	92.10	94.50	96.53	93.58	95.19
9	97.85	99.93	96.43	95.93	92.86	*	87.26	91.70	*	96.75	93.37	*
10	98.09	99.76	96.33	95.05	93.21	94.38	86.37	91.92	94.55	96.51	93.32	95.58
11	99.06	†	*	96.44	93.41	94.10	85.70	92.03	93.53	96.65	*	95.89
12	100.25	100.08	96.40	96.02	93.13	93.63	85.18	*	95.27	96.58	92.38	95.36
13	99.79	99.27	96.96	96.51	*	92.91	85.40	92.53	95.89	96.04	93.06	94.10
14	*	97.88	96.44	97.02	92.80	92.25	*	92.70	95.53	*	94.01	94.82
15	100.80	97.31	95.79	*	93.06	91.02	86.45	92.94	*	95.78	94.25	95.46
16	100.81	96.51	95.33	97.01	93.77	*	86.91	92.59	95.63	96.14	94.76	94.50
17	101.67	*	95.10	96.84	93.05	90.66	86.54	93.38	95.84	95.78	95.20	93.54
18	102.26	97.31	*	95.67	92.75	91.43	87.21	95.34	95.47	95.65	*	93.11
19	103.00	97.07	93.05	94.23	92.68	92.00	88.12	*	96.00	94.77	94.92	93.81
20	102.72	96.25	94.35	95.29	*	90.55	88.51	95.96	*	92.76	95.04	94.59
21	*	†	94.38	95.25	92.20	*	*	95.60	95.50	*	95.32	93.45
22	102.37	96.76	94.96	*	92.15	90.95	88.59	95.09	*	94.58	95.25	*
23	102.50	96.87	95.06	93.46	92.16	89.85	88.12	95.36	95.92	94.47	95.33	92.94
24	102.53	*	94.77	93.60	92.76	89.02	89.59	96.07	94.68	93.85	94.57	†
25	102.66	*	*	93.02	93.42	89.38	90.03	96.08	95.12	93.12	*	93.13
26	102.90	97.38	96.25	92.44	93.15	87.71	91.41	*	94.82	93.16	94.77	94.34
27	101.86	96.44	95.82	89.92	*	88.70	91.80	95.19	94.77	93.47	95.05	94.28
28	*	93.94	96.64	88.70	93.29	87.29	*	94.89	94.98	*	95.27	93.63
29	99.32		96.43	*	93.69	87.01	91.72	94.31	94.84	93.85	†	*
30	98.31		96.60	90.53	†	*	92.41	94.01	*	93.68	95.12	
31	100.69		96.95		93.75		92.41	96.08		92.91		94.35
最高点	103.00	101.71	96.96	98.19	93.77	95.21	92.41	96.08	96.07	96.75	95.33	95.89
最低点	94.44	93.94	92.90	88.70	86.45	87.01	85.18	91.67	93.31	92.76	92.38	92.94

* 星期日
† 节假日

276

1906年铁路股平均指数

日期	1月	2月	3月	4月	5月	6月	7月	8月	9月	10月	11月	12月
1	†	135.93	129.98	*	120.70	128.82	*	130.45	136.10	136.86	132.93	136.30
2	133.12	135.70	130.13	133.13	120.61	129.35	121.76	131.11	†	136.57	133.49	136.86
3	133.23	133.89	130.00	132.60	120.30	*	122.41	130.40	136.09	136.24	133.70	136.60
4	132.36	*	*	132.68	123.29	129.98	†	129.70	136.41	135.98	*	136.11
5	133.73	133.73	128.54	132.05	124.01	129.44	122.88	130.99	136.87	136.87	133.91	135.37
6	134.48	134.50	129.48	132.34	*	129.93	124.73	131.21	137.16	136.53	*	136.65
7	*	133.73	129.22	131.76	124.25	130.55	124.96	131.08	136.62	*	133.55	136.28
8	134.76	133.83	130.46	*	126.10	130.56	*	130.18	137.05	136.68	132.88	*
9	134.73	135.34	131.40	130.45	126.14	*	124.81	*	137.09	136.78	132.67	136.61
10	134.65	134.87	130.88	130.07	126.91	129.71	124.24	130.62	135.77	137.65	132.24	137.56
11	135.58	†	*	131.85	128.16	131.05	123.54	131.07	136.61	137.68	131.45	136.63
12	136.65	135.23	130.53	131.45	127.60	130.82	122.43	*	137.60	*	132.28	134.93
13	136.80	134.66	131.46	132.13	*	129.96	122.45	131.71	137.72	137.60	134.08	136.73
14	*	133.55	130.85	132.56	127.23	129.25	122.71	131.93	*	136.78	134.35	136.78
15	136.86	132.28	130.40	*	127.05	128.40	124.03	132.10	136.84	136.84	135.42	*
16	137.12	131.10	130.59	132.66	127.83	127.21	124.33	131.39	136.76	136.76	135.13	135.36
17	137.06	*	130.41	132.66	127.46	*	123.55	133.63	135.98	135.98	*	133.14
18	137.07	132.60	*	131.14	126.90	126.77	124.47	135.41	135.86	135.86	136.44	130.84
19	138.29	132.41	128.96	128.36	126.91	128.48	*	*	137.03	134.12	136.06	131.23
20	138.25	132.58	130.16	*	*	129.53	125.46	136.98	137.83	131.62	136.83	131.31
21	*	131.47	129.63	128.96	126.93	128.23	125.82	135.60	137.70	*	136.68	129.65
22	138.36	†	130.50	126.56	126.75	128.76	126.01	134.83	136.92	133.87	136.31	*
23	138.11	132.06	130.87	126.76	126.29	*	125.27	135.15	*	133.43	135.01	128.37
24	137.20	131.79	130.75	126.18	127.78	127.64	126.83	136.95	137.26	133.27	*	128.51
25	137.45	*	*	*	128.31	126.72	127.71	137.06	135.71	132.05	134.90	130.34
26	*	132.58	132.03	125.73	128.03	126.89	128.08	*	135.69	132.17	135.96	130.02
27	137.79	131.24	131.32	122.95	127.89	124.89	129.02	136.04	135.25	132.34	135.90	128.95
28	136.36	129.56	132.53	121.89	*	125.93	*	135.04	135.89	*	†	†
29	133.98		132.17	*	128.41	123.91	128.31	135.96	135.92	132.70	136.01	129.80
30	133.55		132.70	124.06	†	123.31	129.11	135.34	*	132.60	*	137.56
31	135.34		132.73		128.61		129.11	135.20		131.37		128.37
最高点	138.36	135.93	132.73	133.13	128.61	131.05	129.11	137.06	137.84	137.68	136.83	137.56
最低点	132.36	129.56	128.54	121.89	120.30	123.31	121.76	129.70	135.25	131.37	131.45	128.37

* 星期日　† 节假日

277

1905年工业股平均指数

日期	1月	2月	3月	4月	5月	6月	7月	8月	9月	10月	11月	12月
1	*	70.91	76.06	80.67	76.90	73.17	77.48	81.35	79.66	*	84.14	89.62
2		71.19	76.81	*	77.77	73.31	*	81.31	79.71	82.17	83.92	89.50
3	70.39	71.47	75.92	81.13	76.51	73.43	78.70	81.63	*	82.62	83.78	*
4	70.22	71.53	76.14	81.31	74.68	*	†	81.90	†	82.38	82.93	89.56
5	70.23	*	*	82.17	76.82	73.51	78.65	81.75	80.73	82.78	*	90.82
6	69.46	71.80	76.33	82.76	76.17	72.53	79.33	*	78.92	82.55	83.32	90.91
7	69.23	72.63	76.02	83.12	*	72.94	79.54	82.20	78.60	82.02	†	92.37
8	*	72.54	76.29	82.45	74.52	73.05	79.47	81.90	79.78	*	82.17	93.20
9	69.52	72.26	77.36	*	75.78	73.27	*	81.83	79.02	81.65	81.56	92.84
10	70.10	73.27	77.88	82.20	76.34	74.68	79.47	82.03	*	82.02	82.57	*
11	70.03	73.34	77.72	81.93	77.15	*	78.02	82.20	79.06	80.83	82.25	93.59
12	69.61	†	*	82.64	*	74.61	79.09	*	80.13	80.96	*	95.68
13	70.31	73.48	78.22	83.23	78.05	73.95	78.93	82.12	79.43	*	80.83	95.47
14	70.70	73.57	78.17	83.75	77.45	74.11	78.56	82.35	80.11	81.54	81.67	96.05
15	*	73.63	77.89	83.12	*	73.76	78.68	82.45	81.11	81.47	80.77	96.09
16	70.94	73.92	77.81	*	77.46	73.96	*	82.73	*	*	82.47	*
17	70.67	74.23	77.18	83.41	76.89	73.36	79.10	82.03	81.38	81.48	84.19	95.71
18	70.98	*	77.27	82.60	76.65	*	79.16	82.14	80.77	81.43	84.53	95.64
19	70.67	74.94	78.02	83.44	74.63	73.68	79.26	*	81.45	80.96	*	94.61
20	70.63	75.51	77.51	*	73.87	74.43	79.60	82.26	81.77	81.41	85.22	94.20
21	70.14	†	76.44	80.95	73.22	75.19	79.30	82.10	81.91	82.27	85.84	94.43
22	*	75.34	77.42	†	71.37	75.70	78.05	82.82	81.78	82.83	86.11	95.05
23	69.45	76.11	79.27	79.97	71.57	75.78	78.69	82.61	*	82.86	85.93	*
24	69.39	76.16	78.89	80.85	73.75	75.69	78.36	82.37	81.05	82.84	85.81	†
25	68.76	*	*	81.26	72.91	*	78.66	82.61	81.30	82.66	86.94	95.84
26	70.07	75.75	78.58	78.53	73.01	77.45	79.27	*	81.13	82.08	*	94.04
27	70.43	75.15	78.13	77.87	72.91	77.45	80.46	82.22	80.92	81.97	89.43	95.37
28	70.82		78.70	76.08	†	77.78	80.64	82.79	81.39	81.51	89.77	96.56
29	*		79.23	*	74.12	77.19	*	82.05	81.90	*	89.89	96.20
30	70.77		80.02	83.75	74.32	76.87	81.70	80.63	*	82.33	†	*
31	71.33		80.02		78.05		81.70	82.82		83.77		96.56
最高点	71.33	76.16	80.02	83.75	78.05	77.78	81.70	82.82	81.91	83.77	89.89	96.56
最低点	68.76	70.91	75.92	76.08	71.37	72.53	77.48	80.63	78.60	80.83	80.83	89.50

●星期日　†节假日

1905年铁路股平均指数

日期	1月	2月	3月	4月	5月	6月	7月	8月	9月	10月	11月	12月
1	*	120.70	124.95	124.98	119.81	117.00	123.38	125.63	127.91	*	132.37	130.00
2	†	121.30	125.20	*	120.63	117.19	*	125.58	129.08	131.99	132.23	129.93
3	118.50	122.03	124.51	125.43	119.44	117.16	124.65	126.35	*	132.44	132.47	*
4	118.16	121.63	125.05	125.03	117.35	*	†	126.84	130.32	131.47	131.45	129.65
5	118.12	*	*	125.43	118.96	117.58	124.05	126.80	128.19	131.40	*	130.81
6	117.38	121.30	125.25	126.21	118.35	116.59	124.58	127.78	127.37	131.53	131.99	130.64
7	117.03	121.95	124.65	125.88	*	117.30	124.93	127.88	128.92	130.92	†	130.98
8	*	122.36	125.19	125.41	117.61	117.42	124.90	127.83	128.33	*	130.51	*
9	117.35	122.20	125.19	*	118.47	117.55	*	127.47	*	130.35	129.00	131.04
10	117.55	122.40	125.62	125.62	118.23	*	124.58	130.11	128.76	131.26	129.83	131.33
11	117.74	122.25	125.41	125.41	119.36	119.13	123.17	130.07	129.83	130.04	128.91	*
12	117.21	*	125.90	125.90	*	118.35	125.17	*	129.45	130.10	*	131.95
13	*	†	126.46	126.24	120.02	118.93	124.82	130.83	*	131.01	127.91	132.03
14	117.96	122.42	126.70	127.01	119.42	118.56	124.92	130.36	130.50	130.73	129.34	132.81
15	118.49	122.75	*	126.28	*	118.78	125.19	131.10	130.00	*	130.08	132.23
16	*	122.36	127.16	*	119.85	*	*	131.28	130.93	130.80	129.37	132.08
17	118.31	122.23	126.78	126.39	119.33	118.35	125.25	130.25	131.43	130.49	130.69	131.90
18	118.16	122.43	126.75	124.70	119.24	*	125.38	130.53	130.54	130.13	130.95	*
19	118.63	*	125.21	125.66	117.44	118.86	125.04	*	131.60	130.51	*	131.28
20	118.60	122.86	124.87	*	116.91	119.69	125.04	131.54	131.91	131.82	131.97	131.71
21	119.40	122.50	126.00	123.40	115.88	120.67	124.16	131.58	132.19	132.62	131.98	131.93
22	119.24	123.91	125.14	†	114.52	121.27	122.95	132.17	*	*	132.26	132.26
23	*	*	*	†	114.76	121.50	123.73	132.06	132.33	132.65	132.00	133.05
24	118.18	122.94	124.65	122.57	117.36	*	123.79	131.75	130.97	132.61	131.26	133.14
25	117.59	124.63	125.26	123.80	116.47	122.07	123.95	131.83	131.27	132.49	131.65	†
26	117.26	125.48	125.51	124.04	*	122.01	124.92	*	131.38	131.95	*	133.17
27	118.97	*	*	120.88	116.70	123.37	124.06	132.31	130.93	131.36	132.26	133.08
28	119.14	125.08	124.48	120.48	116.90	122.46	*	132.19	131.86	130.70	131.63	132.30
29	120.30	123.78	123.46	117.81	118.57	122.57	126.06	131.30	*	*	131.34	133.54
30	*		124.69	*	†	*	126.28	129.57	*	131.25	*	*
31	120.58		124.45		119.30		126.28	132.19		132.33		133.26
最高点	121.05	125.48	124.89	127.01	120.63	123.37	132.19	132.65	132.47	133.54		
最底点	121.05	120.70	127.16	127.81	120.63	123.37	132.65					
	117.03		123.46	117.81	114.52	116.59	122.95	125.58	127.37	130.04	127.91	129.65

* 星期日 † 节假日

1904年工业股平均指数

日期	1月	2月	3月	4月	5月	6月	7月	8月	9月	10月	11月	12月
1	†	49.03	47.86	†	48.42	48.26	49.31	52.73	54.94	58.05	63.72	72.05
2	47.38	48.69	47.87	49.08	48.33	48.10	†	52.68	55.15	*	64.76	72.46
3	*	48.40	48.00	*	48.60	48.17	*	52.75	†	58.65	64.87	72.86
4	47.77	48.35	47.90	48.68	48.56	48.17	*	52.70	*	58.27	65.31	*
5	48.09	47.87	47.28	48.89	48.71	48.08	49.62	52.85	55.38	58.18	65.25	73.23
6	47.07	47.65	*	49.30	48.59	48.27	50.09	52.90	55.68	57.59	*	72.57
7	47.16	*	47.18	49.98	*	48.60	49.96	*	55.94	57.96	66.21	68.97
8	47.92	48.10	47.72	49.59	48.71	48.66	50.44	52.73	56.54	58.22	†	68.00
9	48.02	46.98	47.04	49.65	48.42	49.06	50.84	53.03	*	*	67.07	69.22
10	*	47.76	46.93	*	48.30	49.12	*	53.13	57.43	58.75	67.58	70.01
11	47.82	48.16	46.46	49.98	47.93	*	50.67	53.28	*	59.03	68.03	*
12	47.63	†	46.41	49.58	47.72	48.88	51.37	53.39	56.46	59.23	68.19	65.77
13	47.77	48.11	*	49.73	47.72	48.86	51.73	54.03	56.32	60.16	*	66.42
14	47.85	*	46.50	49.41	*	49.05	51.87	*	55.67	*	68.78	66.17
15	47.97	48.86	47.73	49.35	47.56	48.86	52.06	53.98	56.00	61.42	69.17	66.62
16	48.08	48.39	47.77	49.38	47.67	48.83	52.50	53.54	56.66	62.07	*	68.73
17	*	48.16	48.30	*	47.43	48.73	*	54.08	57.19	*	69.11	68.47
18	48.82	47.90	47.91	49.33	47.45	48.89	52.50	54.25	56.58	62.06	70.08	*
19	48.65	47.51	48.76	48.92	47.53	*	52.96	53.76	*	62.16	69.69	68.48
20	48.58	47.31	*	48.62	48.06	48.97	52.80	53.35	56.55	61.72	70.01	69.09
21	49.38	*	48.26	49.10	*	49.03	52.47	*	55.67	62.12	70.62	68.38
22	49.97	48.86	48.50	49.09	48.53	49.46	52.65	53.13	56.00	62.35	69.80	67.87
23	49.94	48.16	48.62	49.12	48.01	49.32	53.14	53.91	55.72	62.97	69.89	*
24	*	†	48.16	*	48.14	49.12	*	54.13	56.31	*	*	68.47
25	49.61	46.71	48.15	48.65	48.23	49.29	52.98	54.41	56.50	63.17	70.83	†
26	50.18	47.47	48.21	48.81	48.26	49.08	52.27	54.44	56.91	62.68	71.56	69.13
27	50.50	47.14	†	48.95	†	49.25	52.43	54.47	57.14	62.63	*	70.20
28	49.44	47.08	48.68	48.86	48.18	*	52.39	54.61	57.44	61.97	72.36	71.07
29	49.11	47.53	48.60	48.80	48.71	49.47	52.12	54.44	57.11	63.39	72.35	70.05
30	48.91		48.77	*	47.43	48.08	52.13	54.57	57.59	64.54	72.02	69.61
31	*		49.12				53.14	54.61		63.03		73.23
最高点	50.50	49.03	49.12	49.98	48.71	49.47	53.14	54.61	57.59	64.54	72.36	73.23
最低点	47.07	46.71	46.41	48.62	47.43	48.08	49.31	52.68	54.94	57.59	63.72	65.77

* 星期日
† 节假日

1904年铁路股平均指数

日期	1月	2月	3月	4月	5月	6月	7月	8月	9月	10月	11月	12月
1	†	97.70	92.61	†	*	94.33	97.53	101.20	105.31	109.11	113.30	118.68
2	96.30	97.55	92.80	95.96	95.22	94.15	†	100.85	106.31	109.19*	114.06	119.33
3	*	96.96	92.90	*	95.37	94.41	†	101.29	†	109.56	113.95	119.46
4	96.55	96.61	93.09	96.04	95.60	94.41	98.63	101.30	†	110.00	113.78	119.36
5	97.08	95.50	92.40	96.25	95.17	*	99.55	101.51	107.12	109.23	113.47	118.67
6	95.61	95.50	*	96.93	95.36	94.54	98.72	101.60	106.81	109.68	*	116.82
7	95.88	93.90	92.77	97.15	95.23	94.80	99.47	101.50	107.28	110.31	114.37	116.26
8	96.65	94.75	92.36	96.81	*	95.13	99.63	101.98	107.83	*	†	116.94
9	97.23	94.05	92.33	96.98	95.23	95.43	*	102.25	108.12	110.32	115.28	117.31
10	*	94.06	92.31	†	94.87	95.77	99.26	102.99	*	110.85	115.32	*
11	97.33	†	91.66	97.58	94.93	96.04	100.40	103.13	106.91	110.92	116.72	113.53
12	96.39	94.11	91.53	96.75	94.45	*	100.79	103.56	106.81	110.95	116.92	114.00
13	96.67	*	91.31	97.13	94.10	95.66	100.50	*	107.86	112.31	116.31	113.78
14	96.85	94.54	93.10	96.57	93.83	96.48	100.89	*	107.67	113.06	117.21	114.60
15	96.81	94.61	93.33	96.57	*	96.04	101.11	*	107.89	*	116.82	116.07
16	96.80	94.23	94.35	96.35	93.55	96.26	*	104.02	107.38	113.22	117.46	116.15
17	*	94.23	93.81	*	93.90	96.16	101.62	103.83	106.90	113.58	116.85	116.16
18	97.73	93.76	93.58	96.22	93.88	*	102.24	104.15	106.30	113.40	117.00	116.91
19	98.21	93.51	95.08	95.96	93.75	96.45	102.21	104.48	106.43	113.69	117.27	115.94
20	98.45	93.18	*	95.96	94.11	96.85	101.85	103.98	106.96	114.60	116.41	115.30
21	99.43	*	94.51	96.65	94.74	97.17	102.01	103.31	107.01	114.78	116.54	115.92
22	99.76	94.11	95.86	96.85	*	97.23	102.06	104.50	107.53	*	†	*
23	99.78	†	95.88	96.90	95.20	97.17	101.60	104.40	107.97	114.72	117.01	†
24	*	92.17	94.40	*	94.90	97.05	100.80	105.30	108.32	114.63	117.54	116.85
25	98.73	91.83	94.65	96.37	94.39	97.00	99.75	105.32	108.00	114.04	118.22	117.68
26	99.26	92.65	94.80	96.45	94.43	97.30	101.21	105.50	108.78	113.01	118.27	118.55
27	99.50	92.18	*	96.68	94.41	*	100.81	106.10	*	114.42	*	*
28	98.21	92.13	95.92	96.57	†	97.05	100.52	105.83	*	115.20	118.93	117.90
29	98.06	92.28	96.50	96.14	†	97.32	*	105.22	108.78	*	†	117.43
30	97.90		96.49	96.04	94.36	*	102.24	106.10	*	113.36	118.93	119.46
31			96.50		95.60			*		115.20		113.53
最高点	99.78	97.70	96.50	97.58	95.60	97.32	102.24	106.10	108.78	115.20	118.93	119.46
最低点	95.61	91.83	91.31	95.96	93.55	94.15	97.53	100.85	105.31	109.11	113.30	113.53

* 星期日
† 节假日

1903年工业股平均指数

日期	1月	2月	3月	4月	5月	6月	7月	8月	9月	10月	11月	12月
1	†	65.53	*	63.47	63.84	59.59	58.81	50.75	52.75	47.06	*	44.35
2	64.60	66.06	66.01	62.63	63.86	59.87	58.08	*	52.60	47.62	45.46	45.50
3	64.65	66.40	65.68	62.55	*	59.90	58.21	50.57	51.85	47.53	†	46.23
4	*	66.55	65.81	62.28	64.06	58.86	†	49.22	51.93	*	44.90	46.50
5	65.38	66.88	64.70	*	63.89	58.53	58.08	47.98	†	47.05	43.60	46.06
6	65.88	66.47	64.82	62.40	63.55	58.50	57.84	49.36	*	47.23	43.94	*
7	65.73	*	64.13	62.09	63.70	*	57.97	48.64	51.53	46.96	43.71	47.40
8	66.33	67.10	*	62.28	63.55	57.97	57.37	47.38	51.39	*	*	47.34
9	66.21	67.22	64.42	62.32	*	57.37	56.97	*	51.00	45.51	42.15	47.34
10	65.85	67.19	63.90	†	63.76	56.78	56.61	48.06	50.93	45.34	43.34	46.35
11	*	†	64.28	*	63.63	58.28	55.89	48.67	50.80	44.71	42.83	46.12
12	65.65	66.93	63.92	60.79	63.50	59.38	56.12	50.31	*	43.67	42.93	46.03
13	64.98	67.05	64.11	62.12	63.63	58.94	54.92	50.16	50.30	43.20	43.41	46.70
14	64.89	*	64.31	62.14	63.15	*	54.37	52.80	*	42.42	43.13	46.83
15	64.50	67.70	*	62.87	63.01	57.75	54.10	52.97	49.82	42.25	*	46.86
16	64.80	67.69	64.19	63.84	62.69	57.84	*	*	49.44	44.41	43.36	46.70
17	65.07	67.32	64.51	64.14	*	57.55	54.73	53.88	48.73	45.07	43.50	47.16
18	*	*	64.86	†	62.12	56.89	54.10	53.61	48.50	*	44.20	*
19	64.52	66.69	65.40	64.43	62.28	57.48	*	51.43	*	43.19	44.53	47.16
20	64.19	67.26	65.75	64.56	61.25	57.12	52.76	51.76	48.45	44.75	44.19	47.33
21	65.00	†	65.69	†	61.95	*	51.45	51.45	48.43	45.10	44.15	*
22	64.83	*	*	64.21	62.56	56.65	52.01	51.63	47.75	44.77	*	46.70
23	64.30	67.43	65.39	64.07	61.40	57.61	50.83	*	47.64	44.59	44.55	46.83
24	64.31	67.09	64.43	63.79	*	57.60	49.08	51.36	46.62	44.48	43.64	47.55
25	*	66.52	63.96	†	60.67	57.31	*	52.27	46.64	*	43.91	47.75
26	64.90	66.16	64.15	63.48	61.16	57.27	50.11	52.32	46.19	45.33	†	*
27	65.36	66.19	63.45	63.77	60.52	57.64	51.52	53.02	*	45.41	44.25	48.64
28	65.37	*	63.44	64.09	60.27	*	51.02	53.17	45.09	45.46	44.14	49.35
29	65.55		62.86	63.78	†	58.77	50.72	*	46.67	45.21	*	49.06
30	64.96		63.64	*	*	59.08	50.76	53.19	45.80	44.82	44.33	*
31	65.18		65.01		64.06		58.81	53.88		45.13		49.11
最高点	66.33	67.70	66.01	64.56	64.06	59.90	58.81	53.88	52.75	47.62	45.46	49.35
最低点	64.19	65.53	62.86	60.79	60.27	56.65	49.08	47.38	45.09	42.25	42.15	44.35

● 星期日
† 节假日

1903年铁路股平均指数

日期	1月	2月	3月	4月	5月	6月	7月	8月	9月	10月	11月	12月
1	†	*	*	110.01	109.56	103.35	104.01	96.37	97.46	91.45	*	94.41
2	119.17	119.33	114.58	109.15	109.55	104.20	102.91	95.90	97.67	92.77	93.23	94.36
3	119.05	119.26	113.91	109.60	*	104.23	103.05	93.84	96.99	91.99	†	95.60
4	*	119.86	114.34	109.16	110.82	102.69	†	91.93	97.90	91.19	92.68	95.79
5	119.56	120.00	112.22	*	110.62	102.45	*	*	*	91.01	92.41	95.42
6	121.02	119.55	113.20	109.42	110.73	102.44	103.06	93.32	97.20	91.31	91.75	*
7	120.20	119.58	111.38	109.14	110.03	*	103.07	92.89	†	90.13	91.18	96.28
8	121.28	*	*	109.34	109.93	101.41	103.20	90.70	97.41	90.21	*	96.10
9	121.00	120.19	111.82	108.91	109.23	100.46	100.83	*	97.05	*	92.15	96.56
10	121.00	120.00	110.51	†	*	*	100.53	91.79	97.37	89.90	91.76	95.60
11	*	119.89	111.82	*	109.61	102.18	99.56	92.54	96.83	*	90.98	95.48
12	120.43	†	111.54	105.75	109.47	103.88	*	94.66	*	89.63	90.10	95.20
13	120.44	119.92	111.60	107.36	109.24	103.58	99.58	96.13	95.20	89.65	91.05	*
14	120.33	119.50	111.77	107.20	108.55	*	97.89	98.26	95.50	89.36	90.71	96.23
15	119.89	*	*	108.36	107.98	101.93	97.10	97.96	95.09	89.76	*	96.41
16	120.30	119.80	110.93	108.86	107.75	102.48	97.77	*	94.81	91.85	91.26	96.40
17	120.45	119.35	111.26	*	106.68	102.26	99.20	98.60	94.33	91.88	91.45	95.90
18	*	117.81	112.06	109.11	*	101.81	98.50	98.84	93.91	*	92.54	96.55
19	119.63	117.04	112.86	109.84	107.05	102.45	*	96.88	*	89.81	93.43	96.57
20	119.12	117.80	113.62	*	105.68	102.25	97.28	96.86	94.01	91.45	93.00	*
21	120.10	†	113.48	110.42	106.59	*	96.99	96.53	93.80	91.96	92.53	96.58
22	119.77	*	*	*	106.93	101.70	97.81	*	92.80	92.01	*	96.59
23	118.83	117.26	112.58	109.98	105.12	102.18	96.92	96.52	91.26	91.52	93.12	97.58
24	118.81	116.82	111.23	110.06	*	101.83	96.40	97.41	91.95	91.58	92.61	97.78
25	*	115.86	110.48	109.68	105.10	101.63	95.00	97.28	90.51	*	92.91	†
26	119.78	115.19	110.59	*	105.10	101.43	*	96.93	*	92.84	†	98.88
27	119.43	115.19	109.11	108.77	104.96	102.03	97.00	97.41	88.80	93.25	93.07	98.94
28	119.29	*	109.38	108.65	104.20	*	97.08	*	91.27	93.10	93.06	98.36
29	119.53		108.76	109.53	104.20	103.63	97.01	97.56	92.63	92.66	*	98.33
30	118.86		109.98	108.86	†	103.67	96.72	98.05	89.75	92.81	93.80	*
31	119.06		108.76		103.77		96.48	98.84		93.25		98.94
最高点	121.28	120.19	114.58	110.42	110.82	104.23	104.01	98.84	97.90	93.25	93.80	98.94
最低点	118.81	115.19	108.76	105.75	103.77	99.40	95.00	90.70	88.80	89.36	90.10	94.36

* 星期日
† 节假日

1902年工业股平均指数

日期	1月	2月	3月	4月	5月	6月	7月	8月	9月	10月	11月	12月
1	†	65.04	65.13	67.20	67.11	66.26*	64.25	65.91	†	66.45	65.80*	62.53
2	64.33	64.77	65.30	67.17	65.89	66.17	64.76	65.83	66.55	66.44	65.55	62.22
3	64.25	64.62	64.77	67.01	66.25	65.96	64.89	66.12	66.64	66.58	†	62.06
4	64.59	64.96	64.97	66.82	66.06	65.32	†	66.47	66.60	66.57*	64.55	61.90
5	*	64.92	66.16	66.84*	67.01	65.46	65.09	66.52	66.80	64.21	64.37	61.76
6	64.90	65.31	65.56	66.60	66.36	65.49	64.51	66.53	66.56	63.84	64.19	61.73
7	64.22	64.94*	65.60	66.60	66.66	*	64.27	†	67.12	64.28	62.90	*
8	64.87	*	*	66.76	66.40	65.68	64.65	66.19	67.03	65.06	*	62.14
9	64.08	64.82	65.11	65.95	65.95*	66.11	64.50	66.07	66.89	64.76	62.35	62.19
10	63.85	65.16	65.32	66.18	*	66.20	64.45	66.48	66.67	63.84	60.96	60.71
11	64.02	†	64.88	66.33	65.51	65.94	*	66.78	66.05	*	61.61	59.97
12	*	64.58	65.26	*	65.90	65.94*	64.64	66.59	66.30	64.17	60.62	60.19
13	63.31	64.61	65.38	66.03	65.95	66.05	64.79	66.50	66.11	65.02	61.60	59.85
14	62.57	64.6 1†	65.59	66.46	66.06	*	65.55	*	66.40	65.37	*	*
15	63.16	*	*	66.86	65.35	65.90	65.90	66.38	66.89	66.10	62.19	59.57
16	63.59	65.30	65.59	67.44	64.85	65.89	66.03	66.46	67.25	66.57	61.61	59.71
17	64.02	64.81*	65.9ɔ	67.75	*	65.43	66.04	*	67.77	66.50	61.69	60.10
18	63.54	65.53	66.50	67.61	64.73	64.76	*	66.91	67.40	*	62.04	61.18
19	*	64.68	67.25	*	65.86	64.78	66.01	65.45	*	66.58	62.94	61.36
20	63.45	64.98	67.52	67.10	65.88	*	66.44	65.42	66.91	65.81	62.87	61.87
21	63.44	†	67.31	66.20	65.88	64.20	66.50	65.81	65.81	65.89	*	*
22	63.54	64.6 1†	†	66.84	66.44	63.67	66.37	65.80	*	65.78	62.79	62.67
23	64.01	*	*	68.44	66.82	63.82	66.59	65.87	66.34	66.37	62.15	62.00
24	64.13	65.30	67.30	67.62	*	64.04	66.59	65.79	*	66.44	†	62.6 1*
25	63.90	65.58	67.01	67.63	66.46	63.73	*	66.28	66.28	*	61.41	*
26	*	65.20	67.25	*	66.21	63.87	67.28	†	64.07	66.06	62.14	63.21
27	64.17	64.81	67.2 1†	67.31	66.42	*	66.51	66.78	66.15	65.92	62.05	63.69
28	65.17	*	†	67.37	†	64.3 1†	66.56	65.33	*	65.13	*	*
29	64.76		*	67.01	67.11	*	65.82	*		65.43	65.80	63.30
30	64.87		67.19	68.44	*	66.26	67.28	66.78		66.06	60.62	63.96
31	64.95		67.52		66.11		67.28	65.33		66.58		64.29
最高点	65.17	65.58	67.52	68.44	67.11	66.26	67.28	66.78	67.77	66.58	65.80	64.29
最低点	62.57	64.58	64.77	65.95	64.73	63.67	64.25	65.33	64.07	63.84	60.62	59.57

* 星期日
† 节假日

1902年铁路股平均指数

日期	1月	2月	3月	4月	5月	6月	7月	8月	9月	10月	11月	12月
1	†	114.06	113.65	115.78	121.86	119.19	120.67	125.78	128.96	124.61	121.29	118.51
2	115.85	113.69	114.25	115.84	119.75	119.19	120.90	125.33	127.96	124.19	120.75	117.57
3	115.08	114.03	113.69	117.13	120.32	119.00	†	125.43	128.55	123.93	*	117.47
4	114.95	114.78	114.23	117.48	*	118.99	121.66	125.73	128.28	122.51	119.13	116.76
5	115.40	115.73	114.98	*	119.52	118.35	*	126.04	127.93	120.99	119.39	116.59
6	114.34	115.72	114.55	116.58	121.28	118.38	122.21	126.60	128.68	119.98	119.41	116.45
7	114.58	115.60	114.45	117.18	120.66	118.47	122.53	126.51	129.36	120.58	117.26	*
8	114.06	*	*	117.65	120.86	*	122.39	*	128.82	121.88	*	116.94
9	113.63	115.88	113.71	116.95	120.36	118.53	122.52	125.38	129.07	120.98	116.79	116.59
10	113.89	115.80	113.70	117.03	119.51	119.31	122.98	125.42	128.82	119.33	115.25	114.60
11	*	†	114.07	117.36	*	119.56	123.17	125.73	127.50	*	115.86	113.08
12	112.92	115.13	114.19	118.12	118.31	119.46	*	*	127.91	118.97	115.76	114.01
13	111.73	115.35	114.65	118.80	119.23	120.21	123.98	126.29	127.49	120.56	113.70	*
14	112.41	115.21	115.07	118.93	119.53	*	124.06	125.75	127.77	120.95	115.21	113.08
15	112.40	*	*	118.97	119.94	120.40	124.78	125.59	128.80	122.70	*	113.21
16	*	115.55	115.44	119.74	118.28	120.61	125.02	*	128.16	123.93	115.68	113.59
17	113.51	115.27	115.64	120.38	117.76	120.76	125.59	125.31	128.68	123.43	114.81	114.03
18	113.18	*	*	*	*	120.58	125.91	125.93	128.31	*	116.00	115.91
19	*	115.50	115.66	119.67	117.46	120.71	*	126.48	*	123.38	116.66	116.13
20	112.68	115.71	115.71	118.96	118.46	120.60	125.06	126.53	127.68	122.21	118.39	116.06
21	112.68	113.63	116.41	118.85	119.00	*	125.52	126.22	125.23	122.33	118.32	*
22	112.71	113.96	116.32	119.80	119.25	120.31	126.17	126.31	124.70	121.94	*	117.33
23	113.18	*	*	*	119.57	119.63	126.33	127.10	125.01	122.25	118.50	116.47
24	112.93	113.99	116.48	119.58	118.88	119.72	127.08	126.98	125.78	122.28	117.30	117.19
25	112.45	114.43	115.98	120.17	118.91	120.11	127.16	126.91	124.98	*	116.45	†
26	*	113.97	115.87	120.24	118.91	120.22	126.45	126.70	*	121.10	†	117.92
27	112.60	114.05	115.66	120.80	119.32	120.58	125.56	127.23	120.41	121.13	117.78	118.05
28	113.82	113.65	†	121.63	†	120.38	126.03	†	124.78	120.10	117.48	117.12
29	113.38		†	121.26	121.86	121.45	125.85	127.23	129.36	120.68	*	118.42
30	113.99		116.08	*	*	118.35	127.16	127.16	120.41	121.68	121.29	118.98
31	114.19		116.48		121.78		120.67	125.31		124.61		118.98
最高点	115.85	115.88	116.48	121.63	121.86	121.45	127.16	127.23	129.36	124.61	121.29	118.98
最低点	111.73	113.63	113.65	115.78	117.46	118.35	120.67	125.31	120.41	118.97	113.70	113.08

*星期日
†节假日

1901年工业股平均指数

日期	1月	2月	3月	4月	5月	6月	7月	8月	9月	10月	11月	12月
1	†	67.71	67.76	70.91	75.93	76.59	77.08	71.71	*	66.07	64.67	*
2	70.44	†	67.67	71.02	75.19	*	77.07	71.28	†	65.94	64.83	64.02
3	67.97	68.46	*	71.35	74.37	77.73	76.60	71.22	72.65	64.48	*	64.44
4	69.33	69.27	67.58	72.01	74.90	77.07	†	69.21	73.27	64.57	64.48	64.87
5	67.68	69.89	67.35	†	*	76.37	†	69.05	73.06	63.48	†	64.84
6	*	69.33	67.39	*	75.55	76.45	†	69.53	72.23	*	64.56	63.82
7	67.12	69.80	67.72	71.47	75.02	76.31	74.04	70.42	69.03	63.72	64.78	62.96
8	67.65	70.16	67.55	72.51	71.72	*	74.66	69.53	*	63.84	65.10	*
9	67.53	*	67.30	73.11	71.38	76.07	72.78	70.42	70.69	64.13	65.66	63.68
10	67.89	*	*	73.62	71.67	76.27	72.22	69.66	71.45	65.36	*	63.27
11	67.85	70.48	67.48	72.88	†	76.11	70.77	69.36	71.01	65.91	66.52	62.75
12	67.36	†	67.28	73.65	71.92	76.55	70.33	*	70.25	65.52	66.35	61.61
13	*	69.45	67.54	*	69.93	77.31	71.05	69.91	70.25	*	66.03	61.84
14	67.26	70.62	67.33	75.35	70.06	77.07	*	70.71	67.25	65.79	65.36	62.22
15	66.50	70.78	67.47	75.42	70.84	77.43	69.46	71.71	*	65.30	66.10	*
16	65.71	70.18	*	74.88	73.09	78.26	69.67	71.58	70.01	64.91	66.12	61.95
17	65.30	*	68.42	75.10	73.86	77.82	71.55	71.01	69.87	*	*	62.27
18	65.21	68.92	68.73	75.89	*	77.56	71.91	*	70.25	65.23	65.87	62.79
19	64.77	68.37	68.82	75.66	72.76	77.22	71.97	71.08	†	65.48	65.62	62.86
20	*	67.96	68.93	*	73.44	77.94	71.32	71.40	70.47	65.81	65.15	63.17
21	64.92	68.55	68.92	74.56	73.51	77.71	70.43	72.10	69.73	65.42	65.45	63.12
22	65.53	†	68.82	73.80	72.83	*	71.39	73.03	*	65.66	65.88	*
23	66.37	68.27	*	73.21	73.73	77.71	70.91	73.70	67.57	65.44	65.68	62.11
24	65.65	67.36	68.59	73.63	73.62	76.93	71.69	*	67.43	65.29	*	61.52
25	66.16	68.11	68.52	74.35	*	76.87	*	73.83	66.22	65.09	65.15	†
26	66.68	†	69.27	†	73.67	76.82	72.13	72.81	66.89	*	65.78	62.62
27	*	67.00	69.39	*	74.01	76.47	72.70	72.71	67.69	64.01	*	63.31
28	66.29		69.43	75.23	74.51	77.94	72.94	72.82	67.40	64.46	65.01	63.76
29	66.56		69.92	75.80	†	*	72.65	73.47	66.66	64.86	*	*
30	66.72		*	75.89	75.77	78.26	71.63	†	73.27	64.45	65.68	63.33
31	66.81		69.92		75.93		77.08	73.83		66.07		64.56
最高点	70.44	70.78	69.92	75.89	75.93	78.26	77.08	73.83	73.27	66.07	66.52	64.87
最低点	64.77	67.00	67.18	70.91	67.38	76.07	69.46	69.05	66.22	63.48	64.48	61.52

* 星期日
† 节假日

1901年铁路股平均指数

日期	1月	2月	3月	4月	5月	6月	7月	8月	9月	10月	11月	12月
1	†	97.61	97.80	105.48	117.86	114.58	115.35	107.74	*	108.18	111.65	*
2	94.79	†	97.90	106.20	117.73	*	115.16	107.08	†	107.69	111.76	113.08
3	92.66	*	98.58	107.69	116.25	115.69	114.76	106.78	110.12	107.19	111.38	113.53
4	95.70	98.90	99.01	107.75	116.60	115.69	†	*	110.92	107.19	*	114.52
5	95.50	99.48	99.37	†	117.68	115.43	†	104.86	106.63	*	113.05	114.56
6	*	99.77	99.30	*	117.05	115.24	110.61	105.36	106.17	106.20	113.34	112.91
7	96.48	99.11	99.34	105.65	111.62	114.53	112.16	105.80	108.36	106.77	113.74	112.00
8	96.45	99.28	99.55	107.13	103.37	*	109.64	106.68	109.58	106.96	114.23	*
9	96.84	99.02	*	108.39	110.06	114.45	108.23	106.38	108.52	108.38	*	112.23
10	96.24	*	99.55	107.68	†	114.39	106.80	106.05	108.60	109.48	114.56	111.91
11	97.18	99.06	99.78	108.43	109.63	114.91	106.35	106.42	105.30	108.62	113.90	111.08
12	97.85	†	100.09	109.25	104.54	116.52	107.11	107.73	*	*	112.35	110.58
13	*	97.98	100.25	*	106.74	116.73	110.15	108.13	109.01	108.93	113.47	110.75
14	96.86	98.29	100.61	109.02	107.85	117.55	111.50	108.61	108.92	108.63	*	*
15	96.45	99.33	101.50	109.49	*	*	109.68	107.83	110.10	108.59	113.55	110.96
16	96.03	98.86	*	109.36	110.25	117.65	108.08	*	110.30	108.87	*	111.82
17	95.52	*	102.53	110.35	110.09	116.46	105.81	108.40	110.82	109.05	113.01	112.18
18	94.65	97.95	102.88	111.83	108.79	116.30	107.65	109.13	*	109.15	112.86	111.96
19	93.56	97.64	102.66	112.68	109.54	117.18	107.15	109.19	*	*	113.00	112.81
20	*	97.11	102.95	*	109.36	116.83	107.68	109.86	110.90	108.98	114.38	112.93
21	94.16	97.39	103.00	111.71	108.65	*	107.93	110.52	109.86	110.00	115.21	*
22	94.90	†	103.25	111.05	108.99	117.08	*	111.35	107.96	110.83	114.94	112.45
23	95.00	*	*	111.89	108.71	116.20	107.76	111.69	108.48	110.70	114.70	112.27
24	93.90	97.36	102.58	112.89	108.53	115.78	107.93	110.66	109.29	110.67	114.83	†
25	94.83	97.71	102.85	113.70	109.31	115.46	†	110.68	109.22	110.88	†	113.28
26	95.79	97.76	103.45	†	110.16	116.39	108.33	111.00	108.21	*	114.98	113.97
27	*	97.34	103.70	*	109.31	117.21	107.76	111.54	*	109.60	114.57	114.28
28	95.75		104.54	115.66	110.16	*	107.39	†	*	110.61	*	114.21
29	95.75		105.03	116.35	112.15		†	111.69	110.92	111.03	115.21	114.85
30	96.08		*	*	117.86		115.35	104.86	105.30	106.20	*	114.85
31	97.16											
最高点	97.85	99.77	105.03	116.35	117.86	117.65	115.35	111.69	110.92	111.03	115.21	114.85
最低点	92.66	97.11	97.80	105.48	103.37	114.39	105.81	104.86	105.30	106.20	111.38	110.08

* 星期日　† 节假日

1900年工业股平均指数

日期	1月	2月	3月	4月	5月	6月	7月	8月	9月	10月	11月	12月
1	*	67.34	63.59	*	61.32	59.38	*	57.06	†	54.96	59.18	66.35
2	68.13	67.86	61.95	65.55	61.05	58.80	55.48	57.21	*	54.52	59.39	*
3	66.61	67.88	62.76	65.17	61.02	*	55.67	57.29	†	54.74	59.80	66.43
4	67.15	*	*	65.11	61.18	57.97	†	57.70	58.55	55.29	*	65.42
5	66.71	68.36	62.12	65.47	61.36	57.48	56.51	57.57	58.58	55.70	60.87	66.05
6	66.02	68.03	61.87	66.15	*	56.98	56.13	57.71	58.50	55.51	†	65.07
7	*	67.94	61.83	*	60.62	57.56	56.03	57.88	58.32	*	62.90	64.17
8	66.41	67.46	61.39	65.46	59.26	56.62	*	57.74	57.88	55.38	63.76	63.98
9	64.99	66.86	61.11	64.55	59.94	56.41	55.76	58.00	*	55.51	65.15	*
10	64.14	66.66	61.68	64.78	60.10	*	56.91	58.09	58.07	54.90	66.48	64.65
11	63.27	†	*	64.40	58.62	56.03	56.77	*	58.10	55.34	*	65.54
12	64.93	67.39	63.31	†	58.12	56.15	56.71	58.50	58.25	56.09	67.33	65.45
13	64.80	66.90	62.88	*	*	57.13	55.98	58.77	58.20	56.58	65.73	64.89
14	*	67.08	62.03	*	57.55	56.51	55.88	58.90	57.47	*	66.23	65.54
15	64.22	66.40	61.81	61.55	56.62	56.17	*	58.86	56.56	57.90	66.81	65.94
16	64.29	66.25	61.91	61.80	57.12	55.42	56.22	58.84	56.67	57.82	68.19	*
17	64.56	65.81	62.50	61.82	56.76	*	56.75	58.69	56.63	57.89	68.70	65.70
18	64.28	*	*	62.38	57.76	54.96	56.61	*	55.63	58.46	68.88	66.52
19	65.29	66.25	62.91	62.20	58.18	55.08	57.27	58.80	54.37	58.73	69.07	67.19
20	64.83	66.16	63.45	60.47	57.40	54.39	58.35	58.55	54.37	59.54	68.97	67.38
21	*	65.59	64.08	*	58.10	54.65	58.41	58.65	53.43	*	68.41	68.63
22	65.37	†	64.06	61.19	58.35	54.11	*	58.42	*	60.63	66.92	70.03
23	64.38	64.52	63.67	61.69	57.51	53.68	59.02	58.30	52.96	60.79	66.75	†
24	64.72	64.12	64.26	61.89	57.26	*	58.35	58.17	53.13	60.79	*	*
25	65.05	*	*	*	57.55	53.68	58.18	*	*	60.64	67.23	70.85
26	64.23	63.56	64.06	63.05	*	54.00	57.93	58.22	53.25	60.50	67.01	71.04
27	64.27	63.35	64.71	62.25	57.67	54.11	58.03	57.79	54.53	60.08	66.59	69.79
28	*	63.96	65.12	61.79	58.01	54.75	57.70	58.43	54.14	*	†	70.20
29	64.45		64.07	*	*	54.83	*	57.81	54.27	59.31	66.59	*
30	66.06		65.39	61.33	59.10	54.93	57.13	58.39	*	59.53	*	70.71
31	66.13		66.02		†		56.80	58.90		59.04		71.04
最高点	68.13	68.36	66.02	66.15	61.36	59.38	59.02	58.90	58.58	60.79	69.07	71.04
最低点	63.27	63.35	61.11	60.47	56.62	53.68	55.48	57.06	52.96	54.52	59.18	63.98

* 星期日 † 节假日

附 录

1900年铁路股平均指数

日期	1月	2月	3月	4月	5月	6月	7月	8月	9月	10月	11月	12月
1	†	78.17	78.58	*	79.77	79.98	75.28	76.33	†	76.00	79.73	88.63
2	78.86	78.84	77.86	82.19	79.17	79.71	*	76.45	†	75.85	79.71	*
3	77.43	78.86	78.05	82.35	79.51	78.76	75.23	76.76	77.03	76.84	80.01	88.59
4	77.95	*	*	82.65	79.68	78.65	†	76.83	77.33	76.79	*	87.58
5	77.94	79.83	78.11	82.23	79.68	77.99	75.77	*	77.45	77.00	81.16	87.87
6	77.51	80.51	78.02	82.30	*	77.03	75.14	76.66	77.34	76.71	†	87.90
7	*	80.11	77.97	82.91	79.21	77.34	74.93	76.51	77.13	*	82.83	87.26
8	77.06	79.61	77.69	*	77.71	77.12	*	76.41	*	76.11	83.64	87.21
9	76.17	79.28	77.70	82.59	77.55	*	74.96	76.56	77.38	76.33	84.27	*
10	76.42	78.84	78.32	81.88	78.09	76.85	75.91	76.77	77.38	76.16	84.34	87.63
11	75.95	†	*	81.96	*	77.06	76.50	76.82	77.48	76.04	*	88.53
12	77.10	79.60	79.05	82.47	76.95	77.58	75.47	*	77.08	76.68	84.64	88.65
13	77.03	79.63	79.14	†	76.56	76.98	75.45	77.43	76.46	76.88	84.10	88.31
14	*	79.58	78.69	*	76.91	76.66	*	77.81	75.38	*	84.69	89.40
15	76.50	79.16	78.63	81.45	77.30	75.36	75.60	78.06	*	78.25	85.53	90.15
16	76.83	78.72	78.48	80.99	78.13	*	76.24	77.65	75.65	78.38	86.88	*
17	77.06	*	78.69	80.97	77.91	75.03	75.95	77.74	75.89	78.31	*	90.78
18	77.08	79.28	*	80.98	78.63	74.87	76.01	77.51	75.00	78.61	86.76	90.47
19	77.89	79.22	78.82	81.58	*	74.36	76.51	*	74.23	79.32	87.80	91.10
20	77.79	79.10	79.58	80.40	78.15	74.61	76.61	77.31	74.45	79.96	88.23	91.51
21	*	†	80.03	*	78.18	73.90	*	77.35	73.91	*	88.42	92.38
22	78.00	78.60	80.71	80.08	78.30	72.99	77.55	77.48	73.77	80.21	86.84	93.01
23	77.03	78.13	80.17	79.89	77.90	*	76.75	77.38	74.35	80.10	87.39	†
24	77.41	*	81.00	80.02	77.77	73.28	76.25	77.21	*	80.40	*	†
25	77.85	*	81.50	80.88	77.80	73.89	*	76.94	74.42	80.22	88.26	93.72
26	77.13	78.23	81.65	80.38	*	73.55	76.61	76.80	74.35	80.50	88.28	93.88
27	76.95	78.08	82.20	80.11	77.70	74.60	76.65	76.60	75.70	80.08	88.18	94.02
28	*	78.78	81.99	*	78.30	74.36	76.49	77.18	74.83	*	†	94.55
29	76.96		82.08	79.51	*	74.49	75.75	77.18	75.35	79.46	88.88	*
30	77.86		82.40	82.91	79.15	79.98	75.95	77.13	*	79.85	*	94.99
31	78.08		82.40		†		77.55	78.06		79.55		94.99
最高点	78.86	80.51	82.40	82.91	79.77	79.98	77.55	78.06	77.48	80.50	88.88	94.99
最低点	75.95	78.08	77.69	79.51	76.56	72.99	74.93	76.33	73.77	75.85	79.71	87.21

* 星期日
† 节假日

1899年工业股平均指数

日期	1月	2月	3月	4月	5月	6月	7月	8月	9月	10月	11月	12月
1	*	64.44	66.64	75.15	74.59	68.40	70.67	73.89	75.57	*	75.47	75.47
2	†	63.93	65.90	*	76.04	70.11	*	74.29	75.76	70.95	75.72	75.68
3	60.41	63.61	67.02	76.02	76.00	70.13	†	74.61	†	70.97	75.34	74.26
4	60.69	63.39	66.73	76.04	75.39	*	71.48	74.68	77.61	71.73	74.93	73.57
5	60.91	*	*	75.87	74.48	69.73	71.92	74.08	76.97	72.03	*	73.53
6	60.86	63.05	65.95	74.17	73.83	70.09	72.15	*	76.61	72.30	75.13	73.03
7	61.35	61.95	66.40	73.08	*	70.71	71.69	73.68	*	72.68	†	70.27
8	*	62.23	67.29	73.14	72.18	71.03	*	74.23	76.56	*	75.13	69.26
9	61.98	62.10	67.66	*	69.98	72.29	70.55	74.59	77.01	72.67	74.38	*
10	61.45	62.11	68.14	72.60	72.47	72.42	71.35	75.37	*	73.47	73.67	67.43
11	61.31	†	68.16	74.49	71.88	*	71.55	75.19	75.59	73.00	*	67.54
12	61.23	†	*	75.10	72.18	73.08	71.67	75.79	74.68	72.45	73.06	64.03
13	61.71	62.55	68.89	75.33	71.88	71.88	71.02	*	76.31	*	74.08	65.26
14	61.43	62.50	68.98	76.04	69.36	71.92	71.14	76.23	75.65	71.85	74.16	66.21
15	*	62.70	68.90	76.30	*	71.71	*	75.63	74.55	*	74.67	63.84
16	61.28	63.13	70.71	*	69.77	71.62	70.90	75.15	73.54	72.47	75.48	*
17	61.41	64.76	72.02	75.96	70.96	71.30	71.37	75.62	72.39	72.22	75.80	58.27
18	61.93	*	*	76.36	72.75	*	71.07	75.64	73.10	72.93	*	61.02
19	62.30	66.76	71.19	76.29	71.84	70.43	71.57	76.06	72.55	72.86	75.93	61.19
20	62.40	66.89	71.28	76.05	71.81	70.30	72.08	75.73	73.10	73.39	75.63	*
21	62.18	†	71.83	76.71	71.77	69.39	71.69	75.10	74.22	*	75.05	59.97
22	*	†	*	77.01	71.71	68.84	*	76.00	73.86	74.61	75.20	58.69
23	62.37	67.32	71.56	76.53	71.01	69.82	71.75	75.61	72.76	74.31	75.50	60.57
24	61.80	67.35	71.98	77.28	70.27	69.96	72.19	75.59	72.40	74.41	75.80	†
25	63.05	67.52	72.40	77.14	70.76	*	71.99	*	72.87	74.52	†	62.00
26	63.83	*	*	77.03	70.29	69.85	72.48	75.64	*	74.42	75.69	64.47
27	64.64	66.98	73.73	77.10	69.51	70.44	72.95	75.26	77.61	74.83	75.48	64.39
28	64.87	66.78	74.70	76.71	†	70.54	73.00	76.04	†	*	75.55	65.73
29	*		74.17	†	67.51	70.18	*	75.66		74.37	†	66.08
30	65.02		74.33	77.28	76.04	70.38	73.73	76.23		74.97	75.93	75.68
31	64.35		†		67.51		73.73	73.68		74.97		58.27
最高点	65.02	67.52	74.70	77.28	76.04	73.08	73.73	76.23	77.61	74.97	75.93	75.68
最低点	60.41	61.95	65.90	72.60	67.51	68.40	70.55	73.68	72.39	70.95	73.06	58.27

●星期日　†节假日

1899年铁路股平均指数

日期	1月	2月	3月	4月	5月	6月	7月	8月	9月	10月	11月	12月
1	*	82.01	82.78	87.01	83.18	77.38	83.83	84.52	84.73	*	83.68	82.93
2	†	81.65	81.60	*	84.30	79.00	†	84.35	84.89	79.48	84.49	83.07
3	75.08	82.00	82.44	87.04	84.01	78.74	†	84.17	†	79.38	83.92	*
4	74.96	82.03	82.46	86.52	83.61	*	83.96	83.90	85.55	80.13	*	82.15
5	75.18	*	*	86.66	82.27	78.45	83.41	*	85.37	80.15	83.53	81.58
6	74.70	82.08	81.55	85.13	81.59	79.17	84.05	83.51	84.49	80.68	*	81.85
7	75.13	80.98	81.91	84.56	*	79.97	83.55	83.56	84.22	80.76	83.60	81.87
8	*	81.31	82.74	84.63	80.38	80.04	*	83.91	84.26	*	†	80.68
9	75.64	81.53	82.78	*	78.88	81.13	82.38	83.98	*	80.50	83.25	80.33
10	76.10	81.94	82.96	84.63	80.88	81.16	83.88	84.18	83.08	80.85	82.31	*
11	76.55	†	82.85	86.01	80.37	*	83.35	*	82.63	80.18	81.75	79.89
12	76.64	†	*	86.01	80.53	81.26	83.88	84.18	83.71	*	*	79.61
13	77.43	82.52	82.83	86.00	78.65	80.48	83.77	84.21	82.90	79.68	82.37	77.70
14	77.83	82.46	82.41	86.11	*	80.25	83.05	83.53	81.99	79.75	81.75	78.47
15	*	83.43	82.31	86.53	79.06	79.95	83.23	83.66	81.07	*	82.16	79.23
16	77.46	84.12	83.07	*	79.65	80.02	*	84.36	*	80.31	83.22	76.90
17	77.28	84.24	82.63	85.89	80.79	79.87	82.85	84.63	80.13	80.38	82.73	*
18	77.98	*	82.60	86.38	80.47	*	82.62	*	80.67	81.54	83.33	73.60
19	79.00	84.92	*	86.27	*	79.50	83.24	85.05	80.48	81.10	*	74.98
20	79.70	84.81	83.13	86.15	80.00	80.00	83.66	*	81.40	81.70	82.55	74.57
21	80.90	†	83.11	86.23	79.28	79.83	83.57	84.72	82.17	81.80	82.57	73.28
22	*	†	83.49	86.38	78.97	79.85	*	84.31	81.69	*	82.81	72.48
23	81.31	84.26	83.61	*	78.52	80.39	83.70	84.79	*	82.73	82.86	73.87
24	79.60	84.00	84.14	85.66	79.22	80.89	83.62	84.95	80.83	82.38	83.02	†
25	81.96	83.56	84.87	86.03	79.16	*	83.39	84.81	80.48	83.15	†	74.65
26	82.10	*	*	85.87	79.23	81.54	83.74	84.85	81.11	83.03	82.93	76.40
27	82.23	83.88	85.60	85.68	*	82.42	84.37	85.06	80.93	83.11	83.13	76.63
28	82.36	82.90	86.41	85.06	†	82.92	84.51	84.48	†	83.66	83.35	77.36
29	*		86.31	*	†	82.76	*	84.96	*	83.49	†	77.73
30	82.01		†		77.51	83.27	84.83	84.93	85.55	83.38	84.48	*
31	81.63		81.55		84.30		84.83	85.06		83.66		83.07
最高点	82.36	84.92	86.41	87.04	84.30	83.27	84.83	85.06	85.55	83.66	84.48	83.07
最低点	74.70	80.98	81.55	84.56	77.51	77.38	82.38	83.51	80.13	79.38	81.19	72.48

* 星期日
† 节假日

1898年工业股平均指数

日期	1月	2月	3月	4月	5月	6月	7月	8月	9月	10月	11月	12月
1	†	49.76	47.47	44.14	*	52.87	53.00	54.60	60.50	52.53	54.94	58.16
2	49.31	49.54	46.58	44.60	48.60	53.36	†	55.26	60.38	*	54.51	58.14
3	48.91	49.54	46.55	*	48.30	52.77	*	55.46	†	53.62	54.95	58.45
4	49.53	49.82	46.16	45.58	†	53.13	52.99	55.26	†	53.80	54.75	*
5	50.18	50.23	45.73	45.06	49.43	*	52.78	55.85	60.16	53.76	54.93	58.30
6	50.67	*	44.86	45.98	49.16	53.33	53.09	55.93	58.92	53.36	*	58.30
7	50.62	50.11	45.30	45.48	50.40	53.30	53.25	*	58.54	53.08	55.57	58.52
8	*	49.62	45.51	45.54	*	53.15	53.48	56.31	57.77	53.27	†	59.04
9	50.53	49.86	45.38	*	51.05	53.12	*	56.30	58.38	*	55.30	59.75
10	50.33	50.16	44.44	45.95	50.46	53.71	53.35	56.61	*	52.51	56.02	60.11
11	50.19	50.14	43.29	46.32	51.63	53.26	53.16	56.55	58.08	51.85	56.40	*
12	*	†	†	45.09	51.09	*	53.15	56.21	57.55	51.81	57.14	60.28
13	49.85	49.49	44.73	46.06	50.82	52.61	53.15	56.83	57.42	52.87	*	59.38
14	49.63	50.04	44.41	45.37	50.68	52.20	52.53	*	58.38	52.28	57.08	58.97
15	49.15	48.97	45.53	44.53	*	50.87	52.37	57.50	58.04	51.90	56.90	58.81
16	*	49.20	44.55	*	50.33	51.77	*	58.45	58.16	*	56.77	58.74
17	49.36	48.59	44.86	44.92	51.26	52.13	52.27	58.89	*	52.18	56.79	*
18	48.81	47.79	44.84	44.48	50.55	51.53	52.32	58.08	57.61	51.76	56.58	58.78
19	49.28	*	*	44.56	51.04	*	52.64	59.09	57.23	51.56	56.82	59.11
20	49.06	47.11	44.50	43.27	50.74	51.90	53.13	†	58.33	51.80	*	59.19
21	*	†	43.45	43.87	51.40	51.73	53.01	59.39	57.73	52.21	56.75	59.43
22	48.92	46.16	43.22	44.55	*	51.38	53.21	59.63	57.63	53.01	56.97	60.09
23	48.88	44.67	42.73	*	51.73	51.74	*	59.72	57.53	*	56.71	†
24	48.00	45.31	42.00	44.02	52.29	52.01	53.67	60.52	*	52.85	56.27	60.42
25	48.6o	45.17	42.95	44.36	51.87	52.36	54.17	60.97	56.55	53.64	56.50	59.00
26	49.53	*	*	44.40	51.90	*	53.78	60.68	55.22	54.23	*	60.16
27	49.78	46.17	45.34	45.01	52.08	52.66	53.85	*	54.52	54.24	56.79	60.52
28	49.32	*	44.49	45.75	52.14	52.44	54.02	59.57	54.88	54.89	56.89	*
29	49.56		46.15	46.00	†	52.79	54.20	59.92	53.44	54.75	57.20	59.00
30	*		45.42	*	52.74	52.62	*	60.35	60.50	55.43	†	60.16
31	50.01		44.49		52.74		54.20	60.97		55.43		60.52
最高点	50.67	50.23	47.47	46.32	52.74	53.71	54.20	60.97	60.50	55.43	57.20	60.52
最低点	48.00	44.67	42.00	43.27	48.30	50.87	52.27	54.60	53.44	51.56	54.51	58.14

● 星期日　† 节假日

附 录

1898年铁路股平均指数

日期	1月	2月	3月	4月	5月	6月	7月	8月	9月	10月	11月	12月
1	†	66.00	63.01	57.90	*	66.53	65.47	66.00	68.59	65.95	66.58	71.59
2	61.86	65.76	62.05	58.34	60.61	66.56	†	66.29	68.65	66.30	66.26	71.42
3	61.24	65.70	62.24	*	60.54	66.97	†	66.60	†	66.80	66.71	71.53
4	62.15	66.15	61.51	59.16	†	66.95	65.55	66.85	†	67.11	66.90	*
5	63.03	66.32	60.97	58.63	62.27	67.23	65.31	67.35	68.78	66.91	67.05	71.21
6	63.53	*	*	59.49	61.90	66.93	65.71	67.88	68.20	66.57	*	71.80
7	63.73	66.08	59.56	59.19	63.22	66.52	65.93	*	67.98	66.60	67.63	71.97
8	*	65.65	59.98	58.91	*	66.40	66.31	68.19	67.58	*	†	72.05
9	63.51	65.64	60.09	59.00	63.65	66.90	*	68.00	67.73	66.12	67.83	72.70
10	63.82	66.32	59.36	*	63.13	66.48	66.46	68.60	*	65.98	68.87	73.16
11	64.00	65.94	58.46	59.62	63.73	66.10	66.15	68.43	67.04	66.27	68.86	*
12	64.26	†	56.46	59.32	63.82	65.75	65.34	67.89	66.50	66.76	69.26	73.85
13	63.74	65.06	*	57.94	63.48	65.13	65.96	68.14	67.14	66.39	69.60	73.70
14	63.01	65.86	58.51	58.31	*	66.31	64.93	*	67.83	66.25	69.10	73.96
15	*	64.68	58.47	58.38	62.81	*	64.68	68.81	67.61	*	69.78	74.15
16	63.78	65.11	59.75	57.97	63.52	65.85	*	68.77	*	66.14	69.96	73.36
17	63.07	64.74	58.70	*	63.26	65.52	64.61	69.51	68.06	66.11	69.60	73.46
18	63.58	64.10	58.99	58.00	63.76	*	64.30	69.61	67.38	65.85	69.83	*
19	63.28	*	59.15	57.38	63.70	65.87	64.73	†	67.03	66.01	*	73.40
20	*	65.11	*	57.46	63.95	65.68	64.83	69.84	67.65	66.35	70.10	73.73
21	62.98	62.99	58.80	55.89	*	65.56	64.78	69.60	67.03	66.47	70.66	73.85
22	62.98	†	57.45	56.63	64.50	66.10	65.12	69.60	67.23	*	*	73.96
23	*	62.03	57.27	57.12	65.71	66.18	*	69.26	67.19	65.66	70.94	74.01
24	62.38	60.46	56.76	*	65.43	66.24	65.12	69.64	*	66.29	†	†
25	63.53	61.18	56.08	56.15	65.49	*	65.90	70.16	67.01	66.65	70.83	74.65
26	64.65	61.20	56.84	56.89	65.57	65.98	65.71	69.95	66.52	67.01	71.08	74.13
27	65.13	*	56.90	57.30	65.73	65.60	65.55	*	66.27	67.24	*	71.59
28	65.18	61.93	*	58.26	†	65.21	65.73	69.16	66.60	66.68	71.59	71.20
29	65.90		59.99	58.69	66.33	65.14	65.08	66.30	66.20	*	71.20	74.76
30	*		58.58	58.56	66.33		*	68.59	*	66.74	*	74.99
31	66.17		60.61		60.54		66.46	70.16		67.24		74.99
最高点	66.17	66.32	63.01	59.62	66.33	67.23	66.46	70.16	68.78	67.24	71.59	74.99
最低点	61.24	60.46	56.08	55.89	60.54	65.13	64.30	66.00	66.20	65.85	66.26	71.21

* 星期日
† 节假日

1897年工业股平均指数

日期	1月	2月	3月	4月	5月	6月	7月	8月	9月	10月	11月	12月
1	†	42.38	41.69	39.77	38.73	40.01	44.21	*	55.44	51.54	49.11	48.41
2	40.74	42.02	41.88	39.81	*	40.22	44.18	48.84	55.77	52.59	†	48.31
3	*	41.93	42.13	39.89	38.78	40.28	43.88	50.10	55.64	*	47.67	48.31
4	40.37	41.30	41.34	*	39.48	40.52	†	50.74	55.65	52.66	47.31	48.23
5	40.87	41.23	41.45	39.74	39.18	41.04	43.60	51.25	†	52.26	45.73	*
6	40.95	41.42	41.31	39.57	39.54	*	44.07	51.72	55.75	51.79	46.32	48.79
7	40.87	*	*	39.73	39.59	41.32	43.92	51.80	55.60	51.37	*	49.46
8	40.97	41.11	41.90	40.37	39.62	41.74	44.16	*	55.81	51.64	45.65	49.39
9	40.90	40.57	41.62	40.21	*	42.21	44.37	51.32	55.82	50.88	46.53	49.60
10	*	40.57	41.79	40.29	39.95	42.38	*	51.73	55.71	*	47.12	49.18
11	40.75	40.27	41.94	*	39.90	42.54	45.05	51.80	*	50.64	46.19	49.48
12	41.40	†	42.05	39.95	39.69	42.57	45.61	51.97	54.61	48.64	46.44	*
13	41.45	39.72	42.29	40.43	39.27	*	45.71	51.50	54.35	49.35	47.12	49.81
14	41.79	*	*	39.76	38.94	42.96	45.27	51.97	55.35	48.79	*	49.67
15	42.27	39.74	42.08	39.41	38.67	42.80	45.48	*	55.62	48.42	46.47	49.02
16	42.82	40.30	41.93	†	*	42.39	45.52	52.19	55.27	48.59	47.05	48.54
17	*	40.30	41.50	39.07	38.67	42.69	*	51.55	55.46	*	46.83	48.14
18	42.76	40.32	41.60	*	39.20	43.07	46.45	51.79	55.35	49.20	46.99	48.84
19	43.25	40.28	41.12	38.49	38.80	42.89	46.76	51.65	54.66	49.84	47.27	†
20	42.78	40.59	41.25	38.69	38.67	*	46.95	51.84	52.53	50.39	47.23	48.45
21	42.52	†	*	38.91	38.83	42.62	47.73	*	53.45	49.82	*	48.25
22	42.42	*	41.39	38.57	38.98	42.80	47.88	52.39	53.60	50.00	46.89	48.54
23	42.02	40.69	40.86	38.49	*	43.18	47.92	52.53	52.48	49.66	46.63	48.84
24	*	40.76	40.60	38.54	39.33	43.39	*	52.56	52.30	*	46.21	49.39
25	41.91	40.21	40.58	*	39.20	43.28	47.71	52.92	*	48.76	†	†
26	43.22	41.29	40.07	39.22	39.55	43.70	47.11	52.56	52.93	49.10	46.70	49.29
27	42.21	41.71	39.52	†	39.21	*	47.86	52.92	52.31	48.60	47.19	49.34
28	41.88	*	*	39.02	39.64	44.61	47.70	53.10	51.90	48.46	46.80	49.33
29	42.06		39.13	39.01	39.91	44.27	47.95	*	50.98	48.81	*	49.21
30	42.56		39.86	38.96	†	44.10	47.88	53.23	*	49.03	49.11	49.41
31	*		39.47		39.95		47.95	54.81		52.66		*
最高点	43.25	42.38	42.29	40.43	39.95	44.61	47.95	54.81	55.82	52.66	49.11	49.41
最低点	40.37	39.72	39.13	38.49	38.67	40.01	43.60	48.84	50.98	48.43	45.65	48.14

● 星期日
† 节假日

1897年铁路股平均指数

日期	1月	2月	3月	4月	5月	6月	7月	8月	9月	10月	11月	12月
1	†	53.46	53.15	50.21	49.05	51.22	55.04	58.44*	63.91	62.70	60.94	61.11
2	51.71	53.09	53.40	50.58	49.44*	51.55	55.01	59.21	64.33	63.91	†	60.78
3	51.22	53.22	54.07	50.46	49.95	51.35	54.68	59.46	65.04	63.94	59.63	60.88
4	51.24	52.92	53.32	49.87	49.35	51.86	†	59.73	*	63.61	59.20	60.76
5	51.77	52.81	53.38	50.10	49.79	52.35*	54.30	60.34	65.30*	63.00	57.90	*
6	51.85	52.77	53.19	50.12	49.75	*	54.68	61.40	65.32	62.90	58.14	60.96
7	52.16	*	*	50.71	49.78	52.46	54.33	*	65.60	65.13	*	61.64
8	51.94	52.53	53.36	50.34	*	52.16	54.51	60.79	66.17	62.15	57.45	61.96
9	52.07	52.61	53.07	50.15	50.07	52.39	54.50	60.79	*	*	58.55	62.28
10	*	52.66	53.11	*	50.16	52.73	*	61.26	66.18	62.06	59.50	61.68
11	51.67	52.40	53.51	49.78	50.20	53.06	54.45	61.94	*	60.37	58.57	61.90
12	52.13	†	53.82	50.52	49.77	53.10	54.83	62.08	65.88	61.23	59.25	*
13	52.08	52.06	53.96	50.18	49.49	*	55.18	61.69	66.30	60.38	59.59	62.50
14	52.39	*	*	49.62	49.22	53.64	55.02	62.16	*	60.30	*	62.35
15	52.99	51.93	54.00	†	*	53.50	55.35	62.20	66.83	*	59.15	62.26
16	53.72	52.62	54.21	49.28	49.51	53.17	55.55	61.53	66.65	60.43	59.56	62.00
17	*	52.38	53.99	*	49.96	53.53	*	61.67	67.23	*	59.06	61.68
18	53.57	52.06	53.95	49.64	49.80	53.60	56.06	61.53	67.03	61.41	59.25	62.58
19	53.91	52.13	53.44	49.15	49.35	53.51	55.92	*	*	62.01	59.40	*
20	53.46	52.25	53.40	49.81	49.57	*	56.07	61.13	66.10	62.38	*	62.33
21	53.01	*	*	49.59	49.60	53.58	56.78	61.20	64.15	62.00	59.15	61.93
22	52.80	∴	53.16	*	*	54.21	*	*	65.51	61.83	59.03	62.04
23	52.48	52.38	52.25	49.64	50.11	54.57	57.15	62.45	65.68	61.53	59.30	62.40
24	*	52.18	51.88	49.38	50.08	54.82	57.28	62.35	64.31	*	59.08	62.75
25	52.22	51.97	51.40	*	50.47	54.61*	*	62.32	*	60.11	*	†
26	52.81	52.83	51.21	50.10	*	55.12	57.12	62.68	63.93	60.73	59.42	62.64
27	52.67	53.18	50.58	†	50.46	*	57.15	63.24	64.61	60.13	60.06	62.49
28	52.63	*	*	49.78	50.74	55.58	57.71	63.71*	63.87	60.11	*	62.20
29	52.77		49.75	49.62	50.79	55.02	57.89	*	63.38	60.84	59.61	62.23
30	*		50.58	49.21	†	54.61	57.92	63.78	62.30	*	60.22	62.29
31	53.57		49.77		50.79		58.05	63.81*		63.94		62.75
最高点	53.91	53.46	54.21	50.71	50.79	55.58	58.05	63.81	67.23	63.94	60.94	62.75
最低点	51.24	51.93	49.75	48.12	49.05	51.22	54.30	58.44	62.30	60.11	57.45	60.76

*星期日
†节假日